KB050864

가치 있는 삶

가치 있는 삶

THE CALL OF CHARACTER

마리 루티 지음 · 이현경 옮김

가치 있는 삶

발행일
2022년 9월 25일 초판 1쇄
2024년 4월 20일 초판 7쇄

지은이 | 마리 루티
옮긴이 | 이현경
펴낸이 | 정무영, 정상준
펴낸곳 | (주)을유문화사
창립일 | 1945년 12월 1일
주소 | 서울시 마포구 서교동 469-48
전화 | 02-733-8153
팩스 | 02-732-9154
홈페이지 | www.eulyoo.co.kr

ISBN 978-89-324-7477-9   03100

AZ에게
당신을 만나기도 전에 당신을 위해 이 책을 썼습니다.

일러두기

- 본문의 미주(숫자)는 지은이의 참고 문헌 표시고, 각주(•)는 독자의 이해를 돕기 위해
  옮긴이가 쓴 것이다.
- 도서는 『 』로 표기했고, 국내에 번역되지 않은 경우만 원어를 병기했다.
- 인명과 지명은 국립국어원 외래어 표기법을 따랐으나, 일부 굳어진 명칭은 그대로 사용했다.

차례

머리말

이 책의 특징 중 하나는 비교적 쉬운 말로 다소 복잡한 개념을 소개하고 있다는 것이다. 내가 이러한 접근을 시도한 이유는 '우리 각자를 고유하고 독특하게 만드는 것은 과연 무엇인가'에 관한 내 주제가 학계를 넘어 일반 독자들에게도 쉽게 이해될 수 있어야 한다고 생각하기 때문이다. 동시에, 나는 이 주제를 다루고 있는 다른 많은 글이 그러하듯 너무 단순화된 논조를 취하지 않으려고 노력했다. 자기 계발 또는 뉴에이지* 전문가들이 충만한 삶, 즉 살 가치가 있다고 느끼는 삶을 사는 것이 무엇을 의미하는지 따질 때, 그들은 단순화된 (체험적이거나 또는 영적인) 수준의 지침을 내세운다. 그러고는 그러한 단순한 지침이 우리를 평화로운 삶으로 이

---

* New Age. 서구의 물질적 가치와 문화를 배척하고 종교·의학·철학·천문학·환경·음악 등의 종합적이고 다방면적인 발전을 추구하는 움직임. 개개인의 영성적 변화, 즉 인간의 내적 능력을 개발시켜 우주의 차원에 도달하고자 한다.

끌 것이며, 덕분에 인간의 삶을 평화롭지 않게 만드는 모든 가능성을 피할 수 있을 거라고 말한다. 그들은 애당초 인간으로 산다는 것이 무엇을 의미하는지 개념을 정립하지도 못했다. 그런데도 그들은 정립되지 못한 그 개념에 근거해 마치 이것이 아주 간단한 문제인 것처럼 말한다. 이는 간단한 문제가 아니다. 결과적으로 이 책에 어떤 목표가 있다면, 전 문화된 학술 용어를 빌리지 않고 인간의 삶이 얼마나 복잡한가에 대해 충실히 설명하는 것이다.

우리 문화 속에서 소위 말하는 좋은 삶이란 무엇인가라는 주제로 논의가 펼쳐질 때, 우리 문화가 취하고 있는 논조에 반박하기 위해서 이 책은 세 가지 반론을 제시한다. 첫 번째로 진정한 자기 수련이란 인간의 본질적인 핵심을 기르는 것이 아니라, 끊임없이 변모하는 우리의 정체성에 계속해서 새로운 면모를 더해 가면서 이 세상을 살아가는 것이라고 주장한다. 다시 말해, 이 주장은 자아란 우리의 소유물(또는 성취)이 아니라, 타인을 포함하여 주변 환경과 관계를 맺으며 서서히 형성해 나가는 것이라는 전제에서 출발한다. 두 번째로, 마음의 평정을 갖고자 하는 우리의 소망은 대체로 비현실적일 뿐 아니라, 어쩌면 다소 바람직하지 않다고 주장한다. 균형 잡히고 차분하며 평온한 삶에 대한 우리 문화의 이상은 상당히 공허해 보인다. 때로는 가장 고통스러운 삶이 가장 보람 있는 삶이기도 하다는 점을 지적하며, 나는 안정을 추구하기보다는 다소 전전긍긍하더라도 우리가 가진 모든 열과 성을 다 바치려는 삶 역시 어떤 장점이 있을 수 있다고 제안한다. 세 번째로, 나는 인간의 욕망에는 놀랄 만한 특수성이 있으며 바로 이 특수성이 우리가 가진 기질을 현실에서 발휘하기 위한 우리의 노력을 뒷받침해 준다고 생각한다. 프랑스의 정신분석학자 자크 라캉은 이 특수성을 욕망의 "진실"이라고 불렀는데, 나는 우리가 이 특수성과 멀어지면 멀어질수록 우리의 기질과도 더 멀어진다고 생각한다. 반대로, 우리가 이 특수성을 충실히 따른다면 우리의 기질을 억압하려는 지배적인 사회적 규범에 더 제대로 저항할 수 있다.

이 책이 말하고자 하는 것의 상당 부분은 라캉의 사상을 빌리고 있으므로, 나는 앞으로 이 책에서 라캉이 언급될 것을 독자에게 미리 알린다. 또한 라캉을 언급하는 것은 이 책이 가진 주요 수사적 딜레마를 구체적인 언어로 전달하기 위함이기도 하다. 이 책은 지난 세기의 가장 까다로운 이론가들의 연구에 바탕을 두고 있으면서도 동시에 대중적으로 친숙한 어조를 유지하려고 노력했다. 하지만 사실 이 두 가지를 조화롭게 해낸다는 것은 어려울 뿐만 아니라 몇 가지 골치 아픈 개념적 문제를 일으킨다. 내 연구 분야인 동시대 이론 사상가들은 이론의 난해함을 자랑스럽게 여기는 경향이 있다. 여기에는 그럴 만한 이유가 있는데, 그 사상가들은 이 난해함을 그 자체로서 또 다른 이론적인 과정으로 보기 때문이다. 그들은 의미는 투명하고 처리되기 쉬워야 한다는 생각에 분개한다. 그래서 그들은 독자들이 의미가 명백하지 않고 다양한 해석이 가능한 텍스트와 씨름하게 일부러 표면적인 내용만으로는 이해하기 힘든 텍스트들을 만들어 냈다. 우리가 세상을 바라보고 이해하기 위해 관습적으로 사용해 온 렌즈를 거부하고 새로운 대안이 될 수 있는 렌즈, 즉 획기적인 관점과 획기적인 관점을 위한 렌즈를 마련했다는 점에서 이런 의도적인 텍스트의 불분명함에는 일종의 윤리가 깃들어 있다고 할 수 있다. 나는 이러한 태도를 마음 깊이 존경한다. 하지만 수사적으로 대단히 난해한 텍스트가, 말하고자 하는 개념이 실제로는 전혀 어려운 개념이 아니라는 사실을 난해함으로 가린다는 점에 나는 점점 짜증이 난다는 것을 인정한다. 내가 읽고 있는 300쪽에 달하는 고통스러운 내용의 책이 25쪽 분량의 간단명료한 글로 설명될 수 있을 것이라 느낄 때, 나는 내 안에서 분노가 치미는 것을 경험한다. 내가 이 책을 쓰기로 결심한 여러 동기 중 하나가 바로 이 분노다. 또한 이것이 부분적으로 왜 내가 이러한 수사적 선택을 취했는지 설명해 줄 것이다.

이런 나의 의도적인 명료한 글쓰기가 작은 반항 행위이자 내 기질의 부름에 주의를 기울이는 나만의 방식이라고 말할 수도 있겠다. 이러한 글쓰기 스타일을 채택해 글을 쓸 때만큼은 내가 쓴 것 같지 않은 글이 나오기 때문이다. 내 연구 분야의 관습을 거스르는 이 책의 두 번째 특징은 절제되었지만 억누를 수 없는 희망이다. 물질적, 정서적 박탈이라는 상대적으로 고통스러운 과거를 보낸 적이 있는 나는 이러한 개인적인 연유로 우리가 세상과 관계를 맺을 때 우리에게는 자유 의지도, 그 어떤 힘도 없다고 말하는 동시대 이론의 주장을 완전히 받아들일 수 없었다. 쉽게 말해, 내 운명을 내가 능동적으로 바꿔 나갈 수 없다고 말하는 사상을 받아들일 수 없었다. 또한 내가 이 책에서 반복적으로 독자에게 전달하고자 하는 것을 나는 이미 경험을 통해 배웠다. 즉, 우리 문화 속에 널리 퍼져 있는 자기 계발 및 "긍정적인 사고"라는 쉽고 단순한 생각과, 복잡한 삶의 흐름에 신중히 발을 딛는 행동 사이에는 차이가 있다는 것을 배웠다.

분별력 있는 독자라면 **자아**, **정체성**, **기질**이라는 용어의 구분이 다소 모호하다는 것을 이미 알아챘을 것이다. 나는 이 모호함을 그대로 두려고 한다. 내가 제시할 논거에서 문맥상 적절한 뉘앙스가 자연스레 생길 것이라고 믿기 때문이다. 하지만 그러한 용어 중 **자아**가 가장 광범위한 의미를 담고 있으며, 일반적으로 나머지 두 용어의 의미를 포함하고 있다는 것을 알아 두면 좋을 것 같다. 다음으로 **정체성**은 우리가 누구인지에 대한 일상적이고 개인적인 감각, 그리고 타인과 관계를 맺음으로써 사회적으로 이해되는 성격인 사회적 페르소나를 모두 아우른다. 마지막으로 **기질**은 여러모로 사회성이 제한하는 한계에 저항하는 것으로, 인간이 지닌 가장 별난 주파수를 표현한다. 나는 마지막으로 소개한 기질을 조심스레 존중하여 인용과 참고 문헌 없이 이 책을 쓰기로 했다. 이는 또한 여성 사상가들이 여전히 자신의 독특한 목소리를 주장하기 어려워할 수도 있겠다는 깨달음 때문이기도 하다. 물론 나의 이러한 선택에 담겨 있는 생각들이 다른 문헌들의 영향을 받지 않았다는 의미는 아니다. 이러한 생각들은 다른 연구자들의 연구에서 10년이 넘도록 다뤄지며 발전해 왔고, 주석에서 가장 중요한 영향력을 지니는 것 몇 가지를 독자에게 잘 알리고자 최선을 다했다. 하지만 다른 이들의 수많은 생각을 빌리며 진 신세를 주석에 모두 담아내기란 역부족이다. 내 연구가 다른 연구자들의 연구와 어떻게 같고 다른지 보다 자세한 설명을 원하는 독자라면 내가 쓴 다른 학술서를 참조하기 바란다.[1]

이 책은 3부로 나누어져 있으며, 각 부는 가치 있는 삶을 살기 위해 기질의 부름을 받고 그에 응한다는 것이 무슨 의미인지를 각각 조금씩 다르게 다루고 있다. 1부에서는 우리 기질이 지닌 특수성에는 우리 욕망의 특수성이 반영되어 있다고 주장하며, 자아를 형성하는 방법에 대해 알아본다. 우리의 욕망이 완전히 비합리적이거나 사회적으로 불편하게 여겨지는 것처럼 보이더라도, 욕망의 독특한 모습을 존중하지 않는다면 기질을 존중하는 것은 불가능하다. 우리를 만족시킬 법한 것을 찾아서 세상으로 나아가고자 하는 충동인 욕망은 우리에게 상처를 줄지도 모르지만, 우리가 자신을 설명하는 하나의 고정된 정의에 안주하지 않게 해 준다. 욕망은 우리 삶의 의미를 유연하게 하며 삶이 열린 결말을 유지하도록 한다. 그리고 우리가 상실과 박탈을 경험하며 욕망이 항상 독특한 방식으로 발생하는 한, 욕망은 지배적인 사회적 가치와는 상당히 다른 새로운 행동 규범을 낳는다. 그리하여 우리는 우리 행동을 제한하려 드는 문화에 저항할 수 있게 된다. 쉽게 말해, 욕망이 지닌 특수성이 활성화되면 우리는 더 이상 다른 사람들이 우리가 욕망할 거라고 기대하는 것에 신경 쓰지 않고, 대신 자신의 욕망이 내리는 수수께끼 같은 지시에 순종해야 한다고 느끼게 된다.

2부에서는 욕망의 특수성이 우리에게 욕망의 대상인 사람들의 행복에 대해 깊이 책임지게 만든다는 전제하에 자신을 책임지는 방법을 살펴본다. 우리 사회는 일반적으로 무의식적인 욕망에 있어서는 우리가 완전한 책임을 질 수 없다고 가정한다. 하지만 이와 반대로, 나는 행동이 종종 무의식적 동기로 인해 촉발되었다는 사실이 우리가 다른 사람들에게 가한 고통에 대한 책임을 면제해 주지는 않는다고 주장한다. 더불어 내가 우리의 기질이 중요하다고 주장하는 한 가지 이유는, 우리가 같은 방식으로 다른 사람들에게 계속해서 상처 주는 행동을 하게 될 때, 기질이 그러한 반복적인 행동 양식을 인식하고 다른 사람들의 삶을 황폐화하기 전에 행동 양식에 개입하는 데 필요하기 때문이다. 반복적으로 남에게 상처를 주는 행동의 이면을 들여다보면, 우리가 어떤 사람인지 말해 주는 기질의 특징은 우리가 어떻게 상처를 입었는지와 큰 관련이 있다는 것을 알게 된다. 그러므로 기질을 적극적으로 받아들인다는 것은 우리의 과거를 이루는 개인적인 트라우마를 어느 정도 적극적으로 받아들인다는 것을 의미한다. 다시 말해, 좋은 삶의 열쇠는 고통을 피하는 능력이 아니라, 고통을 소화하고 변화시켜 우리가 우리 자신과 더 가치 있는 관계를 맺을 수 있는 능력을 갖추는 것이다. 또한 이 능력은 우리와 아주 가까운 사람들을 포함해 다른 사람들과도 더 가치 있는 관계를 형성할 수 있게 해 준다.

3부에서는 잠깐일지라도 우리를 진부한 일상생활 너머의 다른 세계로 데려다주는 사건들을 통해 나를 잃어버리는 방법을 살펴본다. 그러한 사건들은 전혀 예상치 못하게 사랑에 빠지거나, 창의적, 정치적 또는 직업적 운명의 부름을 받게 되는 것과 같이, 우리 삶을 송두리째 변화시키는 사건일 것만 같다. 그러나 낯선 관점에서 우리의 일상을 자세하게 관찰하는 법을 배운다면, 변화는 사소한 것으로도 촉발될 수 있다. 이러한 관점에 따르면 "초월성"은 우리가 세상을 모두 뒤로 하고 떠나기보다는, 이 세상을 새로운 방식으로 경험할 것을 요구한다. 그러기 위해서는 먼저, 우리는 예측할 수 없는 인생의 방향을 일종의 소명으로 받아들일 수 있어야 한다. 또한 살면서 어느 정도의 격변을 이겨 낼 줄 알아야 한다. 그러므로 살 가치가 있다고 느끼는 삶을 살고 싶다면, 삶에서 불안, 특히 인간이란 존재가 지닌 불확실성과 양면적인 감정을 견딜 수 있는 능력이 꼭 필요하다. 두 번째로, 우리는 삶의 보다 일상적인 모습을 개인적인 내면의 울림으로 바꾸어 낼 수 있어야 한다. 예를 들어 우리는 세상의 관습적인 방식을 잊게 만드는 경험을 받아들이기로 정할수 있는데, 이러한 경험은 이 책에서 설명할 에로스적 성질을 종종 띤다. 우리는 우리의 사회적 페르소나를 넘어서 즉각적인 자아 경험이라는 불가해한 세상의 언저리로 인도될수도 있다. 소개한 두 가지 방식은 무아지경에 이르는 방법으로, 모두 우리의 기질을 명확히 표현하는 데 잠재적으로 도움을 줄 수 있다고 나는 생각한다.

감사의 말

나는 컬럼비아대학교 출판부의 훌륭한 편집자인 로렌 도켓과 앤 매코이, 제니퍼 페릴로, 스티븐 웨슬리, 교정·교열 편집자인 애니 바르바에게 감사를 전한다. 그들은 내가 이 책과 『사랑의 소환 The Summons of Love』(컬럼비아대학교, 2011)에서 택한 글쓰기 방식을 과감히 지원해 주었다.

또한 내가 계속해서 새로운 글쓰기 방식을 선보일 수 있을 거라고 늘 믿어 준 나의 에이전트, 엘리자베스 에번스에게도 감사드린다.

마지막으로 이해하기 어려운 수사법이라는 철옹성을 뚫고 그 이면에 존재하는 열정적인 아이디어에 다다를 수 있는 법을 가르쳐 준 하버드대학과 토론토대학의 의욕 넘치는 (그리고 내게 동기를 부여하는) 학생들에게 무한한 감사를 드린다. 내가 지난 20년간 이해할 수 없을 것만 같은 생각들을 이해할 수 있는 것으로 발전시키고자 교단에 서지 않았더라면 이 책은 세상에 나오지 못했을 것이다. 하지만 동시에 이러한 발전이 때로는 불가능하다는 것을 이해해 준 학생들에게도 정말 큰 감사를 표한다. 일상적인 의미에 길들여지는 것에 저항하는 어려운 글을 그저 존중하는 수밖에 없을 때가 있다는 것을 이해해 준 학생 여러분께 감사의 말씀을 드린다.

1부
진정한 나로 사는 삶

1장

기질의 부름

어떤 것들은 진정한 의미에서 진짜 당신이거나,
혹은 당신이 어떤 사람인지를 표현하는 것이고,
다른 것들은 그렇지 않은 것이다.
버나드 윌리엄스•

I

어떻게 하면 가치 있는 삶을 살 수 있을까? 이 질문은 우리
사회에서 유서 깊은 역사를 지니고 있다. 저명한 철학자, 심
리학자, 신학자, 예술가 들은 소크라테스의 뒤를 이어 이 문
제와 씨름해 왔다. 하지만 우리가 살아가고 있는 이 시대와
앞선 시대의 차이점이 있다면 오늘날의 우리는 이 문제에
관해 상당히 양면적인 감정을 가지고 있다는 것이다. 우리
는 이런 질문이 정말 질문할 가치가 있는 것인지 더 이상 확
신하지 못한다. 우리는 신은 죽었다는 것,[1] 진리Truth를 얻기
란 힘들다는 것, 이 우주는 혼돈 상태라는 것, 이 세계는 난

• Bernard Williams. 영국의 철학자로, 도덕 철학을 연구했다.

장판이라는 것, 인간의 삶에 궁극적인 목적이란 존재하지 않을 수도 있다는 것을 안다(또는 그렇다고 강력히 의심한다). 그렇다면 우리가 선택한 (또는 내던져진) 인생의 여로에 전반적으로 어떤 타당성이 있는지 골똘히 생각하는 데에는 어떤 유익함이 있을까? 그리고 전쟁, 굶주림, 빈곤, 사회적 불평등, 환경 파괴 등 세계가 직면한 엄청난 시련을 떠올려 볼 때, 자기 자신만 생각하는 것은 애초에 너무 이기적인 생각이 아닐까? 이처럼 해결책이 존재하지 않는 문제보다는, 실제로 해결책이 존재하는 문제를 해결하는 데 우리의 에너지를 쏟는 게 더 낫지 않을까?

더욱이 무엇이 가치 있는 삶을 만드는가와 같은 순전히 사색적인 생각에 우리가 가진 자원을 낭비한다면 우리는 우리 문화 속에 깃들어 있는 공리주의적 정신 때문에 조금은 부끄러운 기분이 들 수도 있을 것 같다. 공리주의적 정신에 따르면 우리는 사색적이기보다는 생산적이어야 하기 때문이다. 우리는 직업적 목표, 가정 문제 또는 쇼핑과 같은 우리 삶의 실질적인 문제의 궁극적인 의미에 대해 지나치게 고민하지 말고 그저 받아들이라는 이야기를 들어 왔다. 사실, 사람들은 우리가 하는 일이 결국 그 어떤 것에도 별로 영향을 미치지 않으므로, 인간의 존재 가치에 대해 생각하는 등 무언가를 너무 열렬히 고민하고 느끼는 것은 시간 낭비일 뿐이라고 여기게 되었다. 우리는 원대한 이상을 꿈꾸거나, 뜨거운 열정을 갖거나, 용감한 정치적 행동을 한다는 걸

상상할 수 없게 됐다. 어떤 일로 잔뜩 흥분된 기분을 느낄 때면, 그것이 토요일 밤의 짜릿한 데이트일지라도 우리는 뒷걸음질을 치고 만다. 이것이 이성을 벗어난 열정임을…… 뭐랄까, 비이성적임을 알기 때문이다. 어떤 면에서 더 큰 꿈을 품고자 하는 열정은 설 자리를 잃고, 그 자리를 이성적이고자 하는 실용주의가 대신 차지하게 되었다. 그렇게 대다수 사람은 어떤 것에 자신의 시간과 노력을 깊이 쏟지 않으면서 그럭저럭 인생을 즐기려고만 하게 되었다. 시간과 노력을 쏟는다는 것이 반드시 좋은 결과를 보장하는 것은 아니기 때문이다.

그러면서도 다른 한편으론, 많은 사람이 온전히 살아 있다고 느끼기를 갈망한다. 존재의 가장 깊숙한 곳과 연결된 "진실"되고 "진정"하다는 감각을 느끼고 싶어 한다. 우리의 존재에 어떤 의미가 있음을 느끼고 싶은 것이다. 공리주의적 성향을 지닌 이들조차도 우리 존재의 의미를 계속해서 추궁하는 내면의 작은 목소리를 완전히 없애 버릴 수는 없다. 이 목소리가 항상 우리를 괴롭히는 것은 아니지만, 삶의 가장 중요한 순간에 수면 위로 올라오는 경향이 있다. 예를 들어, 어떤 일이 완전히 잘못될 때, 어떤 일이 손을 댈 수 없을 정도로 어려워 보일 때, 사랑하는 사람이 죽거나 곤경에 처했을 때, 암울한 세상이 우리를 불안하게 할 때, 언젠가 우리는 모두 죽는다는 사실을 다시금 생생히 깨닫게 될 때 말이다. 그런데 이런 일을 겪으면 무력감을 느끼기 십상이다. 우리 사회는 이를 어떻게 대비해야 하는지 제대로 된 지침을 주지 않기 때문이다.

종교를 가진 사람들은 신앙에서 힘을 얻을 수도 있겠다. 하지만 그렇지 않은 사람들은 절망적일 정도로 의미가 없어 보이는 이 세상에서 필사적으로 삶의 의미를 추구하고 있다. 누군가는 자기 계발서나 뉴에이지 관련 도서로 눈을 돌려 그 답을 찾고자 한다. 어떤 이들은 이에 대한 해답으로 서양의 "전통"에 충성을 맹세하고, 어떤 이들은 예술, 음악, 문학, 철학과 같은 고전으로 회귀하고, 또는 "시간을 초월한" 보수적인 가치로 전향한다. 정치적 활동을 통해 차근차근 세상을 바꾸려는 사람들도 있다. 그리고 많은 사람이 이 질문을 피하고자 일, 가족, 대인 관계, 사사로운 걱정, 텔레비전 화면 속으로 몰두한다. 하지만 이 질문은 언제나 우리 곁에 존재한다. 그리고 조용하지만 고집스럽게 우리 의식의 가장자리를 갉아먹는다.

이 책에서 나는 이 목소리에게 제대로 말할 기회를 주고 싶다. 그리고 사회적 책임을 저버리지 않고 타인과 이 세계를 돌보기 위해서는 내가 개념화한 기질의 부름에 반드시 주의를 기울여야 한다는 것을 보여 주고 싶다. 다시 말해, '삶을 어떻게 살아갈 것인가'라는 지극히 사적인 듯한 질문은 본질적으로 윤리적인 질문이다. 그러므로 우리는 이 질문을 떠올릴 때마다 무의식적으로 우리가 살아가는 복잡한 환경과 맺고 있는 관계에 관해 고민하게 된다. 즉, 우리는 기본적으로 우리의 자아뿐만 아니라 자아를 둘러싸고 지탱하고 있는 이 세상에 대해 어떤 태도를 취할 것인지에도 많은 관심을 쏟게 된다. 더불어 나는 근본적으로, 일반적인 생각과는 달리 삶의 궁극적인 의미를 찾지 못하는 우리의 무능력함이 실존적인 비극이 아니라, 사실은 엄청나게 귀중한 자산이라는 점을 이 책에서 설명하고 싶다.

　　실존적이란 단어를 난해하게 생각할 필요는 없다. 나는 이 단어를 통해 단순히 인간 삶의 기본적인 구성 요소에, 즉 우리 삶의 윤곽을 결정하는 주요 구심점에 어떻게 다가갈지 이야기하려는 것이다. 다시 말해, **실존적**이라는 말은 인간이 겪는 근본적인 경험을 다루고 있다는 것을 나타내는 포괄적인 용어다. 예를 들어, 우리가 어디에서 의미와 가치를 추구하는지, 어떤 것이 중요하고 노력할 가치가 있다고 생각하는지, 인생의 피할 수 없는 도전, 역경, 견딜 수 없는 괴로움에 어떻게 대처하는지, 난관과 기회에 어떻게 대응하는지, 우리의 관심은 어떤 목표, 활동, 야망 또는 사람들을 향하는지, 우리와 가까운 사람들을 어떻게 사랑하고 미워하는지, 아니면 그들을 그저 무시해 버리는지, 어떻게 또는 어디서 쾌락과 기쁨, 성취감 또 자아실현감을 찾는지, 우리를 만족시키는 것과 그렇지 않은 것은 무엇인지, 거듭된 실패에 별다른 방도가 없을 때 우리는 어디로 (또는 누구에게로) 향하는지 등을 다룬다. 이러한 설명에 따르면, 우리가 삶을 살기 위해 선택하는 (또는 선택할 수밖에 없는) 삶의 방식과 관련된 모든 것이 바로 "실존적"인 것이다. 그러나 우리가 왜 이곳에 있는지, 무엇을 성취해야 하는지, 그래서 결국 우리는 어디로 향하고 있는지보다 더 실존적인 질문은 아마도 없을 것이다. "어떻게 살아야 하는가?"라는 질문은 그저 간단하기만 한 물음일 수도 있다. 하지만 이는 여러 면에서 자신의 운명을 개척하기 위해 고군분투하고 있는 삶과 이 세상을 이해하고자 하는 인간 노력의 정점을 보여 준다.

2

삶의 궁극적인 의미를 찾지 못하는 우리의 무능력을 실존적 자산이라고 말할 때, 나는 당신을 속이거나 좌절시킬 생각은 추호도 없음을 밝힌다. 이렇게 말하는 이유는 당신의 관점을 바꾸기 위해서다. 삶이란 무엇인지 묻는 질문에 명쾌한 정답이란 **없으며**, 바로 이 점이 인간이란 존재를 더욱 흥미롭게 만든다는 것을 당신이 알 수 있도록 말이다. 우선, 우리는 삶을 가장 잘 살아갈 수 있는 방법이 무엇인지 모르므로, 알아내고자 계속해서 노력한다. 인간은 살면서 겪는 인생 최대의 난제를 결코 해결할 수 없는데, 그렇기에 우리는 매사에 최선을 다해야 한다는 동기를 부여받게 되는 것이다. 삶의 의미를 별 힘들이지 않고 손쉽게 알게 된다면 우리는 그것에 금세 흥미를 잃을 것이다. 또한 저 밖에 "다른"

무언가가 있다고 주장하면서 손쉽게 주어진 삶의 의미에 저항할 수도 있을 것이다. 인간으로서 우리는 호기심을 가질 수밖에 없다. 울타리 너머를 슬쩍 훔쳐보고, 우주를 바라보고, 저 깊은 심연을 들여다보고, 장애물을 굽이굽이 헤쳐 나가고, 산꼭대기에 올라 깃발을 꽂으며 모르는 것에 대해 알고 싶어 할 수밖에 없다. 한마디로, 우리는 가질 수 없는 것을 원할 수밖에 없는 운명을 타고났다. (이것이 남의 떡이 항상 더 커 보이는 이유다.) 사실 (가질 수 없는 것을 원하는) 욕망이 인간 삶의 원동력이라고 주장할 수도 있다. 그래서 욕망이 다하면 삶도 다한다고 하는 것이다. 보다 정확히 말하자면, 혁신적이고 앞으로 나아가는 삶을 살기 위해서는 활기를 북돋아 주는 욕망이라는 자극이 필요하다.

이것은 흥미로운 관찰거리를 제공한다. 바로 기독교에서 불교에 이르기까지 세계에서 가장 영향력이 큰 종교들은 모두 욕망을 매우 문제적으로 여긴다는 것이다. 기독교에서 인간의 원죄는 욕망의 발현(이브와 사과)이다. 불교에서는 욕망이 고통과 괴로움의 근본적인 원인이라고 말한다. 더욱이 서구의 대중적인 영적 수련 대다수가 표방하는 목표는 자아ego와 자아의 이기적 욕망을 없애는 것이다. 그러나 왜 그래야 할까? 왜 정신적인 활동은 대부분 욕망을 없애려고 할까? 왜 종교적 신앙심은 일반적으로 욕망에 대한 혐오감을 동반할까?

한 가지 분명한 이유는 욕망이 탐욕으로 이어지는 경

향이 있기 때문이다. 우리는 만족과 탐욕 사이의 경계를 알지 못한다. 안다고 한들 그 선을 넘지 않기란 어려운 일이다. 일단 욕망이 본격적으로 피어오르면, 그 욕망을 멈춰 세우기란 거의 불가능에 가깝다. 그래서 우리는 항상 원하는 것을 가질 수 없는 것이다. 우리는 방금 저녁 식사를 마쳤지만 또 음식을 먹고 싶어 한다. 이미 돈이 많은데도 더 많은 돈을 원한다. 현재 사는 집이 충분히 크지만 더 큰 집을 원한다. 서재에 읽지 못한 책이 가득하면서도 더 많은 책을 사길 원한다. 또한 정말이지 우리는 더 많은 사랑을 원한다. 충분히 많은 사랑을 받고 있더라도 우리는 사랑받는 것에 절대 싫증이 날 것 같지 않다. 이렇듯 통제하거나 줄이기 쉽지 않은 욕망에 끝이란 없다. 그래서 욕망의 탐욕을 누그러뜨리는 것보다 이를 완전히 죽여 버리는 것이 더 쉬울 때도 있다. 짐승을 길들이는 것보다 죽이는 것이 더 쉬운 것처럼 말이다. 많은 정신적·종교적 활동가가 욕망을 억제하는 가장 좋은 방법은 만족할 줄 모르는 욕망을 더 이상 고개를 들어 올릴 힘이 없을 정도로 굶기는 것이라는 걸 알아냈다.

이러한 구속 안에서 정신적·종교적 수련은 인간의 삶에서 과도한 열정을 없애는 것을 목표로 하는 서구의 합리주의와 요상한 동맹을 맺는다. 과학적 객관성 신봉주의부터 정의의 공평무사한 원칙을 지닌 합리주의는 우리가 참또는 거짓, 옳고 그름에 관한 결정을 내리는 순간에 삶에서 욕망을 제거할 수 있길 바란다.[2] 요컨대 욕망은 냉철함과 공명정대함의 적이라 할 수 있다. 욕망은 우리의 판단을 흐트러뜨리고 우리가 보고 싶은 것만 보게 하여 지식을 신뢰하지 못하게 만든다. 더욱이 욕망은 우리가 사랑하는 사람들을 특별한 지위로 드높인다. 그러면 윤리적 선택(누가 살아야만 하고 누구를 죽도록 내버려 뒤도 되는지, 누가 존경받을 만하고 누가 혹사당해도 되는지, 누가 도움을 받아야 하고 누구를 외면해도 되는지)은 공정성을 상실하게 되고 윤리적 선택이란 없는 것이나 마찬가지가 된다. 모든 사람에게 평등하게 적용되지 않는 윤리는 결국 윤리라고 부를 만한 가치가 없기 때문이다.

　　내가 이러한 견해에 동의하지 않는 것은 아니다. 그러나 나는 서로 밀접하게 연관되어 있는 세 가지 요점을 제시함으로써 이 문제에 더 복합적으로 접근하고자 한다. 첫 번째 요점은, 욕망은 어떻게든 돌고 돌아 항상 우리 삶 속으로 되돌아온다는 것이다. 그래서 우리가 무시하거나 억누르거나 피해 가려고 하면 할수록 욕망은 더욱 강렬해진다. 예를 들어 잔뜩 굶다가 음식을 먹으면 멈출 수 없어서 폭식을 하게 되는 것처럼, 종교적 금욕주의는 종교 전쟁과 같은 광신주의로 빠져들 수 있다. 두 번째는, 우리가 욕망을 갖고 있지 않은 척할 때만큼은 판단을 흐리게 하는 욕망의 힘이 그리 강하지 않다는 것이다. 하지만 실제로는 객관적이지 않으면서 자신이 객관적이라고 주장하는 것보다 더 과학적·윤리적 결론을 와전하는 것은 없다. 세 번째로, 과학과 정의는 욕망에 맞서 자신의 가치를 수호하려는 것만큼, 욕망이 가진 활력을 들이고자 노력해야 진보할 수 있다는 것이다. 과학과 정의 모두 열정이 없는 상태인 객관적 상태를 목표로 삼지만, 열정 없이는 목표를 향한 그 어떤 움직임도 없을 것이다. 큰 혁신을 이루어 낸 과학자와 입법자 그리고 정치인, 지도자, 교육자, 작가, 화가, 배우, 활동가 등 상식과 더불어 "비전"을 가지고 문화를 형성해 나가는 사람들은 이를 잘 알고 있다. 또한 이 책의 주장에 따라 말하자면, 욕망은 우리의 기질을 강화하는 데 절대적으로 필요하다.

3

그런데 "기질"에 대해 이야기한다는 것은 무엇을 의미할까? 기질이라고 하면 흔히 어떤 사람을 바로 그 사람으로 만드는 어떤 깊고 진실한 이미지가 떠오른다. 우리는 어떤 사람의 기질을 그 사람의 진정한 자아로 생각하는 경향이 있다. 그리고 우리는 종종 이 진정성이 보이지 않는 곳에 묻혀 있다고 생각한다. 아마도 사람들이 자신이 가진 진정성을 다소 부끄럽게 여기거나, 외부 세계의 적대감과 압력이 숨길 것을 강요했기 때문인 것 같다. 다시 말해, 우리의 공적인 "페르소나"와 "기질", 사회에 순응(순종)하고자 하는 자아와 우리 정체성의 (어쩌면 반항적인 성향을 가지고 있을 수도 있는) 고유한 핵심은 어떤 결정적인 차이가 있다는 것이다. 이러한 관점에서 볼 때, 우리 각자가 가진 실존적인 임무는 기질을 감옥에서 풀어 줄 수 있도록 자기만의 진리를 밝히는 것이다. 우리의 임무는 우리가 다른 이들에게 보여 주는 거짓된 (피상적인) 자기표현 이면에 억눌려 있는 핵심을 해방하는 것이다. 우리는 자기 심문을 통해 내면이 전달하는 메시지에 더 잘 응답하게 되고, 그리하여 우리는 우리의 진정한 욕망과 (사회적으로 기대되고 요구된다는 의미에서의) 사회적 역할을 수행하기 위한 열정을 구별해 내는 법을 배울 수 있게 된다. 그렇게 되면 사회적 지위가 다소 희생되더라도, 우리는 진정한 욕망에 충실할 수 있는 능력을 점차 발전시킬 수 있을 것이다. 또한 삶을 더 복잡하게 할지라도 우리는 기질을 존중할 것이다.

나는 이와 같은 설명에 대부분 동의한다. 단, 여기서 한 가지 짚고 넘어가야 하는 것이 있다. 나는 기질이 우리가 누구인지를 최종적으로 결정짓는 고정적인 핵심이라고 생각하지 않는다. 내 생각에 "진정성"이란 특정 성격의 특성이나 속성이 아니라 삶의 방식, 세상과 관계 맺는 방식에 관한 것이다. 진정성은 우리 존재에 대한 어떤 영구적인 진리가 아니라, 인간의 삶의 특징인 계속되는 변화의 과정에 우리가 어떻게 발을 내딛을 것이냐 하는 문제다. 이러한 관점에서 진정성을 추구한다는 것은 우리 존재의 숨겨진 핵심을 지하 감옥에서 해방하려는 노력이라기보다는, 아직은 잠재력에 불과한 자아의 다양한 모습을 발달시키려는 노력에 가깝다. 우리의 가짜 자아와 내면에 억눌린 기질의 불가사의한 본질 사이의 간격을 좁히는 것이라기보다는, 우리의 현실과 우리가 실현할 수 있는 잠재력 사이의 간극을 메우는 것이다.

분명 우리가 가진 기질의 불가사의한 핵심을 좇는다는 것은 우리의 가장 큰 잠재력을 추구하는 것과 다르지 않다고 말할 수도 있겠다. 그러나 기질의 본질을 좇는다는 것은 이해하기 (또는 정확히 해석하기) 조금 어려우며 이미 존재하는 불변의 진리를 전제로 하지만, 우리가 가진 가장 큰 잠재력을 추구한다는 것은 개인적인 진리, 즉 기질이 계속해서 변한다고 가정한다는 점에서 둘은 차이가 있다. 후자는 우리의 기질은 계속해서 구체화되는 과정에 있거나 철학자들이 말하는 것처럼 "변화"하고 있으므로, 결코 확정적으로 정의될 수 없다고 가정한다. 즉, 기질은 더욱 복합적인 표현(성숙한 수준에서의 구현)을 할 수 있도록 발전한다는 의미에서 확실히 "교화"될 수 있지만, 결코 "완성"되지는 못한다. 끝끝내 완성에 이르지 못한다는 것, 이는 완전하게 실현될 수는 없다는 뜻이다.

그렇다고 해서 우리를 억압에서 해방시켜 광명으로 이끄는 잠재된 자질이란 것이 우리에게 없다고 말하려는 것은 아니다. 단지 그러한 자질이 장래의 우리 기질을 결정지을 안정적인 핵심으로 응집되지 않는다는 것뿐이다. 그러한 자질은 그저 유동적인 요소일 뿐이며 항상 개개인의 현실을 약간은 불완전하게 만든다. 이것이 내가 진정한 성격보다 진정한 실존적인 길에 대해 이야기하는 것을 선호하는 이유다. 진정한 성격은 결코 변하지 않는 타고난 자아라고 굳게 여겨지는 반면, 진정한 실존적인 길은 우리를 우리 자신으로 만드는 어떤 독특한 마음(또는 심지어 그런 "스타일")이라는 개념에 부합한다. 이는 우리가 누구여야 한다는 엄격한 정의에 우리를 가두지 않으면서, 우리의 기질에 자신만의 독특한 고유함을 부여한다.

이 독특한 마음은 우리를 대체 불가능한 존재로 만들어, 어떤 사람을 다른 사람으로 대신하는 것은 고사하고 다른 사람으로 착각하는 것도 불가능하게 한다. 버나드 윌리엄스의 말에 따라, "어떤 것들은 진정한 의미에서 진짜 당신이거나, 혹은 당신이 어떤 사람인지를 표현하는 것이고, 다른 것들은 그렇지 않은 것"[3]인지를 설명해 준다. 나아가 이는 우리의 과거가 현재를 형성했고, 우리의 현재가 미래에 영향을 미칠 것이라는 역사적 인식을 기반에 두고 있다. 이 마음은 우리 각자를 "우리"로 만들면서도, 우리가 누구인지는 시간이 지남에 따라 달라진다는 것을 인정한다. 그래서 열여섯 살의 마음과 일흔여덟 살의 마음 사이에는 어떤 연속성이 있을 테지만, 미성숙에서 성숙으로 나아가는 수십 년의 세월 동안 우리 마음은 수도 없이 변하는 것이다. 그렇지 않다면 우리는 우리의 기질을 교화할 수 없을 것이다. 그리고 우리는 실수로부터 배우거나, 맺고 있는 관계에 정서적 친밀을 한층 더 깊이 더하거나, 인생에서 정말로 중요한 것이 무엇인가에 관한 보다 미묘한 통찰을 얻을 수 없을 것이다.

4

앞서 우리의 욕망이 어떤 것이 "진정한" 우리이고, 어떤 것이 아닌지 알려 주는 훌륭한 단서를 제공한다는 개념을 시사했다. 이는 우리가 가진 어떤 욕망은 다른 욕망보다 마음속에 훨씬 더 충실하게 자리 잡고 있기 때문에 가능하다. 앞서 주장했던 것처럼 욕망이 인간 삶의 원동력, 즉 모터라면, 완전히 똑같은 모터란 있을 수 없다. 어떤 모터는 다른 것보다 느리며, 어떤 모터는 열이 오르기까지 시간이 다소 걸릴 수 있고, 또 어떤 모터는 단 몇 초 만에 최고 속도로 나갈 준비를 마칠 수도 있다. 마찬가지로 우리의 욕망이 어디서 만족을 찾는지는 지극히 개인적인 문제이기 때문에, 내게 흥미로운 것이 다른 사람에게는 그렇지 않을 수 있고 그 반대도 마찬가지다. 다시 말하지만, 욕망이 삶에 고정되어 있고 해서 우리가 새로운 욕망의 대상을 찾을 수 없다는 것은 아니다. 하지만 우리 마음에 어느 정도 일관성이 있는 한 욕망에도 어느 정도의 일관성이 있어서, 어떤 것이 다른 것보다 우리의 갈망을 더 잘 충족시키기도 한다. 그렇다고 바닐라 아이스크림보다 초콜릿 아이스크림을 더 좋아한다거나, 나이 든 남성보다 젊은 남성을 더 좋아한다는 식의 이야기를 하는 건 아니다. 물론 이런 것들도 중요할 수 있겠지만, 내가 말하고자 하는 것은 특정한 삶의 방향을 따르도록 우리를 몰아가는 욕망의 불가사의한 특수성이다. 이 특수성은 계속해서 우리가 어떤 특정한 종류의 행동을 취하도록 유도한다. 3장에서 이 특수성에 대해 다시 이야기할 것이다. 지금은 이 특수성을 존중하지 않으면, 즉 우리가 우리의 독특한 욕망을 만족시킬 수 없다면 삶이 활력을 잃을 수 있다는 것을 깨닫는 게 더 중요하다. 자칫하면 우리는 삶이 더이상 의미가 없다고 느낄 위험에 처할 수도 있다.

오늘날 많은 이가 온전히 살아 있음을 느끼지 못한다고, 세상과 자신의 삶에 충분히 애착을 느끼지 못한다고 불평한다. 사람들은 영혼의 죽음이나 지독한 마음의 나태함에 대해 불평한다.[4] 삶의 변화를 겪으며 직업적 야망을 갖거나 누군가와 견고한 관계를 유지하는 등 많은 것을 성취할 수도 있지만, 여전히 무언가 빠진 듯한 느낌이 든다. 어떤 근본적인 공허함이 있어서 "거짓"되고 "현재"에 충실하지 않은 듯한 느낌이 피부로 와닿는다. 이 세상에, 심지어 스스로에게까지 전시하는 자신의 모습은 종종 눈부실 정도로 멋져 보이지만, 많은 경우 그것이 궁극적으로는 어떤 성취감도 가져다주지 않는다고 느낀다. 속이 텅 빈 껍질 같고, 자신이 아닌 다른 모습으로 위장하고 있는 것 같으며, 가면을 쓰거나 진짜 모습을 가리고 있는 것 같다고 느낀다. 때로 이러한 비현실적인 느낌은 육체적으로 나타나는데, 이는 육체적 현실의 심오한 단절과 관련이 있다. 때로는 비현실감이 심리적·감정적으로 나타나기도 하는데, 우리가 지닌 많은 생각과 감정이 마치 어떤 투명한 장벽에 의해 자아와 분리되어 있는 것처럼 느껴진다. 생각과 감정이 있지만, 진정한 열정과 연결되어 있지는 않기 때문이다. 이런 생각과 열정은 우리 마음을 만족시키지 못하고 오히려 자아를 진정성 있는 경험과 더 멀어지게 만든다.

이런 단절과 관련하여 다음과 같은 사실에 더욱 주목해 볼 필요가 있다. 많은 사람은 우리를 혼란스럽게 (비이성적으로) 만들곤 하는 욕망의 힘이 거세된 합리적인 실용성이라는 가치를 통해 삶을 살아가는 데 익숙해졌다. 우리는 불신을 현명한 덕목으로 여기는 과학과 정의와 같은 영역에서뿐만 아니라, 실존적 투쟁이 일어나는 사적인 삶의 영역에서까지도 욕망을 불신하라는 가르침을 받았다. 욕망을 불신하면 우리의 생명력이 차츰 약화될 수 있다고 해도 말이다. 또한 이미 많은 이가 욕망은 창의성의 씨앗이며 욕망이 없으면 삶은 활력을 완전히 잃는다는 사실을 알고 있다고 해도, 열정은 우리를 초조하게 만들 뿐이다. 우리는 욕망을 더 많이 허용할수록 삶이 덜 안정된다는 것을 안다. 또한 불안정을 두려움, 불행과 연결 짓는다. 그래서 우리는 무슨

수를 써서라도 현실주의적 정신이 우리의 열정을 억누르고 우위에 설 수 있도록 한다. 이렇게 하는 것이 때로는 올바르며, 엄청난 대가를 치렀어야 할 실수를 덕분에 피할 수 있다는 것은 두말하면 잔소리다. 심지어 우리가 사랑하는 사람들에게 상처 주는 것을 막을 수도 있다. 그러나 욕망을 억누르려는 시도에는 상당히 부정적인 측면도 있다. 욕망을 억누르면 삶을 다차원적으로 느끼는 데, 즉 살아갈 가치가 있다고 느끼는 삶을 가꿔 나가는 데 필요한 가장 큰 자원을 빼앗긴다. 다시 말해, 기질의 부름을 듣지 못하게 된다.

많은 이를 괴롭히는 이 모호한 실존적 불안은 우리가 느끼는 욕망과 만족 사이에 근본적인 불일치가 있다는 신호일 수 있다. 마음속의 열망과 일상생활 속 진부한 현실 사이에는 너무나 큰 간극이 있다. 열정이 두려워 억압하는 경우가 이러한 불일치를 잘 보여 준다. 그러나 우리는 이런저런 이유로 우리의 욕망을 정확히 읽지 못하는 것 같다. 아마도 욕망을 읽는 법을 배워 본 적이 없거나, 문화가 우리에게 가지길 요구하는 욕망에 완전히 삼켜질 정도로 우리가 사회적 규범 속에 갇혀 있기 때문일 것이다. 우리는 사회를 가득 채우고 있는 욕망을 그대로 받아들이는 경향이 있는데, 이것이 미칠 수 있는 영향력을 대수롭지 않게 여기곤 한다. 세상에 태어나자마자 모든 이가 똑같은 것을 원하도록 훈련하는 사회적 욕망의 회로가 비처럼 쏟아진다. 그래서 우리 마음속 자기 자신만의 우주에서 발현한 욕망과, 사회적으로 승

인된 갈망이라는 우물 속에서 발현된 욕망을 구별하는 것은 사실상 불가능하다. 실제로 사적 욕망과 공적 욕망의 경계는 너무나도 모호해, 개인의 욕망 대對 집단의 욕망에 관해서 이야기한다는 것은 얼토당토않은 것일 수도 있다. 우리가 사적 세계의 것이라고 여기는 것들의 대부분이 사실은 공적 영역의 어떤 것을 모델로 삼았을 수도 있기 때문이다. 광고 업계는 이 점을 잘 이용한다. 우리가 특정 제품을 갖길 원하거나 특정 개인(영화배우나 가수)을 선망하는 이유는 개인이 사적으로 열망해서가 아니라, 이미 그 제품이나 개인을 선망하도록 우리가 프로그래밍 되어 있기 때문이다.

그러나 인간은 자동화 기계가 아니다. 우리는 다양한 형태의 저항을 할 수 있다. 그래서 우리의 욕망을 공동체의 욕망과 완전히 분리하는 것은 불가능하더라도, 우리는 어느 정도의 자유로움과 어느 정도의 독창성을 가질 수 있다. 이것이 내가 진정성이 우리 욕망과 마음이 가진 독특한 열망의 일치와 관련이 있다고 주장한 이유다. 조금 더 구체적으로 말하자면, 우리의 욕망과 이상의 상관관계와 연관이 있다고 할 수 있겠다. 결국 욕망은 (아직) 달성되지 않은 이상, 즉 현실에서 일어날 수 있는 잠재력이다. 우리는 이상에 다가가고자 하는 욕망을 추구할 때마다 진짜 살아 있다고 느낀다. 하지만 실패하면, 우리는 우리의 잠재력을 충실히 따르지 못했다고 느낀다. 불안은 우리가 가진 이상이 기성 문화가 제시하는 이상과 맞지 않더라도, 우리의 욕망과 이상을 일치시키려고 노력해야 한다는 신호다. 따라서 우리 기질이 진정성을 갖길 바란다면 우리는 욕망을 "품을 수 있는" 능력을 갖춰야만 한다. 즉, 우리 사회가 용인하지 않는다고 할지라도, 욕망이 불러일으킨 열정의 리듬을 따라가야 한다. 그렇기 때문에 우리 기질은 (명시적으로든 암묵적으로든) 반체제적인 성질을 띠며, 열정에 내재된 반항심에 관해 이야기하지 않고서는 기질에 대해 논할 수 없는 것이다.

5

그렇다 한들 우리는 여전히 역부족이다. 내가 막연히 "열정"이라고 부른 것은 단지 욕망에 관한 것만이 아니라, 육체적 충동도 의미하기 때문이다. 육체적 충동은 자연적인 에너지로 욕망보다 더욱 모호하고 정확히 이해하기 어렵다. 욕망은 항상 어느 정도 우리의 통제를 벗어나 있기에 우리를 "미치게 만드는 것"과 같다. 하지만 욕망은 충동보다 훨씬 더 질서 정연하고 일관적이다. 욕망은 과거에 실제로 일어난 일로서 역사성을 띠기 때문이다. 그렇기에 우리는 욕망을 어느 정도 이해할 수 있다. 욕망은 우리를 놀라게 하곤 하지만, 대부분 우리는 욕망이 어떻게 모습을 드러낼 것인지 알 수 있다. 하지만 충동은 그렇지 않다. 그렇다고 해서 충동이 문화적으로 완전히 길들여질 수 없다는 것은 아니지만, 충동은 동물의 생물학적 본능과 유사한 어떤 것이다. 다만 인간은 매우 사회적인 존재라서 당연히 생물학적 현상으로 생각되는 것조차도, 이론적인 의미에서는 사실 그렇지 않을 수 있다. 우리 몸의 생물학적 기능은 항상 우리가 살고 있는 문화적 환경과 상호 작용하기에, 생물학적 작용을 외부 자극과 완전히 분리해 내기는 어렵기 때문이다. (예를 들어, 목에서 느껴지는 통증은 생물학적 현상일 수 있지만, 종종 사회적 원인이 있는 것처럼 말이다.) 하지만 욕망이 어느 정도 사회화를 이룬 것과는 다르게 충동은 그다지 사회화되지 않았다. 그래서 충동에 끌려다니게 될 때, 즉 생물학적 기능이 충동을 저지하려는 우리의 힘을 능가할 때 우리는 신체가 제대로 작동하지 못할 정도로 불안해질 수 있다.[5]

우리가 열정으로부터 달아나려고 하는 한 가지 이유는, 열정이 평온함과 침착함을 느끼기 어렵게 만들기 때문이라고 앞서 언급했다. 이제 우리는 이것이 무엇을 의미하는지 더 잘 이해할 수 있을 것이다. 기질이 제멋대로라 다루기 힘든 욕망뿐만 아니라 욕망보다 더 제멋대로인 충동까지 나타낸다면, 우리는 기질의 부름을 받을 때마다 평정심을 잃을 위험에 처할 것이 분명하다. 점잖고 교양 있는 우리 인간의 모습에 굴욕감을 주는 변덕스럽고 어쩌면 민망한 욕망의 만행을 우리는 참고 견뎌 내야만 한다. 우리가 "진짜 살아 있음"을 느끼기 위해서 우리는 실존적 혼란이라는 대가를 지불해야 한다. 기질에 더욱 충실하려면 우리는 갑작스러운 혼란이나 우리에게 해를 가할 수도 있는 것들을 용인할 수 있어야 하며, 사회적으로 생존하기 위해 갖춰야 할 완벽한 페르소나를 때로는 포기할 줄도 알아야 한다. 이것은 쉽지 않은데, 흔히 "불안"이라는 이름으로 자주 묘사되는 마음의 동요를 우리는 한 인간의 실패로, 또 합리적으로 보이는 인간의 겉모습 이면에 숨겨진 어떤 치명적인 결함으로 여기도록 학습되었기 때문이다. 동요의 감정을 느끼는 것이 우리가 기질을 실현해 내기 위한 전제 조건이라고 하더라도, 댐에서 열정이 흘러넘쳐 나올 때 우리는 뭔가 크게 잘못되었다는 생각을 떨쳐 낼 수 없다.

평온한 상태를 과대평가하는 문화 속에서 살아가는 것은 좋지 않다. 급박히 흘러가는 현대인의 삶의 속도는 우리가 삶에서 평온함을 점점 더 느끼기 어렵게 만들기도 했지만, 정신적 · 신체적 이상 증세와 같은 불안의 위험성에 대해서 우리에게 끊임없이 경고하고 있기도 하다. 이러한 경고는 사실 너무나 만연해 있어 우리는 불안함을 느끼지 않을 수 없다. 웰빙 "전문가"와 정신 수련 지도자 들은 모두 동요의 감정이 우리에게 해롭다고 말한다. 진정으로 살아 있다는 느낌 또는 짜릿한 흥분과, 안절부절못하고 극도로 예민한 상태의 감정은 분명 차이가 있다. 그러나 약간은 불안정하고 불안감에 휩싸여 있긴 하지만 열정 넘치는 삶보다, 안정적이기만 한 삶이 백배 낫다는 생각은 나로서는 어쩐지 못 미덥다.[6] 열정을 희생하면서 안정을 유지하려고 하는 삶은 때로 최악의 삶이 될 수 있다. 열정이 불안함을 촉발하긴 하지만 우리를 기질과 연결해 주는 것은 열정이기 때문이다. 다시 말해, 열정은 우리가 안일함에 빠지지 않게 하며, 개개인의 독특함을 죽이는 문화라는 기계의 부품으로 전락하는 것을 막아 준다.

6

우리 사회는 그저 말로만 개성이 좋다고 한다. 하지만 공리주의적 효율성의 측면에서는 사실 우리는 서로 비슷하면 비슷할수록 좋다. 정치적·경제적으로 높은 위치에 있는 사람들이 우리가 어떤 생각을 하는지 알 수 있다면, 여론에서 미용 상품에 이르기까지 우리에게 다양한 것을 쉽게 팔 수 있다. 그들에게는 우리의 생각을 예상할 수 없을 때가 위태로운 순간이다. 결과적으로, 우리가 자신만의 독특한 열정을 많이 가지고 있을수록 정치·경제 기관들은 더욱더 자기 잇속을 차리기가 어려워지는 것이다. 우리가 이상과 욕망의 진정성을 주장할수록 우리는 사회 질서가 명령하는 이상과 욕망을 수용하지 않게 되어, 결국 통제하고 세뇌하기 어려운 존재가 된다.

이러한 관점에서 보면, 사람들은 건강하고 정서적으로 안정된 삶을 살아야 한다는 생각을 실제보다 지나치게 더 바람직한 것으로 여기고 있다. 건강하고 정서적으로 안정된 삶이, 개인적인 비전을 잔뜩 품고 있지만 때로는 건강하지 못하며 정서적으로 불안한 삶보다 낫다고 하는 이유는 무엇일까? 삶이 격렬한 감정과 행동으로 일렁이지만 합리적인 질서를 따르는 삶만큼 오래 살 수 없어서 선호하지 않는 것일까? 왜 좋은 삶이란 꼭 평화로운 삶이어야 할까? 좋은 삶은 오히려 적절한 수준의 불안을 포함하는 삶이 아닐까? 불안이야말로 (욕망과 더불어) 우리가 삶에서 정체되지 않고 앞으로 나아갈 수 있게 하는 힘 아닐까? 또한 우리는 어느 정도의 긴장감 덕분에 운이 좋게도 삶에서 평온함을 맞이하게 되었을 때, 그것이 평온임을 인식할 수 있는 것 아닐까? 조금 다른 맥락에서, 왜 우리는 조금 위태로운 삶을 살기보다는 마냥 조심스러운 삶을 살아야 할까? 가장 좋은 삶이란 때때로 우리 자신이 약간은 무모하게 행동하거나 심지어 조금은 불안정하게 살도록 내버려 두는 삶이 아닐까?

나는 최근에, 인간의 심리를 이해하는 방식에 엄청난 영향을 미쳤으며, 기존의 패러다임을 뒤집어 놓은 책을 여러 권 저술한 저명한 작가의 딸이 연사로 선 강연에 참석했다. 강연이 진행되는 동안, 딸은 (지금은 돌아가신) 아버지가 착실한 "가장"이 아니었고, 일상적인 사교 활동을 매우 불편해했으며, 그의 생에는 일에 대한 열정만이 가득했다고 아버지를 비난했다. 그녀는 아버지가 안정적인 삶이 주는 이로움을 제대로 알지 못했기 때문에 실패한 것처럼 말했다. 그녀의 말을 들으면서 나는 그녀가 자신의 아버지를 매우 전통적인 기준으로 판단하고 있다고 생각했다. 나는 그가 아버지로서 가족들과 저녁 식사에 함께하는 것보다, 위대한 천재로서 사회를 더욱 풍요롭게 하는 연구 결과를 발표하는 것이 때로는 더 중요할 수 있다고 생각한다. 실제로 지식인, 연구원, 작곡가, 작가, 예술가 등 우리 사회의 역사에 아주 큰 공헌을 한 사람 중 다수는 남들이 보기에 꽤나 병적인 삶을 살았다. 그들은 종종 깊은 고독을 느꼈고, 지속적인 관계를 형성하는 데 어려움을 겪었으며, 강박에 사로잡힐 정도로 계획에 몰두했고, 깊은 우울과 절망의 수렁으로 빠졌으며, 자기 자신을 의심하고 비하했고, 차갑고 신랄한 세상의 비판을 견뎌야 했다.[7] 그러나 이런 삶이 그저 무난해 보이는 삶보다 감동적이지 않다고 그 누가 말할 수 있겠는가?

기질의 부름에 주의를 기울인다는 관점에서 보면, "병적인" 삶을 사는 것이 안정적인 삶을 사는 것보다 진정성에 더 가까울 가능성이 크다. 나는 이러한 쟁점을 더욱 강조하고자 하는데, 평화로운 마음과 평정심이라는 가치에 대한 우리의 절대적으로 확고한 믿음이 얼마나 철저히 이데올로기적인 본성을 지니고 있는지 보여 주고 주의를 환기하고 싶기 때문이다. 우리가 만약 지금 살고 있는 사회가 아닌 다른 사회 속에서 자랐다면, 영웅주의, 용기 또는 대의를 향한 절대적 헌신과 같은 다른 특성을 높이 샀을 수도 있다. 그렇다고 해서, 심리적·정서적 불안정이 마냥 좋다고 말하는 것은 아니다. 그것이 일으킬 수 있는 막대한 악영향을 잘 알고 있다. 그리고 우리 사회에는 감당할 수 없는 불확실성으로 인한 부담감을 안고 애쓰며 살아가는 사람이 많이 있다는 것을 알고 있는데, 이 점에 대해서는 나중에 더 자세히 언급하겠다. 그러나 실존적 혼란을 바람직한 삶과는 완전히 관련 없는 것으로 이해하는 것은 대단한 착각이다. 기질의 발달이라는 관점에서 볼 때, 삶의 위기와 불안함으로 인한 마음고생은 실패가 아니라 어떤 변화에 있어 꼭 필요한 것일 수 있다. 마찬가지로, 우리가 겪는 고통만큼이나 우리 기질을 독특하고 고유하게 만드는 것은 또 없을 것이다. 여러 면에서 우리가 누구인지는 우리가 상처받은 방식에 의해 정해진다. 그렇다고 우리가 상처를 극복할 수 없다거나, 상처가 우리의 미래를 결정한다는 의미는 아니다. 하지만 우리의 진정성이 우리가 겪어 온 고난, 좌절과 분리될 수 없다는 것은 확실하다. 나는 더 나아가, 많은 고통을 겪어 본 사람들이 그렇지 않은 사람들보다 인간의 불행을 더욱 폭넓게 이해할 수 있다고 생각한다.

7

나는 그럴듯하게 꾸며진 웰빙 개념과 삶의 진정성을 같은 선상에 두고 싶지 않다. 고통을 느끼는 것이 우리가 내면의 진정한 자아에 닿을 수 있는 방법이기 때문이다. 이런 식으로 생각해 본다면 진정성이란 실존적인 마음의 평화가 아니라, 몹시 불안한 마음을 포함한 다양한 감정의 상충을 수용할 수 있는 일종의 내적 포용력을 의미한다. 내 생각의 출발점은 바로 여기였다. 즉, 삶의 궁극적인 목적을 찾지 못한다고 해서 우리 삶이 의미가 없거나, 빛나지 않거나, 이 세상에서 가치를 찾을 수 없는 것이 아니다. 단지 우리가 삶의 의미, 빛, 가치를 찾기 위해서는 때때로 아주 열심히 노력해야 한다는 것이다. 자기 인생의 사명을 누군가가 집 앞까지 가져다주기를 기대하면 안 되고, 자아와 세상이 만나는 곳으로 나와 적극적으로 사명을 찾아야 한다는 뜻이다. 이어서, 이 사회가 얼마나 혼란스러운지 이야기해 보려고 한다. 개인과 집단의 상호 작용만큼 복잡한 것이 또 없기 때문이다. 집단은 항상 개인으로 이루어져 있으며, 개인은 많든 적든 집단의 특성을 어느 정도 변화시킬 수 있기 때문에 사회는 혼란스러울 수밖에 없다. 역사를 바꾸는 데에는 많은 사람이 필요하지 않다. 한 사람이면 충분하다. 한 명의 로자 파크스, 한 명의 마하트마 간디, 한 명의 알베르트 아인슈타인, 한 명의 오프라 윈프리면 된다. 일반적으로 삶에서 우리의 영향력은 가까운 친구로 구성된 인간관계를 넘어서지 않는다. 그렇다고 해서 이 세상이 우리를 누군가로 만들며, 우리 또한 이 세상을 만든다는 사실이 변하는 것은 아니다.

　"전통"의 상실을 한탄하는 사람들이 있다. 그들은 절

대적인 삶의 의미와 사회적 위계질서의 소멸을 문명이 쇠퇴하고 있는 조짐으로 받아들인다. 그들의 관점에 따르면 질서 있던 사회는 무정부적인 상태로, 안정적이던 상태는 혼란스러운 상황으로 몰락했다. 그들은 "전통"이 지녔던 억압적인 측면을, 즉 전통이 일정한 범주에 들어맞지 않는 사람들을 잔인하게 배제했던 역사를 인식하지 못하기 때문에 (또는 인정하기를 거부하기 때문에), 때때로 근본주의적인 종교적 입장을 취하거나 (여성들은 열등하고, 동성애자는 성도착자고, 흑인은 범죄자고, 아랍인은 테러리스트며, 이민자들이 "진짜 사람들"의 일자리를 훔친다) 심각한 편견을 더욱 강화함으로써 전통적인 질서와 안정을 억지로 회복시키려 한다. 그에 반해 이 책에서 나는 어떤 절대적인 삶의 의미가 붕괴한다고 우리가 피폐해지는 것은 아니라는 걸 보여 주고 싶다. 즉, 우리 인간이 이 세상에 존재하는 "이유"를 우리가 완전히 이해하지 못하는 것이 보람 있는 삶을 영위하는 데 방해가 되지 않는다는 것을 보여 주고 싶다. 오히려 이러한 존재의 불가사의함은 삶에 중요성을 부여하는 개인적인 의미라는 복잡한 자수를 우리가 인생에 수놓도록 독려한다. 이러한 의미에서, 전통적 가치를 담고 있는 권위적인 삶의 의미를 답습하지 않아야만 우리는 자신만의 (또한 잠재적으로 매우 중요한) 의미를 형성해 나갈 수 있는 능력을 갖추게 된다. 따라서 전통의 붕괴는 문명의 붕괴가 아니라, 오히려 반대로 인류의 지혜가 더 깊고 풍부해지고 있다는 의미다.

결국, (겉보기에) 쉽게 얻을 수 있는 가치를 아무 생각 없이 받아들이는 것보다, 모호해 보이는 의미를 받아들이고 감당해 내는 것이 훨씬 더 힘든 일이며, 그러므로 훨씬 더 용감한 일이다.

모호한 의미를 감당해 낸다는 것은, 우리가 앞으로 어떻게 살아가고 싶은지 깨닫는 과정에서 삶에 대해 심사숙고할 필요가 있다는 뜻이다. 그리고 외부의 세력이 우리에게 던지는 질문에 의존하지 말고 우리 스스로 삶의 핵심이 되는 질문의 답을 찾아야 한다는 것이다. 사실 이러한 질문에 명백하고 확실하며 보편적인 답은 없는데, 그렇다고 해서 결코 중요성이 축소되는 것은 아니며, 오히려 하루빨리 답을 찾아내야 한다. 쉬운 답이 없다고 해서 답이 없는 것은 아니다. 사실 쉬운 답을 원하는 것이 가장 큰 걸림돌이라고 할 수 있다. 자명하진 않더라도 자신에게 의미 있는 답을 찾으려는 우리의 시도를 방해할 수 있기 때문이다. 그 답이 자기 자신에게는 의미 있더라도 남에게는 그렇지 않을 수 있다. 하지만 답이 우리 마음속의 독특한 열정을 가득 품고 있다면, 우리는 삶을 살아갈 가치가 있다고 느낄 것이다. 그리고 시간이 지나며 우리가 계속해서 올바른 질문을 제기할 수 있는 능력을 갖추고 어떤 방식으로든 그 질문에 대한 답을 찾아낼 수 있다면, 우리는 삶을 재건해 낼 도구를 손에 넣을 수 있을 것이며, 내일의 우리는 오늘의 우리와 달라질 것이다. 기질의 부름은 이러한 변화를 가능하게 하고, 무언가 잘되어 가고 있다는 느낌이 들 때까지 이야기의 줄거리를 계속해서 다시 써 나가도록 (적어도 당분간은) 우리를 밀어붙인다. 이 책은 그 부름에 관한 것이다. 우리가 어떤 사람이 되어야 하는지 일깨워 주는 불가사의한 지령에 관한 것이다.

2장

변화의 과정

하지만 우리는 자기 자신이 되고 싶어 한다.
새롭고 고유하며 비교될 수 없고, 스스로 법칙을 부여하며
스스로를 창조해 내는 사람이 되고 싶어 한다.
프리드리히 니체

I

니체가 말한 것처럼, 우리는 어떻게 자기 자신이 되는가?
이 문제에 대한 답으로 두 가지 접근 방식이 팽팽히 맞서고
있다. 첫 번째는 "우리는 우리 자신일 뿐"이라는 방식이다.
이 방식에 따르면 우리는 특정한 방식으로 태어났으며 그
방식에서 벗어날 수 없다. 우리를 우리로 만드는 내면의 핵
심을 조금씩 다듬어 나갈 수는 있겠으나, 삶의 윤곽은 우리
가 삶의 첫 문장을 쓰기도 전에 이미 결정되어 있다는 것이
다.[1] 두 번째는 앞선 방식보다 더욱 정확할 뿐만 아니라 흥
미롭다는 생각에 내가 이 책에서 탐구해 보기 시작한 방식
으로, 이에 따르면 우리는 항상 변화의 과정에 있으며 그 과
정에 계속 참여함으로써 원동력을 얻는 독특한 기질을 기르

는 것을 실존적 과제로 부여받았다. 또한 항상 변하면서도 우리를 우리로서 존재할 수 있게 하는 마음을 잘 가꾸어 잠 재력을 실현하는 것 역시 과제다. 앞서 주장했듯, 이러한 마 음은 우리 욕망이 가진 독특한 특징을 보여 준다. 기질을 기 른다는 것은 우리가 사회의 가장 순종적인 (또는 정서적으로 안정된) 구성원이 되도록 내버려 두지 않는다는 것을 의미 한다. 기질을 기르면 우리는 안절부절못할 정도로 불안해 질 수 있다. 그러나 이 불안은 우리가 독특한 열정을 가질 수 있게 한다. 그 덕분에 우리는 "누구와도 비교할 수 없는" 존 재가 된다는 것이 구체적으로 무엇을 의미하는지 실제로 느 낄 수 있게 된다.

우리가 재능, 능력, 한계, 취약점 등 특정 경향을 타고 난다는 것을 나는 부정하지 않는다. 하지만 그렇다 하더라 도 우리의 성격이 태어날 때부터 정해져 있는 것은 아니다. 기질이나 독특한 마음은 신에게서 전해 받는 것이 아니라, 우리의 성격이 가진 제약과 외부 세계의 제약이 지속적으로 상호 작용을 하면서 형성되는 것이다. 우리는 아름답게 태 어나기를 선택할 수 없을 뿐 아니라, 생물학적·신경학적 특 징을 골라서 태어날 수도 없다. 인종, 성별, 사회적 계급을 고를 수 없을뿐더러, 우리가 살아가는 문화라는 환경이 그 러한 정체성의 특징에 어떻게 반응할 것인지 마음대로 설정 할 수도 없다. 또한 우리는 태어난 시간과 장소, 가족과 양 육자의 양육 방식을 선택할 수 없다. 따라서 우리는 우리에게 열려 있는 삶의 방향을 어느 정도 결정지어 버리는 여러 제약의 사슬에 걸려들게 된다. 이것이 아메리칸드림과 수박 겉핥기 수준의 대중적인 심리학 이론이 조장한, 누구든 원한다면 그 무엇이든 될 수 있다는 생각이 지나친 낙관론에 불과하며 정말 해로운 이유다. 우리에게 부과된 제약을 항상 극복할 수 있는 것은 아니기 때문이다. 노골적으로 말하자면, 우리가 많은 자기 계발 가이드를 신봉하고 따르더라도, 어떤 것이 되고 싶다고 해서 정말로 어떤 것이 될 수는 없다.

그러나 우리가 운명의 무기력한 희생자이기만 한 것은 아니다. 타고난 특성과 주어진 조건은 삶이라는 세계를 형성하며 우리에게 특정한 장애물과 기회를 제공하지만, 대체로 우리가 그 세계와 어떻게 조우할 것인지, 성격의 특징과 환경의 특징을 얼마나 교묘하게 결합할 수 있는지에 따라 달라진다. 흐르는 강이 때로는 바위와 같은 장애물로 인해 굽이치고, 때로는 가파른 절벽을 내달려 폭포라는 장관을 만드는 것처럼, 강은 주변 풍경과 어우러져 특정한 경관을 이루어 낸다. 이와 같은 방식으로, 인간도 외부의 영향에 반응함으로써 진화한다. 또한 한 무리의 비버 떼가 지은 댐으로 인해 강이 방향을 잃을 수도 있는 것처럼, 인간도 길 위에서 예상치 못한 장애물(우리가 "문제"라고 부르는 것)에 의해 방향을 잃을 수 있다. 그러므로 우리가 기회와 장애물에 어떻게 접근하느냐에 따라 많은 것이 달라진다. 원한다면 무엇이든 될 수 있는 절대적인 자유가 없다고 해서 우리에게 자유가 전혀 없는 것은 아니다. 단지 우리는 특정 제약 속에서 자유를 행사하는 방법을 배워야 할 뿐이다.

이것이 니체가 우리에게 우리 자신이 되라고, "스스로를 창조해 내는 사람"이 되라고 역설했을 때 염두에 두었던 생각이다.[2] 니체는 우리 안에 숨겨진 인격의 핵심을 되살려 내라고 말하는 것이 아니라, 우리 삶의 핵심 요소라 할 수 있는 장애물과 기회를 통해 독특한 기질을 형성해 내는 삶의 기술에 관해 이야기하는 것이다. 니체에 따르면 모든 사람은 자기 삶이라는 시를 짓는 시인이 되어야 하며, 모든 개인은 자신의 특정한 운명의 범위 내에서 "스스로 법칙을 부여"(삶의 방향을 스스로 결정)해야 한다. 우리가 저지르는 실수, 심지어 우리의 잘못된 선택조차도 자아 형성에 도움이 될 수 있다. 그렇다면 우리 삶에서 "단지" 실수일 뿐이거나 잘못일 뿐인 것은 없다. 실패는 우리 운명에 필연적이기 때문이다. 때때로 실패는 우리에게 유리하게 작용할 수도 있다. 그 실패에 숨겨진 메시지가 펼쳐질 때까지 기다릴 수 있는 인내심이 있다면 말이다. 예를 들어, 우리를 고통스럽게 하는 어떤 것이 결국 우리를 지혜롭게 만든다면, 인생이란 여행길의 방향을 조정할 수 있는 귀중한 기회가 될 것이다. 또한 우리의 목을 조이는 실패는 삶을 더 나은 방향으로 재구성하게 하는 중요한 돌파구로도 이어진다. 이것이 니체가 운명에 맞서 싸우기보다 운명을 사랑하는 쪽을 선택해야 한다고 생각한 이유다. 우리는 기질을 더 잘 갈고닦을 수 있도록 하는 제약을 반길 수 있어야 한다.

물론 이와 같은 견해를 고수하기가 불가능한 상황도 있다. 삶에서 문제가 되는 고통이 "정상적인" 수준을 훨씬 초과하는 경우, 그 고통을 겪고 있는 사람에게 자신의 운명을 "사랑"하라고 하는 것은 문제가 될 수 있다. 이에 관해서는 나중에 다시 말하겠다. 지금은 니체가 우리의 기질은 전적으로 개인적이고 자기 성찰적인 것이 아니라, 우리가 세상과 복잡한 관계를 맺음으로써 형성할 수 있는 것임을 암시하며 자기 계발을 개념화하고 있다는 점만 알아 두면 좋겠다. 이러한 관점에서 보면 우리를 고유하게 만드는 것은 우리가 가지고 태어난 성질이 아니라, 그러한 성질을 타인과 같은 외부의 영향력과 접촉시키는 방식이다. 이것이 정말이지 인간의 삶을 신뢰할 수 없는 이유다. 살면서 어떤 종류의 영향을 마주할지 우리가 미리 정할 수 없기 때문이다. 우리는 살면서 부딪히게 될 삶의 국면을 통제할 수 없으므로, 우리가 어떤 사람이 될 것인지 결코 결정할 수 없다. 이 세상과 어떻게 상호 작용할지에 관해서라면 선택권이 있으므로 우리가 우리 삶의 시인이 되는 임무에 착수할 수 있지만, 이를 전적으로 만족스럽게 준비하고 통제할 수는 없다. 때로 세상은 지독하리만큼 혹독하다. 하지만 따뜻하고 친절할 때도 있다. 다행히도 우리는 경험을 통해 교훈을 배우므로, 세월이 흐름에 따라 우리 앞에 주어진 세상일이 어떻게 될지 더 정확하게 예측할 수 있을 것이다. 그러나 결코 쉬운 일은 아니다. 그래서 실존적 확신에 대한 탐구가 항상 다소 무의미하게 여겨지고, 우리가 마침내 궁극적인 삶의 의미를 찾아냈다고 크게 착각하는 것이다.

2

우리가 이 세상을 경험함으로써 특정한 기질, 개인적 특성을 개발하게 된다는 생각은 굉장히 단순하고도 광범위하다. 만일 우리의 몸과 정신, 마음이 서로 영향을 주고받는 것이 아니라 독립적이라면 인간의 삶이 지금과 얼마나 다를지 생각해 보자. 실제로 우리가 이미 정해진 기질과 운명을 가지고 태어났다면, 즉 처음부터 삶이 어떻게 흘러갈지 모두 안다면, 산다는 것이 얼마나 간단한 일일지 생각해 보자. 우리에게 세상의 모든 가능성이 열려 있다는 사실이 삶을 복잡하게 만든다. 우선 이 사실은 우리가 고통에 극도로 취약해지게끔 만든다. 우리의 고통이 날카로운 책상 모서리에 부딪혔기 때문인지, 사랑하는 사람에게서 들은 상처 되는 말 때문인지, 잡지에서 본 인종 차별적 이미지 때문인지는 모르겠지만, 세상은 우리를 괴롭히고 있다. 또한 세상의 폭력에 더 가까이 다가갈수록 우리가 피해를 보게 될 가능성도 더 커진다. 따라서 멀리서 인종 차별을 목격하는 것과 인종 차별의 직접적인 대상이 되는 것은 큰 차이가 있다. 마찬가지로 수많은 사상자를 낳는 쓰나미나 전쟁 관련 소식을 뉴스로 시청하는 것과, 실제로 그러한 사건의 한가운데에 있는 것은 다르다.

취약성은 두 가지로 나뉘며 각각 다른 수준을 보인다. 첫 번째 취약성은, 우리 모두 신체, 정신, 마음이 외부 세계에 의해 침해당할 수 있다는 점에서 보편적이다. 우리가 전쟁, 고문, 가정 폭력과 같은 심각한 폭력을 당한 것이 아님에도 우리는 신체적 차원에서 주변 환경을 감당하기 힘들다고 느낄 수 있다. 그래서 종종 근육통이나 불면증과 같은 심리적 증상이 나타나기도 한다. 출퇴근 시간 교통 체증을 견디며 앉아 있거나 은행 또는 식료품 가게에서 긴 시간 줄을 서 있는 등의 아주 단순한 일도 우리의 신경을 거슬리게 할 수 있다. 또한 끊임없이 계속되는 직장 업무는 걸음을 옮겨 걷는 것조차 힘들 정도로 우리를 지치게 할 수 있다. 마찬가지로 부모, 친구, 연인, 파트너 그리고 동료의 날카로운 말이나 행동은 우리를 심리적 · 감정적인 두려움에 떨게 할 수 있으며, 때로는 마음을 산산조각 내 버려 우리는 자기 자신의 근본적인 가치에 의문을 품게 될 수도 있다. 부모님에게서 기분 나쁜 말을 듣거나 사랑하는 사람이 잔인하게 굴 때면, 우리는 자신이 왜 존재하는 것인지 의문을 품게 된다. 사람들이 서로에게 지대한 영향을 미친다는 것은 정말 놀라운 일이다. 우리는 다른 사람들이 하는 말과 행동에 지나치게 많은 신경을 쓴다.

　더군다나 질병이나 돌발적인 사고와 같이 우리가 도저히 손을 쓸 수 없는 일도 있다. 이 모든 것을 생각해 볼 때, 세상은 항상 어떻게든 우리 내면의 깊숙한 곳까지 침범한다는 걸 인정하는 게 낫겠다. 우리가 아무리 효과적으로 이에 대항하여 자신을 보호한다고 해도, 세상은 우리에게 상처를 입히고 때로는 패배를 안기는 새로운 방법을 찾아내고야 만다. 다시 말하지만, 그렇다고 해서 나는 우리가 완전히 무력한 존재라고 말하는 것이 아니다. 하지만 우리는 상대적인 무력함을 인정해야 할지도 모르겠다. 이 무력함은 생존을 위해 부모나 다른 보호자에게 완전히 의존할 수밖에 없는 유아기에 가장 두드러진다. 우리를 보살피려는 이는 아마 우리를 깊은 애정으로 대할 것이다. 그러나 그는 권력을 남용하거나 우리를 학대할 수 있으며, 우리의 필수적인 요구 사항을 무시해 버릴 수도 있다. 마찬가지로, 성인인 우리도 신체, 심리, 정신에 다양한 정도의 영향을 미치는 권력과 복잡한 대인 관계의 네트워크에 얽혀 있다. 그리고 노년기에 이르면 신체적으로 쇠약해지고 죽음에 대한 공포에 사로잡히면서 마음이 황폐해진다. 결과적으로, (가장 확실한 예를 들자면) 독립적으로도 얼마든지 잘 살 수 있다는 성난 외침이나, 정신적 "계몽"이라는 번지르르한 말을 통해 우리가 가진 체질적인 취약성을 감쪽같이 없애려고 할 때마다, 우리는 자기 자신에게 완전히 진실하지는 못하게 되는 것이다. 우리는 우리가 세상의 영향력을 전부 이겨 낼 수는 없다는 사실을 부인하려고 한다.

두 번째 취약성은 보편적이지는 않고, 상황에 따라 다르며, 우발적인 특성을 보인다. 인간의 삶은 제각기 다른 모습이라 어떤 사람들은 다른 사람들보다 더 불안정한 삶을 살기도 한다. 예를 들자면, 어떤 이는 굶주림, 가난, 인종 차별, 성차별, 동성애 혐오, 부모 또는 배우자의 학대, 전쟁의 참상, 독재 정치, 인종 청소뿐만 아니라 강간, 폭행, 고문과 같은 일을 겪을 수 있다. 앞에서 설명한 보편적인 취약성과 방금 말한 특수한 상황으로 인한 취약성의 차이점에 대해 생각해 볼 필요가 있다. 살면서 일반적으로 누구나 겪는 고생을 하는 것과 끔찍한 잔혹 행위, 압제, 굴욕 그리고 차별을 겪는 것은 엄연히 다른 일임을 인식하는 것이 중요하다. 그뿐만 아니라 그런 끔찍한 일을 겪지 않아도 되는 삶은 특권이 주어진 경우라는 것을 깨닫는 것도 매우 중요하다. 그렇다고 해서 평범한 삶 속에서 평범한 난관으로 인해 겪게 되는 슬픔은 "진짜" 슬픔이 아니라는 뜻은 아니다. 그러나 사랑하던 연인을 잃은 고통과 인종 학살로 사랑했던 모든 사람을 잃은 고통을 같다고 할 수는 없다. 세상의 모든 교통 체증을 합쳐 놓아도 사회적 편견보다 더 해로울 수는 없는 것처럼 말이다.

우리 중 누군가가 세상에서 일어나고 있는 폭력을 상당 부분 막아 낼 수 있다는 사실은 매우 다행스러운 일이다.

우리 중 나약할 수밖에 없는 운명이라는 것에 지나치게 신경 쓰지 않고 삶을 잘 영위할 수 있는 사람들은 운이 아주 좋다고 할 수 있다. 우리는 일이 잘 풀리지 않는 순간, 즉 다른 사람이나 세상이 환멸감이 들게 할 때 우리 안의 연약함을 엿볼 수 있다. 그러나 희망이 보이지 않는 환경 속에서 살아가야만 하는 불안함과 비교하면 이것은 아무것도 아니다. 특수한 취약성은 자신의 운명을 사랑한다는 니체의 생각이 무너지기 시작하는 지점이다. 극단적인 상황을 헤쳐 나가야 하는 사람들에게 자신의 운명을 있는 그대로 받아들이라는 말은 터무니없고 무언가 석연찮기 때문이다. 고통은 더 나은 삶을 살기 위한 생산적인 원료로 거듭날 수 있지만, 어느 수준을 넘어가면 그럴 수 없다. 우선, 혹독한 상황에서 너무나 험난한 삶을 겪었던 사람은 이 세상을 어떤 가능성이 펼쳐진 곳으로 보는 것은 고사하고 아예 믿지도 못하게 될 수 있다. 트라우마의 직접적인 원인이 사라졌다고 해도 세상을 안전하다고 느끼기 어려울 것이다. 이러한 의미에서 극심한 트라우마는 사람들이 삶에서 다양한 기회를 활용하기 어렵게 만드는 비극을 낳는다. 이 사실을 이해하고 의식의 중심에 심어 두면 우리는 인간 삶이 지닌 보편적인 취약성을 균형 있고 올바르게, 그리고 객관적으로 인식할 수 있다. 삶의 일상적인 골칫거리가 맞서 싸워야 하는 최악의 역경이라면, 우리는 살면서 불평할 일도 거의 없을 것이다.

실존적 취약성이란 억압적 환경이 불러온 부정적 결과라기보다는 인간 삶의 바탕을 이루는 것으로, 실제로는 우리 삶에 있어 선물과도 같다는 주장으로 논쟁을 한 단계 더 밀어붙이고자 한다. 우리가 세상을 향해 모든 가능성을 열어 놓고 있다는 것은 위험에 빠질 수 있다는 것을 의미하기도 하지만, 우리는 외부 자극을 수용해야만 진화할 수 있다는 점에서 삶의 구명줄이 되기도 한다. 또한 우리를 무력화하는 외부 영향이 있다면, 이에 맞서 우리를 더욱 강하게 만들고 기질에 복잡한 특성을 더하는 영향도 있다. 그렇다고 해서 우리가 꼭 더 세련된 모습으로 거듭나게 된다는 것은 아니다. 앞서 강조했듯 독특한 기질을 키우는 것은 우리가 즐겁고 우아한 일뿐만 아니라, 부적절해 보이고 무질서적이며 다루기 힘들고, 심지어 약간 소란스럽고 불편해 보이는 것들을 품을 것을 요구하기 때문이다. 그러나 덕분에 우리는 더욱 다차원적인 면모를 갖출 수 있게 된다. 그런 의미에서 삶에 고정된 기반과 정해진 운명이 없다는 사실은 오히려 더 큰 활력을 불어넣는다. 결국 우리 삶에 한계가 없는 한, 삶은 가능성으로 가득 차 있다. 그리고 어떤 면에서는 우리의 삶이 앞으로 어떻게 펼쳐질지 잘 모를수록, 가능성이 가득한 삶을 살아갈 여지가 더 많다.

　　인간은 자신의 여러 모습 중 반드시 하나의 모습만을

받아들일 필요 없이 거의 무한대로 자신의 모습을 재탄생시킬 수 있는 능력이 있다는 점에서 세계의 모든 피조물 중에서 상당히 독특한 존재다. 우리는 한 발짝 물러서서 인간이 존재하는 목적을 묻는 것처럼 우리가 세상에 존재하는 의미에 대해서 생각해 볼 수 있고, 아니다 싶으면 어떤 것이든 다시 생각해 볼 수 있다. 무엇보다도, 우리가 욕망과 일상적인 현실을 조화시키고자 노력했는데 효과가 없으면, 우리는 계속해서 다시 시도해 볼 수 있다. 물론 우리 중 이렇게 의식적으로 자아 형성을 시작하는 사람은 거의 없을 것이다. 하지만 그렇게 할 수도 있다. 더욱이 과거에 대한 의식 없이는 자아의식을 가질 수 없다는 점에서 우리는 역사적인 존재지만, 우리는 과거를 "있는 그대로" 받아들일 의무가 없으며 현재의 시각으로 다시 쓸 수 있는 능력이 있다. 무엇보다도 과거에 자신을 가장 힘들게 했던 것이 나중에는 우리라는 실존적 존재를 설계하는 데 있어서 필수 불가결한 것으로 재해석될 수 있다. 예를 들자면, 유년 시절 겪은 큰 아픔으로 인해 갖게 된 특별한 감수성과 연민이 다른 사람과 원활한 관계를 맺는 능력의 토대가 되었다는 것을 나중에 깨닫게 될 수도 있다.

부분적으로 이것은 니체가 자신의 운명을 사랑하라는 개념을 통해 말하려는 것이다. 우리는 과거가 우리의 현재 모습을 결정짓는다는 것을, 또한 고통과 즐거움 모두 우리의 정체성을 형성하는 데 영향을 미친다는 것을 알고 있다.

그러므로 우리의 고통스러운 과거를 부인하는 것은 우리 존재를 이루는 중요한 측면을 부인하는 것과 마찬가지다. 운명을 사랑한다는 것은 우리의 특별한 과거가 없었더라면 현재의 우리가 존재하지 않았을 것임을 이해한다는 의미다. 결과적으로 우리는 더 이상 과거를 이루는 핵심 요소들을 억압하는 데 에너지를 낭비하지 말고, 과거의 다양한 모습을 자신만의 독특한 삶의 기술에 녹여 냄으로써 그 과거 전체를 "소유"하고자 노력해야 한다. 과거가 아무리 고통스럽더라도 우리는 과거를 현재의 구성 요소로 바꾸어 끝내 자신의 것으로 만들려고 해야 한다. 과거를 없애 버릴 수는 없기에, 우리는 과거를 자신만의 독특함을 실현해 내는 데 꼭 "필요한" 무언가로 만들어야 한다. 이것이 고통을 특별하고 개인적인 의미로 바꾸어 내는 한 가지 방법이다. 분명 이 과정은 항상 성공적일 수는 없다. 우리가 삶이라는 조직의 일부로 통합해 내는 데 실패한 고통이 닿지 않는 곳에 남아 있을 수도 있다. 그러나 우리는 항상 발전할 수 있다. 고통을 사라지게 할 수는 없더라도, 지금의 현실을 살아가는 주도권을 고통에게 내어 주지 않음으로써 고통과 함께 사는 법을 배울 수 있다. 그렇게 하면 과거의 고통이 현재의 모습을 결정짓도록 내버려 두지 않으면서도, 과거가 항상 현재의 일부가 될 수 있다는 사실을 받아들일 수 있을 것이다.

4

우리가 형성해 나가는 자아가 항상 일관성이 있다거나 자아 자신을 완전히 통제할 수 있다고 말하는 것은 아니다. 앞서 설명했던 대로, 자아의 특정한 모습은 자아가 가진 여러 모습 중 일부만이 구체적으로 (또한 항상 약간은 불확실하게) 나타난 것일 뿐이다. 우리 모두는 다양한 삶을 이루는 다양한 원료를 가지고 있고, 자아가 가진 다양한 모습들은 살아남고자 항상 서로 경쟁하기 때문에, 특정한 정체성을 구체화하는 과정에서 필연적으로 어떤 자아는 소외될 수밖에 없다. 우리에게 다양한 삶의 가능성이 있더라도 주어진 순간에는 오직 하나의 삶만 살 수 있기에, 다른 삶의 가능성은 무시할 수밖에 없다. 다른 실존적 선택을 내린다면 실현될 수도 있을 특징을 억압할 수밖에 없는 것이다. 이렇게 묵살된 자아의 특성은 침묵을 지킬 수도 있지만 절대 완전히 추방된 것은 아니므로, 언제든 자신의 권리를 요구하기 시작할 가능성이 있다. 우리 안의 "다른" 삶 중 하나가 자신의 이야기를 들어 달라고 요구할 가능성은 항상 열려 있다. 결과적으로, 아무리 최선을 다한다 해도 자아의 일관성은 불확실할 수밖에 없다. 또한 우리의 내면은 명령을 듣지 않는 다양한 무의식적 동기뿐만 아니라 실현되지 않은 잠재력으로도 가득하기에, 우리 인간이 단 하나의 존재로 이루어진 생명체라는 감각은 다소 환상에 불과하다. 그러나 이런 불완전성에도 이점은 있다. 바로 다른 각도와 출발점에서 우리는 얼마든지 다시 새롭게 시작할 수 있다는 것이다. 불완전성은 여러 정체성의 집합체인 정체성 별자리가 변하지 않고 영원히 그 자리를 지킬 때보다, 훨씬 더 효과적으로 삶의 기술을 손에 넣을 수 있게 해 준다.

이러한 이유로 가장 "성숙"한 자아란 경계를 확실히 알고 긋는 자아가 아니라, 경계를 계속해서 재설정할 줄 아는 자아다. 가장 "발달된" 자아는 고도로 구조화된 자아가 아니라 가장 덜 구조화된 자아로, 다양한 정체성의 차원을 유연하게 이동할 수 있다. 이 유연한 움직임이 항상 쉬운 것은 아니다. 우리가 고정된 자아를 가지고 태어나지 않았더라도 시간이 지나며 자아가 고정될 수 있기 때문이다. 반복되는 삶의 패턴을 통해 자아는 규정되는데, 한 번 규정된 자아는 절대로 변하지 않을 것처럼 느껴진다. 규정된 자아가 우리 안에 너무나 깊이 뿌리박혀 있고 본능적으로 가장 그럴듯하게 느껴져, 존재의 진정한 진실을 전달하는 것처럼 보이기 때문이다. 다시 말해, 자아가 구성과 재구성에 열려 있다 하더라도 우리는 현재의 자아를 고정된 자아로 구속한다. 우리가 현재의 자아를 진짜 "우리"라고 생각할 정도로, 현재의 자아는 우리가 무엇이 될 수 있고 없고에 엄청난 영향력을 행사한다. 그래서 현재는 과거로 이루어진 것이 아니라는 주장이 틀린 것이다. 사실, 자아를 형성하려는 우리의 노력을 방해하는 다양한 제약 중에서 우리가 고집스럽게 고수하는 기존의 자신만큼 강력한 제약은 없을 것이다. 또한 너무나 아이러니하게도 우리는 우리에게 가장 큰 트라우마로 남은 것에 무척이나 완고한 애착을 형성한다. 자아 형성에 영향을 미치는 고통이 남긴 유산에 우리는 고집불통으로 집착하는 경향이 있다.

　나는 이 책에서 고통이 남긴 유산을 포함한 여러 문제에 대해 몇 차례 더 언급하고자 한다. 하지만 지금은 지나치게 융통성 없이 완강한 정체성을 가진 사람들은 자아를 시인으로 만드는 작업을 어려워할 수밖에 없다는 점만 간단히 짚고 넘어가겠다. 이와 대조적으로 융통성 있는 자아를 갖춘 이들은 모순되는 현실을 살아갈 보람이 있는 현실로 만들어 내는 능력을 갖추어, 상황에 따라 새로운 모습의 자신을 만들어 낼 수 있게 된다. 그렇다고 해서 우리가 내면의 통합을 이루어 내지 않아도 잘 살아갈 수 있다는 것은 아니다. 심리적·정서적 구조의 과도한 분열은 삶을 버겁게 만들고 세상에서 제 역할을 해내는 데 필요한 능력을 저해시킨다. 그러나 정체성이 굳어질수록 우리는 병적 증상에 가까운 행위를 하게 된다. 예를 들자면, 전혀 생산적이지 않다는 것을 알면서도 어떤 청사진이 되는 행동을 반복하게 된다. 굳어져 버린 일부 정체성은 기질이 지닌 특수성 형성의 첫 단추 역할을 하고, 개인에게 가치 있는 의미라는 풍부한 침전물을 포함하고 있어 중요하긴 하지만, 주변 환경과 미묘한 관계를 맺는 능력을 기르는 데 매우 방해가 된다. 그리고 정체성이 너무 심하게 굳어지면, 우리는 기질을 만들어 나가는 평생에 걸친 작업을 더는 하지 못하게 된다. 심지어 굳어진 자아는 경쟁 상대인 다른 자아의 발언권을 절대 허용하지 않는 폭압적인 모습을 보일 수도 있다. 그러한 자아는 우리가 운명을 완전히 통제하고 있다는 (잘못된) 인상을 주면서, 한편으로는 우리의 실존적인 다양한 능력을 저하시키는 잘못된 일관성을 보인다.[3]

5

중심을 지키지 못하면 길을 잃기도 하고 때로는 병에 걸리기도 한다. 그러나 중심이 너무 강하면, 즉 우리 내면이 너무나 완벽하게 통일되어 있으면 유연성과 즉흥성을 잃게 된다. 이러한 관점에서 우리의 "중심"은 결코 정적인 존재로 고정되어서는 안 되며, 우리 존재의 다양한 요소를 한데로 모으는 융통성 있는 메커니즘 역할을 해야 한다. 이상적으로는, 중심은 세상이 우리에게 제공하는 무수한 제안을 충족시킬 만한 가장 좋은 방법이 무엇인지 찾아내기 위해서 (융통성 있고 계속해서 진화하는) 영리한 직관을 가져야 한다. 또한 무엇을 포용해야 하는지 뿐만 아니라 무엇을 배제해야 하는지도 알아야 한다. 우리의 모습은 우리가 무엇을 받아들이느냐 뿐만 아니라 무엇을 피하느냐에 따라 결정되기 때문이다. 앞서 주장한 바와 같이, 우리가 우리의 힘을 벗어나는 외부의 영향력과 관계를 맺으며 정체성을 만들어 나가는 것이 살아가는 데 필요한 가장 훌륭한 삶의 기술이라면, 어떤 영향력을 받아들이고 받아들이지 않아야 하는지 식별할 줄 아는 능력만큼 중요한 것은 없을 것이다. 예를 들어, 우리가 형성하는 모든 관계는 우리를 변화시킬 수 있는 잠재력을 지니고 있는데, 때로 이 잠재력은 매우 극적일 수 있다. 우리가 가진 모습 중 가장 흥미로운 면모를 찾아 일깨워 주는 사람도 있지만, 우리를 깎아내리려고만 하는 사람들도 있다. 후자는 우리 안의 옹졸하고 비루하며 철없는 면모를 일깨워 우리를 분노와 질투, 비통, 탐욕 또는 비열의 소용돌이에 빠뜨린다. 결과적으로, 삶 속으로 누구를 환영해 맞이하고 누구를 들여오지 않을지를 잘 생각해야 한다는 것은 충분히 일리 있는 말이다.

분명 우리는 많은 사람과 상호 작용을 하며 살아갈 수밖에 없다. 아침에 들리는 카페의 여자 점원부터 직장 동료들에 이르기까지 우리는 고맙거나 고맙지 않은 다양한 사람 속으로 내던져진다. 하지만 친구나 사랑하는 사람처럼 더욱 친밀한 관계에 관해서라면 할 말이 아주 많아진다. 우리는 우리가 필요로 하는 것을 충족시켜 주는 사람들 틈에만 둘러싸여 있을 수도 있고, 때로는 존재하는지도 몰랐던 사람들을 우연히 알게 될 수도 있다. 또한 의아하게도 우리에게 못되게 굴거나 상처를 주고, 우리 자신을 작고 하찮게 느끼게끔 하는 사람들과 함께하려고도 한다. 우리가 관계를 맺는 패턴은 부분적으로 무의식적인 결과이기 때문에, 좋은 선택을 내리는 것은 분명 어려울 수 있다. 우리는 현명한 선택을 내리는 방법을 배운 적이 없기에, 종종 잘못된 종류의 친구나 연인을 고른다. 물론 우리를 불행하게 만드는 사람들이 꼭 우리에게 나쁘기만 하다는 법은 없다. 때로 불행은 우리에게 행복보다 더 많은 것을 가르쳐 주기 때문이다. 그러나 좋은 사람을 선택하는 능력을 키우는 것은 우리가 더 나은 삶을 살기 위해 필요한 지혜로운 기술을 오래도록 잘 가꿀 수 있게 해 준다.

타인뿐만 아니라 무생물, 문화적 경향, 예술 작품과 오락물, 사회적 신념 체계와 이상, 더불어 우리가 추구하기로 한 목표와 야망 또한 기질을 형성한다. 이 중에서도 우리가 추구하려는 목표와 야망이 특히 중요하다. 특정 부류의 사람들을 우리 삶으로 초대하는 것과 같은 방식으로 우리는 특정 목표와 야망을 우리 우주로 초대하는데, 이는 삶의 전반적인 스케치에 엄청난 영향을 미칠 수 있기 때문이다. 어떤 목표와 야망은 우리를 고양시키는 반면, 어떤 목표와 야망은 진부하기만 해 삶을 지루할 정도로 지극히 평범하게 만든다. 많은 이가 사실 목표와 야망에 대해 깊이 생각하지 않고 살아가기 때문에 우리는 그것들 앞에서 잠시 주저하게 된다. 가장 오래도록 간직해 온 목표와 야망은 일상적이고 당연한 것으로 느껴질 수 있어, 우리는 그것들을 별수 없이 꼭 이루어 내야만 한다고 생각하기도 한다. 하지만 절대 그렇지 않다. 목표와 야망을 바꾸는 것은 언제든 가능하며, 이 책의 마지막 부분에 다다르면 알게 되겠지만, 자신의 기질의 부름을 존중하는 사람들이라면 모두 그렇게 한다. 변화는 수정을 거듭하면서 점진적으로 진행되기도 하고, 또는 벼락에 맞은 듯 아주 갑작스럽게 이루어질 수도 있다.

쉽게 말해 세상 만물, 즉 세상의 수많은 가능성 중에서도 사물, 신념, 이상, 목표, 야망 그리고 타인이 우리가 기질을 발휘하도록 적극적으로 종용한다고 할 수 있겠다. 감동을 주는 책, 영화, 연극, 열정을 꿈틀대게 하는 뉴스 기사나 정치적 연설, 더 높은 수준의 성과를 낼 수 있도록 동기를 부여하는 직업적 야망, 색다른 시각을 제공하거나 공감을 불러일으키는 사람, 또는 우리를 사랑에 미치게 만드는 사람 등 아무리 사소한 것일지라도 세상은 우리의 정체성에 뚜렷한 흔적을 남긴다. 또한 우리는 끝없이 새로운 영향을 마주하기 때문에 우리의 변화 과정도 원칙적으로 한없고 죽음에 이르러서야 끝이 난다. 질병, 사고, 기타 불행과 같이 우리 힘을 약화시키는 것들조차도 삶에 새로움을 가져다 주며, 우리가 그러한 시련에 맞춰 자신을 재정비할 수 있게 한다. 하지만 우리는 이러한 시련을 쇠퇴의 징조로, 우리 자신의 어떤 중요한 부분을 잃는 것으로 생각하는 데 익숙하다. 그러나 삶의 과정이라는 것이 언제나 더 나아지기만 하지는 않는다는 것을 이해한다면, 우리의 힘이나 능력을 앗아가는 역경조차도 삶이라는 과정의 중요한 구성 요소로 여길 수 있을 것이다. 이는 좋냐 나쁘냐 또는 긍정적이냐 부정적이냐의 문제가 아니라, 단순히 그 자체의 문제다. 인간의 삶은 그렇게 이루어져 있으므로 맞서 싸운다는 것은 의미가 없다.[4] 그러나 우리가 그 과정에 어떻게 참여할 것인지 결정하는 것은 분명 의미 있는 일이다. 그러므로 우리에게 다가오는 다양한 자극과 어떻게 상호 작용을 할 것인지 정신을 똑바로 차리고 대비하는 것이 중요하다.

6

이러한 맥락에서, 세상의 어떤 측면은 우리가 기질을 드러낼 수 있게 돕고, 어떤 측면은 방해한다는 것을 명심하는 게 좋겠다. 어떤 이들은 우리의 가장 훌륭한 면모를 더욱 돋보이게 해 주는 반면, 어떤 이들은 우리의 가장 비루한 모습을 건드려 도발한다. 이처럼 우리가 살아가는 환경의 어떤 측면은 기질에 생기를 불어넣지만, 또 다른 측면은 때때로 기질을 죽이고 심지어 우리를 무감각한 상태에 이르게 한다. 다시 말해, 세상과 접촉하며 기질을 조각해 나가는 것이 위험한 이유 중 하나는 우리가 세상의 관습에 휩쓸릴 수 있기 때문이다. 우리가 직접 형성한 것이 아니라 가족, 선생님, 친구, 연인 그리고 문화로부터 물려받은 인식의 패턴에, 즉 어떤 것에 가치를 부여할 것이며 또 어떤 것에 가치를 부여하지 않을 것인지 미리 정해서 알려주는 관습에 우리 자신도 모르게 휩쓸릴 수 있다. 이러한 인식의 패턴이 우리가 삶에서 소중히 여기는 가치를 결정하긴 하지만, 그 가치가 우리에게 정말 적합한 것인지는 보장해 주지 않는다. 사실 이 패턴은 우리가 삶에서 소명을 찾을 기회를 앗아가 버릴 수도 있다. 또한 기존의 가치 체계에 비판적인 의문을 제기하기보다는 그저 가장 쉽게 이용할 수 있는 가치를 취하라고 우리를 설득할 수도 있다. 이런 식으로 우리는 거저 주어진 삶에 깊이 빠져들고는 진짜로 우리가 행복할 수 있는 삶이 어떤 삶인지 더 이상 생각하지 않게 된다.

늘 사회적 생활에만 신경 쓰고 몰입해 있는 것은 마음속에서 또 다른 삶을 구상해 볼 수 있는 우리의 능력을 저해한다. 사회적 활동에 몰두하면, 우리가 어떻게 행동해야 하는지가 분명해져 존재에 일관성이 생기므로 유혹적이다. 그러나 사회적 활동에 지나치게 몰두하면 중요한 실존적인 선택을 대수롭지 않게 여기게 되고, 그 외의 것들의 중요성을 과장하게 돼 가능성의 장이 축소된다. 이것이 내가 사회적 환경이 우리에게 가지길 요구하는 욕망이 우리의 욕망을 너무 쉽게 집어삼켜, 우리는 그 둘의 차이를 인식하지 못하고 사회적으로 원하도록 학습된 것을 **우리가 진정 원하는 것**으로 착각하게 된다고 강조한 이유다. 우리는 사회적 관습을 따르는 욕망에 너무나도 쉽게, 완전히 사로잡혀 버린다. 그리하여 단지 사회가 바람직하다고 여기기 때문에 특정 직업, 파트너, 차, 신발, 접시, 노트북, 휴가 등에 우리의 에너지를 집중시킨다. 불행히도 사회적인 바람을 좇을수록 우리는 욕망의 특수성을 놓치게 되고, 우리 기질만의 독특함을 잃게 된다. 그리고 외부에서 비롯된 기준에 따라 우리 삶이 전체적으로 "성공"적인지 평가하기 때문에, 결과적으로 자신만의 기준을 세우기란 점점 더 불가능한 일이 된다.

흘러가는 대로 산다는 것만큼 솔깃한 것도 없다. 그러나 우리가 기질의 부름에 진정으로 응답할 수 있는 유일한 방법은 그 흐름에 맞서는 것뿐일 때가 있다. 우리의 기질을 가장 잘 표현하는 욕망이 우리가 당연하게 여겼던 욕망과 전혀 다를 때 그렇다. 그럴 때 우리의 임무는 우리를 무사안일주의적 인식 패턴에 가두는 사회적 욕망이라는 미로에서 빠져나오는 길을 찾는 것이다. 우리가 억압적인 정치 체제에 대항하고자 의지를 표명하거나, 실패할 운명임을 알고도 대의를 따르려고 결의를 다지거나, 사회적 질서가 요구하며 사회적으로 용인될 수 있는 속성을 따르지 않고 우리의 특이성을 지키고자 할 때, 사회적 정체성과 기질은 불가피하게 충돌할 수밖에 없다. 우리 중 그 누구도 우리를 이 세상에 존재하게 하는 사회적·문화적 학습 과정과 완전히 분리된 인식 패턴을 가질 수는 없다. 그러나 우리에게 큰 울림을 가져다주기에 그 가치를 받아들이기로 선택하는 것과, 그렇게 하는 것이 두려워서 사회적으로 흔한 가치를 받아들이기로 선택하는 것에는 큰 차이가 있다. 다시 말해, 우리의 선택이 보이지 않는 열정이 아니라 처벌에 대한 두려움에서 비롯될 때, 우리는 너무나도 많은 것을 희생하게 된다.

시간이 지남에 따라 삶의 패턴이 확실한 정체성을 형성하는 것처럼, 우리와 함께 발전해 나가는 인식 패턴은 본질적으로 "객관적"인 것이 하나도 없음에도 불구하고 겉보기에는 반박할 여지가 없어 보이는, 완전히 신뢰 가능한 믿음 체계로 굳어질 수 있다. 그 믿음 체계는 (시간을 초월한 진리에 대한 특별한 깨달음이 아니라) 세상을 이해하는 하나의 특별한 방법에 지나지 않지만, 우리는 이 믿음 체계가 절대적으로 상식적이라서 수정한다는 것은 상상조차 하지 못한다. 사회적 패권은 그런 방식으로 우리 마음속에 자리를 잡게 된다. 우리는 어떤 사회적 가치를 마음속 깊이 내면화하고 자명한 "사실"로 보기 시작한다. 그리고 더 이상 의문을 제기하지 않게 된다. 설상가상으로 다른 문화권 사람들의 가치와 우리의 가치가 충돌할 때, 우리의 가치가 우리에게 논쟁의 여지가 없어 보이는 것처럼 그들의 가치 역시 그러한데도, 우리는 그들을 "야만적"이라고 비난한다. 기질의 부름에 귀기울인다는 것은 이러한 점에 있어서 매우 중요하다. 기질의 부름은 개인적인 자아실현을 가능하게 할 뿐 아니라, 문화적 질서가 요구하는 가치에 우리가 너무 깊이 빠져들지 않도록 하여 비판 능력을 유지하게 만든다. 이 부름은 우리 마음을 항상 활기차게 하고, 사회적 규범에 매몰되어 호기심보다는 편협한 마음을 갖게 하는 정신적 죽음을 막을 수 있다.

여기서 조심해야 할 점이 있다. 어떤 것이든 모두 옳다고, 모든 집단의 문화적 가치는 다 옳다고 말하는 것이 아니다. 가치란 신이 주신 것이 아니라 사회적으로 형성된 것이라고 믿지만, 부당한 차별을 방지하고자 하는 규범이 있는 것처럼 보편적으로 적용 가능한 행동 규범이 있다고 (또한 그래야만 한다고) 믿기에 나는 엄격한 상대주의*를 따르지 않는다. 예를 들어, 어떤 사람들이 성차별을 어떤 불평등한 사례가 아닌 고유한 문화적 "관습"으로 치부하고 또 그렇게 주장한다고 해서, 나는 인종 차별에 비해 성차별이 별것 아니라고 생각하지 않는다. 내 의견에 동의하지 않는 사람이 많이 있으며, 다른 문제에 있어서는 나와 의견을 같이하지만 이 의견에는 동의하지 않는 동료 학자들도 있다. 가치란 주관적이라는 생각은 모든 가치는 모두 동등하게 바람직하다는(옹호 가능하다는), 바람직하지 않은 생각으로 쉽게 이어진다. 또한 사람들은 가치는 소위 중립적인 것이라고 말하지만, 나는 가치의 바람직한 정도를 측정할 수 있는 방법이 있다고 생각한다. 특정 가치라는 이름으로 지속되는 폭력의 정도를 조사해 보는 것이다. 물론 폭력의 종류도 다양하므로 누군가는 성평등에 관한 나의 주장은 다른 문화의 전

• 절대적으로 올바른 진리란 없다고 주장하며, 인식·가치의 상대성을 주창한다.

통에 어긋나며, 내가 단지 서구적 가치관을 강요함으로써 서구 식민주의의 유산을 재생산하고 있다고 주장할 수 있겠다. 그러나 이러한 반대는 성평등이 특히 서구의 발명품이며, 사실도 아니지만 서구 여성은 차별을 받지 않는다고 시사함으로써 서구 사회에 지나친 공신력을 부여한다. 전 세계의 여성들은 차별을 받고 있다. 차별의 노골적인 정도는 다 다르겠지만, 나는 이 차별을 없애야 한다는 이상을 지지한다. 이것이 내게는 지지할 가치가 있는 이상으로 보이기 때문이다. 그리고 이 이상을 지지하기로 한 내 선택이 객관적인지 아닌지를 증명할 필요는 없다.[5]

나는 독자들에게 우리의 문화적 환경은 항상 타락하기만 한다는 인상을 주고 싶지는 않다. 앞서 설명하려던 것처럼, 우리는 사회적 세계를 포함해 우리가 이 세계에 관여하고 있는 정도까지만 자아의식을 발달시킬 수 있으므로, 우리가 기본적으로 세상을 적으로 여긴다는 것은 말이 안 된다.[6] 문화적 환경은 잠재적으로 우리에게 가능성을 부여하지만, 또 우리를 무력화하기도 한다. 그래서 이 장의 목표는, 기질을 위해 우리가 할 수 있는 최선은 어느 정도의 차별을 딛고 세상의 유혹을 뚫고 나아가는 법을 배우는 것임을 보여 주는 것이다. 우리는 매력적이나 바람직하지 않은 일에 쉽게 빠져들지만, 다행인 것은 자신이 어느 순간 그렇게 되는지 안다는 것이다. 우리는 우리가 언제 영혼을 살인하는지 안다. 아무리 고분고분할지라도, 우리는 우리에게 "뜻하지" 않게 일어난 실존적 시나리오에 꼼짝없이 휘말리는 순간을 알아챈다. 결과적으로 우리가 그저 평범하디 평범한 삶을 살고 있을 때도 우리 안에 반항심이 타오를 가능성, 특이성이라는 불꽃이 점화될 가능성은 잠재되어 있다.

이 가능성은 종종 우리가 전혀 예상하지 못한 순간에 불쑥 튀어나온다. 오랫동안 순응적으로 잘 살아오다가 갑자기 그렇게 사는 것이 더 이상 불가능하다는 것을 깨닫게 되는 순간이 찾아온다. 이때 우리는 생존을 위해 인생의 방향을 전환할 필요가 있다고 느낀다.[7] 도대체 왜 우리 기질의 목소리가 이런 식으로 돌파구를 찾게 되었는지 이해할 수 없겠지만, 이런 일이 언제 일어나는지를 우리는 분명히 알고 있다. 그러한 순간에 우리의 당당하고 맹렬한 모습은 우리의 사회적 체면을 깨부수고, 우리는 매력적인 만큼 불가사의하기도 한 내면의 지시를 따를 수밖에 없게 된다. 이것이 우리가 삶의 한가운데서 때때로 유턴을 하게 되는 방식이다. 예를 들어, 예기치 않게 직업을 바꾸게 되거나 헌신했던 관계를 정리하게 될 때가 그러하다. 말로 설명할 수 없지만 알 수 없는 미래를 위해 우리가 알고 사랑하던 모든 것을 뒤로하고 새로운 도시, 지방 또는 국가로 이사하게 되는 이유가 바로 그 때문이다. 갑작스러운 방향 전환이 우리 자신뿐만 아니라 우리와 가까운 사람의 삶에도 혼란을 일으킬 수 있다는 이성적인 생각이 들어도, 대개 우리의 방향 전환을 막지는 못한다.

그렇다고 해서 물론 남에게 피해를 주는 이기적인 행

동을 해도 된다는 것은 아니지만, 우리의 기질이 이런 식으로 존재를 드러내며 부르짖는 순간을 무시하는 것은 실수라고 생각한다. 우리가 결국 기질의 초대를 거절한다고 하더라도 최소한 이 부름을 주의 깊게 들어 볼 필요가 있다. 때로는 특별한 계기가 있다. 가까운 사람의 죽음을 경험하거나, 연인에게 버림받거나, 직장에서 해고되거나, 중요한 목표 달성에 실패하거나, 실망스러운 소식을 듣는 것처럼 말이다. 다시 말해, 살아온 대로 더 이상 살 수 없겠다고 느끼게 만드는, 인생에 변화를 가져오는 큰 깨달음이다. 또 다른 식으로는, 오래 쌓여 온 불만이 마침내 우리 마음을 덮쳐서 삶을 계속 살아가려면 변해야 하는 수밖에 없다고 느끼기도 한다. 그리하여 어떤 방식으로든 세상이나 삶을 이전에는 몰랐던 관점에서 바라보게 된다. 이제까지 볼 수 없었던 현실을 보게 되는 것이다. 사회적 차원에서 이런 일이 일어나면 정치적 위기가 생길 수 있고, 심하면 혁명까지 일어날 수 있다. 개인적 차원에서는 우리가 얼마큼의 대가를 치러야 하는지와 상관없이 삶을 근본적으로 수정하도록 촉구한다. 갑자기 우리는 기존의 목표와 야망을 버리고 이전에는 상상조차 할 수 없었던 새로운 목표와 야망을 추구하게 된다.

그러한 인생의 전환점에 관한 이야기는 7장에서 다시 하도록 하겠다. 여기에서는 사회적 페르소나를 아연실색하게 하는 우리의 기질은 종종 절제력이 부족하다는 것을 확인하는 것으로 충분하다. 이러한 기질의 절제력 부족이 우리를 "이성적인" 일상 경험에서 벗어나게 한다. 그렇기에 인간이 헤쳐 나가야 할 가장 큰 어려움 중 하나는, 우리가 남은 생을 파국으로 몰지 않으면서 기질의 부름에 응답할 수 있느냐는 것이다. 이 점을 강조하는 이유는, 내가 분명 위험성을 모두 제거해 평화롭기만 한 삶이 아닌 남다르고 특별한 삶을 지지하지만, 기질이 항상 사회적 약속이나 가까운 사이의 약속보다 우선시되어야 한다고 말하는 것은 아니기 때문이다. 가장 이상적으로는, 우리가 기질의 진정성을 느끼면서 동시에 삶에 안정을 가져다주는 사회적 활동, 의무, 책임을 이행할 수 있어야 한다. 그러므로 이어서 그렇게 할 수 있는 방법에 대해 이야기하도록 하겠다. 하지만 이 문제의 핵심에는 내가 이제껏 발전시켜 온 생각이 자리 잡고 있다는 것을 기억하는 게 좋겠다. 자아는 항상 변화하고 독특한 삶의 기술을 형성하는 과정 중에 있고, 심지어 어떤 경우에는 삶의 (시시때때로 변화하며 때로는 고도로 실험적인) 시인이 될 권리를 주장한다는 것을 말이다. 앞서 설명했듯이, 완전한 실현을 이룬 자아란 없다. 그러므로 우리는 심리적·정서적 감각을 예리하게 발달시키면서 격렬한 삶의 흐름 속으로 걸어 들어갈 수 있도록 끊임없이 노력해야만 한다. 이를 알고 인정하는 사람은 한 자아가 다른 자아를 억제하지 않고 표현하게 내버려 두는 것이 그리 어렵지 않다는 것을 깨달아, 사회적 모습을 지키면서도 기질을 잘 기를 수 있게 된다.

3장
욕망의 특수성

대상이란 본디 재발견된 것이다.

자크 라캉●

I

우리는 결코 자아를 완전히 실현할 수 없다는 생각과, 영원히 "채워지지 않는" 우리의 박탈감은 영감으로 가득한 삶을 사는 데 방해가 되는 장애물이 아니라 오히려 전제 조건이라는 생각을 특히 자세히 살펴보도록 하겠다. 이 주장은 사르트르와 같은 철학자들이 영감을 우리의 "존재"에 구멍을 내는 "무無"로 특징지은 것과 더불어, 영감과 결핍을 짝지어 생각한다는 점에서 대담하다.[1] 이 책의 마지막 장에서 나는 영감과 결핍을 짝짓는 것이 왜 항상 올바른 접근은 아닌지,

● Jacques Lacan. 프랑스의 철학자이자 정신분석학자. 인간의 욕망을 분석하는 이론을 정립하여 철학계와 정신분석학계에 큰 혁신을 불러일으켰다.

어떤 이들은 왜 영감으로 가득 찬 순간에 가장 완전하다는 느낌을 갖는지 설명할 것이다. 다시 말해, 나는 박탈이 영감을 얻는 유일한 방법이라고 말하지 않는다. 풍요로움은 더 많은 풍요로움을, 윤택함은 더 많은 윤택함을 낳는다. 우리는 예술, 사랑, 아름다움, 가치, 이상, 신념과 같은 경이로운 것들을 탄생시킬 때가 있다. 이것이 가능한 이유는 통제할 수 없을 것 같은 과잉 창조 충동을 풀어낼 방법이 필요하다는 단순한 동기가 있기 때문이다. 그럴 때 우리의 에너지는 흘러넘치고 새로운 길을 만들어 내며, 새로운 길과 기존의 길을 연결해 예상치 못한 길을 열어 내기도 한다. 그 결과 우리는 삶의 좌표를 다시 설정할 수 있게 된다. 에너지가 흐르는 관을 새로 하나 더 만드는 것과 같은 이 능력은 창의성의 중요한 측면을 잘 보여 준다. 창의성이란 결여가 아닌 충만함에 기반을 두고 촉발되며, 우리는 더 충만한 상태가 되고 더 많은 자극을 느낄수록 더 쉽게 새로운 것을 구현해 낸다는 것이다.

하지만 나는 정말로 우리의 결핍감(공허함 또는 내적 불만족)과 창의성 사이에는 어떤 강한 연관성이 있다고도 생각한다. 결여가 욕망을 낳기 때문이다. 결여는 우리가 무엇things인가 원하게 만들고 때로는 원하는 것을 얻는 가장 좋은 방법을 창조해 낸다. 또 우리는 이미 존재하는 것들 things 중에 우리를 만족시킬 만한 것을 찾아내기 위해 세상을 샅샅이 뒤질 수도 있다. 창조든 발견이든, 우리는 우리 안의 결핍을 채우려는 충동을 동기 삼아 움직인다. 빈방에 가구를 채워 넣는 것과 마찬가지로, 공허함은 우리에게 의미 있는 것들things로 허전한 내면을 채우도록 한다.

나는 여기서 사물thing이라는 단어를 아주 자유롭게 사용하고 있다. 이 사물이라는 단어는 물질적 대상에서 사람들의 개인적인 가치에 이르기까지 다양한 것을 가리킬 수 있기 때문이다. 어떤 의미에서, 공허함이 만들어 내는 불안함을 잘 진정시킬 수만 있다면, 우리가 공허함에 무엇을 채워 넣느냐는 전혀 중요하지 않다. 그러나 또 다른 의미에서는 양과 질만큼 중요한 것도 없다. 이전 장에서 말했듯이, 우리가 도달하려는 대상things이 지닌 독특한 특징에 주의를 기울이지 못한다면 일상생활이 방해받는 것은 말할 것도 없고, 우리의 내면세계가 원하는 것을 진정으로 충족시키지도 못하며, 심지어는 개인적으로 중요한 의미를 찾을 기회를 놓치게 되어 내면이 어지럽혀지기 때문이다. 그러나 슬프게도, 의미(또는 자기 성취)를 필사적으로 탐구하는 일은 때때로 우리에게 필요하지도 않을뿐더러, 너무 많아서 부담만 되는 무의미한 것들things을 잔뜩 긁어모으게 한다. 아이러니하게도, 우리를 삼켜 버리려는 무無를 물리치기 위해 의지하는 것들things이 결과적으로 우리를 삼켜 버릴 수 있는 것이다. 그렇게 우리는 불필요한 것들을 잔뜩 만들어 내게 된다. 결여된 상태를 벗어나려는 우리의 노력은 쓰레기와 쓸데없는 것들에 빠져 허우적거리는 사회를 만들어 냈다. 우리는 우리의 탐욕이 남긴 찌꺼기를 처리하는 데 상당한 힘과 노력을 들여야만 하게 됐다.

　앞서 우리를 집어삼키는 사재기 정신에 주목해 보았다. 이는 우리가 이미 많은 것을 가지고 있더라도 더 많은 것을 가지길 원하는 경향이 있다는 사실에서 비롯한다. 과도한 갈망은 지나친 공허함에 대한 반응일 수 있다. 겉으로는 웃고 있어도 속으로는 울고 있는 우리의 공허한 마음을 위로하려는 헛된 노력인 것이다. 그중에서도 가장 문제가 되는 것은 어떤 사람이 가난이란 역경을 이겨 내고자 필사적으로 노력하는 것과 같이, 갈망이 자신의 불우한 상황과 얽히게 되면, 문화 비평가 로렌 벌랜트*가 말한 "잔인한 낙관주의"를 더욱 부채질할 수 있다는 것이다. 현재 처한 상황이 아무리 암울할지라도 물질적 성공을 거두고자, 사회적으로 인정받고자, 안정적인 일상을 살고자 부단히 노력한다면 결국 좋은 결과를 얻게 될 것이라는 근거 없는 믿음이 잔인한 낙관주의다. 벌랜트는 특히 사회적으로 소외된 이들이 애초에 그들을 억압한 집단의 구조와 신념 체계, 즉 자유주의적 자본주의의 이상을 계속해서 신봉하는지 주의 깊게 살펴보았다. 여기서 말한 그들은, 예를 들어 부모님이 지난 20년 동안 열심히 일해 왔지만 결코 충분한 보상을 받지 못하는 것을 보고도, 여전히 열심히 일하면 계층 이동이 가능

• Lauren Berlant. 미국의 문화 이론 학자이자 작가로, 성性과 대중문화를 결합한 주제를 연구했다.

하고 사회적 소속감을 느끼게 될 것이라고 맹신하는 노동자 계층의 청소년이다.[2] 엄청난 양의 물질적 자원을 축적하는 것이 인간으로서 어느 정도 박탈감을 가지고 살아갈 수밖에 없는 비운을 우리가 모른 채 살아갈 수 있게 도와줄 것이라고, 존재론적으로 말하자면, 우리가 결코 "충분히" 만족할 수 없는 (만족을 모르는) 운명을 타고났다는 것을 자각하지 않고 살아갈 수 있도록 도와줄 거라고 생각하는 사람들이 있다. 내가 여기서 강조하고자 하는 것은, 그런 사람들이 지닌 잘못된 낙관주의다. 벌랜트가 말한 소외된 이들과 방금 말한 잘못된 낙관주의자들 모두 잘못된 방식으로 결핍을 극복하려 노력하고 있다.

물론 벌랜트가 말하는 상황적 결핍은 보다 평등한 사회라면 해결될 수 있다. 그러나 원칙적으로 상황적 결핍은 예외적이기에 참고 견디기 어렵다. 이 결핍은 인간의 삶에 기본적으로 수반되는 것이 아니라 불합리한 정치 조직이 낳은 부정적인 결과이기 때문이다. 또한 현실적으로 이를 보상할 수 있는 효과적인 방법이 없다시피 해 견디기 더 어렵다. 반면, 이 책에서 분석하고 있는 근본적인 (존재론적인) 결핍은 자아의 주인이 건설적인 일을 하기만 한다면 해소될 수 있다. 내가 걱정하는 일종의 과잉 탐욕을 낳을 수도 있지만, 우리는 문제를 해결할 수 있는 몇 가지 혁신적인 방안을 가지고 있다. 실제로 이러한 결핍이 초래한 불안 덕분에 인류는 역사상 가치 있는 사물과 활동을 다수 생산해 냈다고 할 수 있다. 책부터 그림, 조각, 사진, 연애시, 삶의 철학, 과학적 발견, 윤리 체계, 새로운 발견을 위한 탐험, 따뜻한 벽난로에 이르기까지 훌륭한 것들은 우리의 박탈감에 의해 창조되었다. 이것이 상황적 결핍은 우리가 맹신하도록 학습된 좋은 삶으로 이어지지 않는다고 인정하면서도, 근본적인 결핍은 우리 삶에 엄청난 가치를 가져다준다고 주장할 수 있는 이유다. 우리가 지닌 근본적인 취약함은 우리에게 상처를 주지만 동시에 우리가 세상을 움직이는 영향력을 수용하게 하며, 우리의 근본적인 결핍은 삶이 지루해질 틈이 없도록 창의성을 맘껏 펼칠 기회를 열어 준다.

2

구체적인 예를 떠올려 본다면 결핍과 창의성 사이의 연관성을 더 잘 이해할 수 있을 것이다. 사랑하는 사람을 잃었을 때 어떤 일이 일어나는지 생각해 보자. 우리는 먼저 그 사람이 남기고 간 공허함으로 인해 크나큰 비탄에 빠지고, 앞으로 삶을 어떻게 살아나가야 할지 갈피를 못 잡게 된다. 슬픔은 때로 우리의 세계 속 시간을 늦추고, 몸과 마음을 마비시키기도 한다. 그러나 이는 꼭 필요한 애도의 과정이며 종종 매우 생산적인 시간이 될 수도 있다. 일반적으로 우리가 무시했던 우리 존재의 또 다른 모습에 주목하게 만들기 때문이다. 평소에는 우리 안의 시끄럽고 고집 센 목소리가 주도권을 잡기 때문에 과묵한 목소리는 존재를 드러내지 못할 수 있다. 슬픔은 그런 가녀린 목소리가 큰 소리를 낼 수 있도록 도와준다. 슬픔은 흔히 내면에서 일어나는 동요를 잠재워 우리가 더 높은 자기 인식의 단계에 들어설 수 있게 한다. 그러나 우리가 계속해서 슬픔의 밀실에 머무르면 깊은 자기 이해라는 결실을 거둘 수 없다. 슬픔을 조금씩 놓아주기 시작하기 전까지 우리는 새롭게 얻은 지혜를 활용할 수 없다. 잃어버린 것을 대신할 적절한 대체물을 창의적으로 찾아내는 능력이야말로 인간이 가진 최고의 능력이라고 할 수 있다.

슬픔의 시간이 끝나지 않을 것처럼 느껴질 수 있다. 하지만 상실로 인해 생겨난 공허함은 채워져야만 한다. 공허함은 우리가 대체물을 찾게 한다. 우리는 공허함에 맞서 만족감을 얻을 만한 다른 방법을 찾아 나선다. 그리고 우리는 창의적인 프로젝트, 지적 활동, 직업적 목표 또는 정치적 야망 등에 새로이 에너지를 쏟아붓는다. 다행히도 우리는 헤어진 사람과 꼭 닮은 복제 인간을 찾을 필요가 없으며, 단지 우리의 열정을 다시 샘솟게 할 수 있는 사람(또는 무언가)을 찾으면 된다. 마찬가지로, 이루지 못하고 사그라져 버린 열망의 슬픔을 잊는 가장 좋은 방법은 성취할 수 없었던 그 열망만큼이나 우리를 완전히 사로잡는 새로운 열망을 찾는 것이다. 욕망이 새로운 대상을 창조하거나 발견하는 순간, 즉 새로운 사람이나 열망으로 이어지는 순간, 우리는 슬픔을 극복하기 위한 첫걸음을 내딛게 된다. 새로운 무언가를 다시 소중히 여길 수 있도록, 우리는 한때 소중히 여기던 것을 점차 포기하기로 마음먹는다.

이러한 과정은 무척 괴로울 수 있다. 천천히 새로운 가치를 향해 나아가면서도, 전에 지녔던 가치를 소중히 여기고 여전히 마음속 깊이 품고 있다는 점에서 역설적이기 때문이다. 그러나 새로운 것이 진정한 가능성이 되는 순간, 우리가 잃어버린 것을 대체하는 정말로 실현 가능한 대안을 구상해 내는 순간, 분명 현재는 과거를 무색하게 만든다. 물론 이러한 가치 전환의 과정이 잃어버린 대상에 대한 우리의 애정은 물론, 상실로 인해 겪게 되는 모순과 동요를 완전히 없애지는 못한다. 삶에는 그 누구도, 또 무엇으로도 대체할 수 없는 사람이나 열망이, 우리가 결코 뛰어넘을 수 없는 치명적인 상실이 있을 수 있다. 그러한 사람이나 열망은 마음에 지워지지 않는 각인을 남겨 우리의 내면을 구성하는 주요 특징이 될 수도 있다. 사실 (의식적이든 무의식적이든) 우리의 내면이 우리가 잃어버린 모든 것을 기억에 담아 두고 있는 한, 정체성은 떠나보낼 수밖에 없었던 사람들 그리고 열망과 결코 분리될 수 없다. 우리의 성격은 항상 상실이 남긴 향수를 불러일으키며 그 흔적을 간직하고 있다. 그러나 삶을 계속 이어가려면, 즉 새로운 열정의 근원을 창조하거나 발견하려면 결국 슬픔으로 인한 마비 상태에서 깨어나야 한다. 우리가 한때 소중히 여겼던 것들이 남긴 기억을 완

전히 지울 수는 없더라도, 욕망을 위한 새로운 대상을 찾아야만 한다.[3]

사랑했던 사람 또는 열망의 상실이 남긴 심각한 공허함은 앞서 창의성과 밀접히 연계되어 있다고 했던, 우리를 항상 따라다니는 실존적 불안(근본적인 결핍)과 같은 것이 아니다. 그러나 원칙적으로는 같다. 우리의 결핍은 보상이라는 만족을 줄 수 있는 어떤 실체를 창조하거나 발견하려는 충동을 일으킨다. 간단히 말해, 삶에 무언가가 부족한 것 같다는 느낌은 우리가 창의적인 활동에 박차를 가하게 하며, 우리가 무無라는 상태를 다양하게 활용하며 가지고 놀도록 부추긴다. 이러한 설명에 따르면 우리가 주어진 환경에 결코 완전히 적응하지 못한다는 사실, 즉 세상과의 상호 작용은 우리를 항상 약간은 불만스러운 상태로 만든다는 사실이 삶에서 가장 가치 있는 것들을 낳는다. 앞서 밝혔듯, 우리가 완전한 성취감을 느낀다면 새로운 것을 창조하고 발견하려는 동기를 금세 잃게 될 것이다. 완전한 자기만족은 세상에 대한 우리의 호기심을 앗아 간다. 따라서 우리는 완전히 행복해질 수 있고 세상과 완벽하게 조화할 수 있을 것이라는 환상을 가질 수는 있겠지만, 결코 실현할 수는 없다. 그러나 그 실현할 수 없는 환상이 우리 인간이 지닌 원대함의 근원이다.

이렇게 우리는 이 세상이란 경이로움의 근원이자 또한 좌절의 근원이라는 결론에 다시금 이르게 됐다. 이 세상은 과연 경이로움의 근원인지 좌절의 근원인지 팽팽히 맞서는 생각을 보다 설득력 있게 밝힌 사상가는 자크 라캉뿐이기에 그의 말을 인용하며 이 장을 시작했다. 라캉은 세상과 우리 사이에는 갈등이 내재한다고 설명한다. 한편, 우리는 이미 오래전부터 존재해 고착된 언어 구조와 사회적 의미에 우리를 끼워 맞춰야만 진정한 인간이라는 존재에 도달할 수 있다. 그렇게 하기를 거부하거나 이행할 수 없다면, 우리는 다른 이들과 이야기를 나누고 관계를 맺고 사랑하고 의미를 만드는 능력을 발달시키지 못할 것이다. 또한 심리적·정서적으로 깊이를 얻을 수 없게 되어 유아기적인 상태에 갇히게 될 것이다. 그렇기 때문에 인간을 이해하려면 인간의 사회화 과정을 필수적으로 이해해야 하며, 앞서 강조한 것처럼 인간이 타인에게 철저히 의존적인 존재라는 것을 설명하지 않고는 인간의 삶을 정확히 설명할 수 없는 것이다. 본질적으로 이 세상이 존재하기에 우리가 존재한다고 말할 수 있다. 우리는 이 세상이 가진 힘과 자원으로부터 우리의 힘과 자원을 끌어낸다.

다른 한편, 우리가 이 세상에 의존적이라는 사실은 우리를 초라하게 만든다. 인간은 사회적이고 인격적 존재가 아닌 냉정한 의미와 가치 체계에 발을 담가야만 생존할 수 있기에, 우리는 우리가 상대적으로 무의미한 존재라고 인식하게 된다. 우리는 우리가 이 세계라는 전체적인 조직의 작은 구성 요소에 불과하다는 것을 깨닫는다. 예를 들어 우리는 일반적으로 타인의 도움 없이는 문화적 신념이나 관행을 수정할 수 없다. 그 신념이나 관행이 아무리 구시대적이고 우리를 분노케 할지라도 타인에게 매달려 도움을 청하지 않고서는 수정할 수 없다. 물론 예외는 있다. 세상에는 훌륭한 문인들이 있으며 그들이 쓴 글이 큰 영향력을 발휘해 문화적 관점이나 예술적 탁월함의 기준을 바꿔 놓기도 한다. 각자의 분야에서 극적인 변화를 만들어 내는 화가, 작곡가, 사진가 등 창의적인 개인들이 존재하는 것처럼 말이다. 또한 사회에 공헌함으로써 우리가 살아가는 현실을 더 나은 곳으로 만드는 과학자, 발명가, 정치가, 국회의원도 있다. 그리고 마음속에 변화에 대한 열망을 품은 용감한 사회 활동가들이 있으며 그들은 정말로 변화를 이루어 낸다. 그런 사람들의 목소리에는 카리스마가 넘쳐 나서 우리는 주의를 기울일 수밖에 없다. 그러나 대부분의 사람은 그 정도 수준까지 어떤 변화를 이루어 내지 못한다. 그리고 정말 변화를 이루어 내는 사람들조차도 일반적으로 자신은 무엇이든 이루어 낼 수 있는 사람이라고 생각하지 않는다. 우리 중 상당히 비범한 사람들조차도 무엇을 하든 항상 자신에게 뭔가 부족하다는 느낌으로 인해 잘 만족하지 못한다. 더욱 야심 찬 열망을 가진 사람일수록 자신이 그 과업을 이루기에 부족한 사람이라고 느끼기 쉽다.

라캉은 우리 자신이 부족한 존재라고 느끼는 것은 사회화를 이루기 위해서 치러야 하는 대가이기에 원초적인 것이며, 그 느낌을 없애 버리는 것은 불가능하다고 주장한다. 사회화되기 이전의 우리는 아직 자신을 독립적인 실체로 이해하지 못해서 실제로 우리가 세계고 세계가 우리라고 이해한다. 사회화는 적어도 두 차원에 걸쳐 이 환상을 철저히 깨뜨린다. 먼저 일반적인 차원에서, 사회화는 우리와 어머니 (혹은 우리를 돌보는 양육자) 사이에 어떤 쐐기를, 즉 극복할 수 없는 장애물을 심어 놓음으로써 환상을 깬다. 보다 상징적인 차원에서는, 우리가 우주의 배꼽이라는 자기애적 감각에 큰 타격을 가져옴으로써 다시 환상을 깬다. 우리는 완전한 존재이며 복잡하지 않고 단순한 존재라는 우리의 유아적 환상을 깨 버린다. 그리고 우리는 이 환상을 부당하게 강탈당했다고 단단히 착각하여 충족될 수 없는 갈망을 갖게 된다. 우리는 잃어버린 환상, 실낙원a lost paradise을 결코 되찾을 수 없지만 되찾길 추구하며 여생을 보내게 된다. 애초에 우리가 이 낙원을 소유한 적이 없다는 사실, 우리는 결코 완전한 존재였던 적이 없으며 단순하고 마음이 태평하기만 했던 적이 없다는 사실은 낙원을 되찾으려는 우리의 결심을 조금도 굽히지 못한다. 라캉은 이 실낙원을 "큰사물the Thing"로 명명하는데, 이 대문자 T는 그것이 그저 평범한 환상의 대상이 아니라 그 어떤 것과도 비교할 수 없는 가치를

지닌 매우 특별한 것임을 나타낸다. 우리 마음속 가장 깊은 욕망이 바로 이 큰사물이다.[4]

일부 사람들은 큰사물이 상징하는 실낙원을 초자연적인 낙원으로 대체한다. 이것이 종교가 전 세계적으로 큰 영향력을 휘두르고 있는 이유 중 하나다. 그러나 앞서 밝혔듯, 대부분의 사람은 우리가 잃어버렸다고 생각하는 것의 대체물을 찾는 과업에 착수한다. 그래서 우리는 인간으로서 겪을 수밖에 없는 고통을 경감시키고자 많은 사람을 만나보기도 하고 다양한 열망을 추구하기도 한다. 이것이 라캉이 "대상이란 본디 재발견된 것이다."라고 주장한 이유다.[5] 우리가 창조하거나 발견한 모든 "대상"(모든 사람이나 열망)은 항상 원래 잃어버린 사물을 대체한다는 의미에서 "재발견"되는 것이다. 우리는 큰사물이 남긴 빈 구멍에 어떤 사물을, 어떤 대상을, 또 다른 사람을 하나씩 집어넣어 본다. 그러고는 큰사물이 지녔던 특별한 광채를 가장 잘 담고 있어 큰사물의 부활이라고 할 수 있을 법한 대상에 다시 엄청난 열정을 느끼게 된다. 그러나 어떠한 대상도 큰사물의 환상적인 완벽함을 똑같이 복제해 낼 수 없기에, 우리는 큰사물의 대체물을 찾는 탐구를 끝없이 반복할 수밖에 없다. 말하자면, 우리는 잃어버린 사물과 (기가 막히게) 비슷하여 우리에게 완전한 만족을 줄 수 있는 완벽한 대상을 끊임없이 찾을 수밖에 없는 것이다. 이것이 우리가 큰사물을 부활시킬 수 있을 만한 아주 기발한 방법을 알아내고자 한평생을 바치는 이유다. 애당초 세상 만물이 우리에게 중요한 의미를 갖는 이유는 우리가 큰사물을 가지고 있지 않기 때문이라고 할 수 있겠다. 우리가 우리 자신이 아닌 다른 것에 관심을 가질 (또 헌신할) 수 있는 이유는 우리가 큰사물을 빼앗겼다고 느끼기 때문이다.

우리는 삶의 궁극적인 의미를 찾을 수 없기 때문에 우리 기질이 지닌 독특함을 잘 담아내는 의미를 만들어 낼 수 있어야만 한다고 밝혔다. 마찬가지로, 우리는 큰사물을 결코 가질 수 없기 때문에 우리가 세상에서 만나는 다양한 욕망의 대상을 통해 큰사물이 발산하는 울림에 닿고자 애쓴다. 우리는 숭고한 대상을 결코 손에 넣을 수 없기 때문에 보다 평범한 큰사물의 대체물에서 큰사물이 발하는 광채를 찾을 수밖에 없다. 그러한 대체물이 발하는 광채는 사실 큰사물이 발하는 광채에 미치지 못하겠지만, 빛을 발하는 한 어쨌든 우리에게 삶의 의미를 부여해 준다. 어떤 욕망의 대상이 우리에게 말을 걸어올지, 걸어오지 않을지는 우리가 큰사물의 부재를 경험하는 매우 독특한 방식에 의해 결정된다. 다시 말해, 라캉이 우리 욕망의 "진리"라고 부르는 욕망의 특수성은 실존적 박탈감이라는 독특한 특성과 관련이 있다.

큰사물의 대체물로서 우리가 창조하거나 발견한 욕망의 대상이 큰사물과 완벽하게 똑같을 필요가 없다는 것이, 애초에 완벽하게 똑같을 수가 없다는 것이 참 다행스러운 일이라는 것을 다시 한번 짚고 넘어가자. 만약 큰사물의 대체물이 큰사물과 완벽히 똑같다면, 우리는 더 이상 창의적인 활동을 하고 싶은 충동을 느끼지 못하게 될 것이다. 인간의 창의성이 매우 다양한 형태를 취할 수 있는 이유는 세상 만물이 큰사물과 뻔하게 닮아 있지 않기 때문이다. 큰사물과 이 세상 속 수많은 사물의 차이는 큰사물의 부재를 보완하며 혁신을 만들어 낸다. 이러한 차이가 없으면 새로운 의미와 가치를 만들어 낼 동기가 없으므로, 우리는 물론 우리가 사는 사회 또한 활력을 잃게 될 것이다. 그러면 이미 확립된 의미와 가치가 너무나도 확고해져서 전체주의적인 사회가 될 수 있다. 이러한 관점에서, 인간이 갖는 결핍은 개인적 변화의 기초가 될 뿐만 아니라, 개인적 변화가 충분히 축적되어 문화적 변화의 경지에 이르게 되면 사회 발전의 기초가 되기도 한다.

4

유감스럽게도, 우리는 잃어버린 큰사물과 큰사물의 대체물이 완전히 똑같을 필요가 없다는 사실을 잊어버릴 때가 있다. 즉, 우리는 큰사물의 대체물에 잃어버린 큰사물의 환상을 강제적으로 대입하여 대체물의 진실성을 파괴하는 때가 있다. 이것이 하이데거*의 조언에 귀를 기울일 필요가 있는

---

* Martin Heidegger. 20세기 독일의 철학자로, 실존주의 철학의 대표주자

한 가지 이유다. 하이데거는 우리가 세상 만물이 제각각의 고유한 리듬에 맞춰 모습을 드러낼 수 있도록 해야 한다고 주장한다.[6] 그래서 때로는 세상에서 한 걸음 물러나 욕망의 대상이 제멋대로 모습을 나타내게 하는 것이 현명한 방법일 수 있다. 아마 이러한 태도는 타인과의 관계, 특히 우리가 사랑하는 사람과의 관계에 가장 필요하고 중요할 것이다. 그 이유는 우리가 타인을 우리 안의 텅 빈 마음을 메우는 수단으로 사용하려는 유혹을 느껴, 타인과 환상의 대상(큰사물)이라는 다른 두 가지를 하나로 합치려다 타인의 독립적인 현실을 존중하지 못하는 지경에 이를 수 있기 때문이다. 그러한 애정은 타인의 특이성을 존중하기보다는 우리 기분만 좋은 것이기에, 이타적인 사랑이 아닌 자기애적 사랑이라 할 수 있다. 타인과의 진정한 교감이 아니라 우리 존재에 대한 불완전한 감각의 해소를 추구한다는 점에서 이는 본질적으로 이기적이다.

하지만 자기애적 태도는 연인 간의 사랑에 항상 나타날 수밖에 없다. 사랑에 빠지는 것이 큰사물보다 더욱 강력한 힘을 가지고 있으며 우리를 더욱 흥분시키기 때문이다. 우리는 어느 정도 큰사물이 지닌 특별한 지위에 버금가는 욕망의 대상을 찾아낼 수 있지만, 사랑하는 연인이라는 대상에게 우리는 더욱 열정적으로 (또한 더욱 확실히) 그렇게 한다. 우리는 사랑하는 사람을 큰사물의 특징 일부를 담고 살아 숨 쉬는 존재로 보기 때문에, 사랑하는 이를 (심지어는 너무 과할 정도로) 이상화하는 경향이 있다. 그리고 사랑하는 대상은 우리가 큰사물을 실제로 손에 넣은 듯한 느낌을 주는데, 허락되지 않는 만족과 같아서 우리는 쉽게 뿌리칠 수 없다. 우리의 욕망이 사랑하는 대상을 중심으로 남다르게 굳건해질 수 있는 이유는 사랑의 대상이 더 이상 우리가 외롭지 않을 것임을 약속하기 때문이다. 그러나 성급히 행동하면 사랑하는 사람을 우리 자신의 구원을 위한 단순한 도구로 취급하는 자기애적 집착에 빠지게 된다.

그러면 사랑하는 사람에게 이해타산적인 태도를 보이게 된다. 참으로 아이러니하게도, 우리가 아주 결연한 마음으로 충만한 삶을 살아야겠다고 다짐할 때 우리는 가장 가까운 사람들이 가진 다양한 특성을 무시할 가능성이 매우 크며, 그 결과 그들에게서 보고 싶은 것만 보고 그들이 가진 특징 중 우리 존재의 결핍을 메워 줄 것 같은 특징만을 소중히 여길 수 있다. 그래서 우리는 주변 사람들에게 우리의 필요를 충족시켜 주지 못하는 모습을 발견하면 그들을 무시하거나 심지어는 분개한다. 우리는 주변 사람들을 아주 단편적인 방식으로 이해하려고 한다. 우리가 가지고 있는 환상적인 이미지에 맞지 않는 특성이 주변 사람들에게서 보이면, 의도적으로 보지 않으려고 하고 이기적인 관점에서 우리에게 의미 있다고 생각되는 것만을 보고 특별히 여긴다. 이런 식으로 우리가 타인에게서 발견한 큰사물의 광채가, 즉 특정 개인을 우리에게 한없이 소중한 존재로 만드는 특별한 의미의 숭고한 울림이 그 사람이 지닌 고유한 기질이라는 빛을 가리면 학대가 될 수 있다. 이 광채가 우리가 다른 사람을 이해하는 유일한 수단이 된다면 우리는 이상에 도달할 수 있겠지만, 그 사람을 잃는다.

나르시시즘은 진정한 의미의 관계 맺기와 거리가 멀다. 우리는 자기애적일 때 타인을 제대로 볼 수 없으며, 타인이 우리에게 투영하는 실제보다 지나치게 좋게 포장된 우리의 이미지를 즐기기 때문이다. 게다가 특정 개인이 지닌 진짜 기질의 특성이 슬금슬금 드러나 머지않아 포장된 이미지 위로 실체가 드러나므로, 이러한 이미지를 전적으로 신뢰하기란 불가능하고 사람들은 실망할 수밖에 없다. 타인이 결코 약속해 줄 수 없는 것을 우리가 추구한다면, 즉 우리는 완벽해질 수 없는데 실제보다 더욱 완벽한 모습이 되려고 하면, 모든 사람을 실망시킬 수밖에 없다. 우리가 가진 욕망과 같은 주파수를 갖고 있으며 큰사물의 강력한 울림을 품고 있는 사람이라도, 항상 일관되게 그 모습을 유지할 수는 없는 노릇이다. 우리가 가진 욕망과 세세한 것까지 딱 맞아떨어지는 사람은 없으므로, 아무리 매력적이라고 한들 단순히 그 이유만으로 그 사람이 큰사물의 울림을 가지고 있다고 할 수는 없다. 그러므로 우리는 우리를 항상 만족시켜 줄 사람을 결코 찾을 수 없다. 이런 관점에서 보면, 우리는 자아와 타인의 구분을 무너뜨리고 타인을 우리 욕망과 동일시할 때 실수를 범하게 된다. 따라서 아무리 우리를 행복하게 만들어 준다 해도, 타인은 결코 우리를 실존적 불안에서 구원해 줄 수 없다는 것을 인식하는 것이 중요하다. 타인은 우리의 상처를 치유해 줄 수 없으며, 우리를 온전한 존재로 만들어 줄 수도, 마법처럼 고통을 가시게 하거나 어떤 최종적인 상태에 이르게 할 수도 없다. 타인이 자아실현의 순간이라는 기회를 제공해 줄 수는 있겠으나, 우리를 구원해 줄 수는 없다.

5

그렇다고 해서 큰사물과 유독 더 비슷한 욕망의 대상이 있다는 것을 부정하는 것은 아니다. 그러한 대상은 큰사물의 울림이 억눌려 있거나 여기저기 분산되어 퍼져 있는 대상보다 우리를 더욱 잘 홀린다. 그런 욕망의 대상은 큰사물이 본래 지닌 화려한 광채와 같은 것을 전달하고 있으므로, 그다지 숭고하지 않게 느껴지는 큰사물의 대체물로 이루어진 세상 속에서 살아갈 때보다 그런 대상과 함께 살아갈 때 우리는 더욱 고양된 듯한 느낌을 받고 자아가 실현된 듯한 느낌을 받는다. 다시 한번 라캉의 말을 빌리자면, 그런 대상은 실제보다 "더 많은" 것을 담고 있어서 우리가 그 대상과 상호 작용을 할 때는 그 대상뿐만 아니라 그 대상이 지닌 큰사물의 흔적과도 같이 상호 작용을 하게 된다.[7] 이것이 우리가 여타의 것들보다 특정 대상을, 특정 사람과 열망을 더욱 각별하게 여기는 이유다. 사실 우리는 거의 강박적으로 그렇게 한다. 그래서 우리는 큰사물의 위엄을 가장 잘 전달해 주는 대상을 잃어버린다는 것을 상상도 할 수 없다. 그 대상은 우리에게 엄청난 영향력을 휘두른다. 그 대상은 우리에게 완전한 성취감을 줄 것을 약속하기에, 결과적으로 우리가 그런 대상을 포기한다는 것은 상상조차 할 수 없다. 또한 그러한 대상을 잃어버리면 다소 평범한 의미를 지닌 대상을 잃어버렸을 때보다 슬픔의 여파가 더 크다.

이러한 사실은 인간 욕망의 특수성을 매우 명확하게 보여 준다. 앞서 설명했듯, 우리가 우리의 결핍을 보완하기 위해 놀라울 정도로 다양한 방법을 활용한다는 것은 사실이다. 예를 들어, 어떤 사람은 무엇보다 대인 관계를 중요시하는 반면, 다른 사람은 어떤 일이나 창의적 활동을 하는 것에 매우 보람을 느껴 대인 관계를 희생시켜 가면서 그것을 이어 나간다. 그리고 대부분의 사람에게 있어 어느 분야에 어떻게 몰두하느냐는 매우 복잡한 문제로, 어떨 때는 대인 관계에, 다른 때에는 직업 생활에, 또 다른 때는 독서에, 취미에, 고독한 산책에, 또는 맛있는 블루베리 파이 한 조각에 우리는 에너지를 쏟는다. 반면에 우리는 어느 것에 몰두할지 말지 결정할 때는 매우 차별적인 성향을 보인다. 블루베리 파이라고 다 같은 블루베리 파이가 아니다. 즐거움의 원천은 다양할 수 있지만 즐거움의 "종류" (대인 관계, 직업 생활, 책 등) 내에는 위계질서가 있다. 그래서 친구와 함께하는 활동이 다른 어떤 활동보다 더 만족스럽고, 직장에서의 출세가 다른 어떤 일보다 더 달콤하며, 어떤 책이 다른 책보다 더 감명 깊을 수 있다. 심지어 어떤 두 사람이 같은 책을 좋아한다고 하더라도 그들의 감상은 차이를 보일 것이다. 큰사물의 울림은 사람들마다 다 다르게 울려 퍼지기 때문에, 우리의 욕망은 정확히 같을 수 없다.

이러한 욕망의 특수성은 우리가 겪는 고통의 주요 원인 중 하나다. 우리는 원하는 것을 충분히 얻을 수 있는 경우가 많지 않기 때문이다. 또한 적절한 욕망의 대상을 찾는 것은 꽤나 어려운 일이다. 그러므로 우리는 우리가 가진 욕망과 코드가 맞는 사람을 만나지 못해서 오랜 시간을 교제 없이 홀로 지낼 수도 있다. 바람직한 욕망의 필수적인 요건을 모두 충족하는 사람이 아주 많아서 상호 작용을 많이 한다고 하더라도, 그들이 충분히 강력한 큰사물의 울림을 발산해 내지 못한다면 우리는 그 사람들을 원하지 않는다. 또는 반대로 우리가 정말 이 사람이다 싶은 사람을 찾았지만 다가가는 것이 불가능하거나 거부당한다면, 우리의 욕구를 다른 사람에게로 옮길 수밖에 없으며 이것은 매우 어려울 수 있다. 게다가 이 사람이다 싶은 사람 또는 사랑하는 사람을 잃었을 때, 우리는 가볍고 피상적인 관계를 맺었던 누군가를 잃었을 때보다 훨씬 더 망연자실하게 된다. 그러나 안타깝게도 이는 삶에서 반복적으로 나타난다. 이와 관련해, 우리에게 대단한 즐거움을 주는 열망을 (사고나 질병, 노령으로 인해서) 우리가 더 이상 추구할 수 없게 되면 그다지 의미 없는 활동을 못하게 되는 것보다 더 극복하기 힘들 것이다.

우리는 내면의 공허함을 잘 대처할 수 있는 수많은 방법을 알고 있지만, 사실 올바른 방법을 찾기란 어려운 일이다. 또한 우리가 정착하기로 마음먹은 대상이 결핍을 완화해 주지 않고 환멸을 불러일으켜 오히려 고통을 불러오는 순간은 삶에 있어서 가장 괴로운 순간 중 하나다. 예를 들어, 사랑하는 사람이 우리의 자존심을 상하게 하는 경우가 그렇다. 바로잡고자 했던 기존의 결핍에 새로운 결핍이 더해지게 되면, 우리는 말로 표현할 수 없을 정도로 심한 굴욕감을 경험한다. 그럴 때 우리는 가진 결핍이 이미 너무 많고 궁핍함이 너무나도 커 패배감을 느끼게 된다. 상처가 너무 크게 벌어져 있어서 우리는 어떻게 새살을 돋게 할 수 있을지 상상조차 할 수 없다. 그러다 우울증에 이르게 된다. 또는 일, 섹스, 음식, 약물, 알코올에 중독되며, 심지어는 자해의 고통을 방어 기제로 사용하게 될 수도 있다. 우리는 우리가 가진 공허함에 일, 섹스, 음식 등을 더 많이 밀어 넣을수록 더 충만한 느낌을 갖게 될 것이라는 잘못된 생각에 빠지게 된다. 그리고 잘못된 생각의 결과로 인한 실망감은 악순환을 더욱 강화할 뿐이다. 우리는 만족스럽지 못할수록 끊임없이 더 많은 만족을 추구하게 된다. 이것이 중독을 끊기 어려운 이유다. 이러한 악순환에서 벗어날 수 있는 유일한 방법은 결핍으로 인해 생겨나는 고통을 기꺼이 감내하는 것인데, 대부분의 사람은 그렇게 강인하지 않다. 또는 우리가 그렇게 항상 강인한 것은 아니다.

따라서 욕망의 특수성은 우리에게 매우 큰 고통을 안겨 줄 수 있다. 그러나 이러한 어려움이 따른다고 해도 절대 바뀌지 않는 사실이 있다. 평범한 대상에서 큰사물의 울림을 찾는 우리의 능력, 라캉의 말을 빌려 다시 말하자면, 일상적인 사물에 "큰사물의 존엄성"[8]을 부여하는 우리의 능력이 우리를 잠식해 오는 무無라는 감각에 대항할 수 있는 최선의 방비라는 것이다. 공허함을 궁극적으로 치료할 방법은 없지만 내가 이 책에서 설명하고 있는 일종의 보상 조치를 내린다면 우리 중 많은 이는 만족스러운 삶을 살아갈 수 있을 것이다. 그런 의미에서 우리의 열정을 불러일으키는 욕망의 대상과 활동에 다가간다는 것은 결핍으로 인해 생겨나는 불안함에 잘 맞서기 위해 예방접종을 하는 것과 같다. 분명 결핍은 우리 내면의 그림자 속에 항상 숨어서 우리가 이런저런 이유로 적절한 대상이나 활동을 찾지 못하기를 기다린다. 그런 순간에 결핍은 의식의 최전선으로 미끄러져 들어가 우리가 얼마나 취약한지를 예리하게 인식하도록 한다. 운이 좋다면 그 순간이 빠르게 지나가서 우리는 다시 한번 삶에 의미를 부여하는 일에 집중할 수 있게 된다. 이런 의미에서, 살아갈 가치가 있다고 느끼는 삶과 개인적인 의미를 추구하는 것은 우리가 가진 결핍을 다시 보이지 않는 곳에 숨겨 놓으려는 노력이다. 그러나 결코 영구적인 해결책은 아니다. 앞서 말했듯, 우리를 결핍으로부터 영원토록 해방시켜 줄 수 있는 의미를 정확히 찾아낸다는 것은 불가능한 일이므로, 끊임없이 새로운 것을 추구하는 것 외에는 선택의 여지가 없다. 우리는 주어진 (또는 이 세상에서 우연히 발견한) 원재료를 통해서 의미를 만들어 내고자 하는 욕망을 계속해서 되살려 낼 수밖에 없다.

6

사회 기득권층이 자신의 이익을 위해 사용하는 많은 계략 중 하나는 우리가 가진 욕망의 특수성을 묵살하고 사회의 관습적인 갈망으로 대체시키는 것이라고 앞서 설명했다. 이러한 점에서 큰사물의 울림은 순전히 관습적이기만 한 갈망을 능가하기 때문에 아주 경이롭다고 할 만하다. 큰사물의 울림은 우리가 실존적 박탈감을 자신만의 독특한 방식으로 각자 다르게 경험한다는 것을 보여 주기 때문에, (구체적이기보다는 일반적인) 문화적 답안을 답습하는 식으로는 쉽게 본질이 변하지 않는다. 결과적으로, 큰사물이 우리가 선택한 대상 (사람 또는 욕망) 안에서 충분히 강하게 울리면, 우리가 잘못된 선택을 했다고 지적하는 사회적 목소리는 압도당한다. 예를 들어, 문화적 환경은 우리가 "바람직하지 않은" 나이 차, 인종, 성별, 민족, 종교, 사회 계층 또는 교육 수준의 사람과 사랑에 빠졌다며 우리를 설득할 수 있다. 우리 가족, 친척, 친구, 이전 연인은 우리의 현재 애인이 우리에게 적합하지 않다고 말한다. 또 우리 주변 사람들은 특정 직업을 가지면 (그들이 생각하기에) 우리가 고생스러운 삶을 살까 봐 그 직업을 택하지 말라고 말한다. 또는 그런 직업은 야망이 있어야 하거나, 스트레스가 많고 너무 고생스러운 직업이라고 생각한다. 그러나 일단 우리의 욕망이 완전히 어떤 일에 사로잡히면 주변 사람들의 경고는 아무런 소용이 없다. 우리를 둘러싼 목소리가 어느 정도 일리 있다는 것을 인정하더라도, 우리가 어떤 연인을 만나거나 어떤 직업을 택하는 것을 막을 수는 없다. 큰사물의 울림이 이성보다 더 강력하기 때문이다.

큰사물의 울림은 어떤 갈망이 사회적으로 받아들여질 수 있는 갈망인지 아닌지를 결정하는 일반적인 윤리 규범과는 완전히 다른 윤리 규범을 가지고 있다고 할 수 있다. 우리의 욕망이 병적일 정도로 구체적이고 확고할 수 있다는 것은 분명하지만(이에 대해서는 다음 장에서 자세히 다루겠다), 욕망의 특수성에는 어떤 진실성이 깃들어 있다. 우리가 속해 있는 환경이 우리 욕망은 철없다고 말할 때, 우리에게 남의 말에 휘둘리지 않는 용기를 주는 진실성 말이다. 이러한 진실성이 우리가 사회적으로 피하거나 무시하거나 경시하도록 조장되는 것의 소중함을 인식하게 해 주는 한, 문화적으로 존귀하게 생각하지 않는 가치가, 문화적으로 이상화되지 않는 이상이, 문화적으로 의미 있게 여겨지지 않는 의미가 널리 받아들여질 희망이 생긴다. 이는 적어도 우리가 문화적 학습의 결과로 갖게 된 이해의 패턴에서 벗어나 새로운 이해의 패턴을 고안해 낼 수 있도록 한다. 우리는 사회적 기준에 따르면 가치가 없다고 여겨지는 욕망을 어떤 심오한 (또는 개인적으로) 가치가 있는 것으로 변환해 낸다.[9] 이것이 라캉에게 있어 큰사물의 울림을 경외하는 것은 우리에게 개인적인 만족감일 뿐만 아니라 구속력을 가지는 윤리적 의무이기도 한 이유다. 그리하여 라캉은 우리가 욕망의 진실을 "포기"하는 것은 엄청난 윤리적 태만이라고 명쾌하게 주장했다.[10]

우리가 아무리 열심히 새로운 가치, 이상, 의미, 이해의 패턴을 새로이 형성하려고 해도 사회 체제가 못하게 막을 것이라는 허무주의적 경향으로부터 우리를 보호해 주는 것은 큰사물의 울림을 향한 우리의 충성심이라고 라캉은 말한다. 큰사물의 독특한 윤리 규범은 우리가 욕망의 진실을 배반하라는 유혹을 받을 때마다 잠시 생각에 잠길 시간을 주어서 우리가 완전히 사회의 먹잇감이 되지 않도록 보호해 준다. 이러한 것은 도구주의적*효율성의 필요에 따라 결정되는 윤리가 아니라, 욕망의 대상이 큰사물과 얼마나 가까

---

* 미국의 철학자 존 듀이가 주장한 실용주의에 기초하는 인식론. 우리의 생각은 행동의 도구이며, 그 생각이 진리인지 아닌지는 현실에 적용되었을 때의 유효성에 따라 정해진다고 본다.

운지를 (또는 얼마나 충실한지를) 기반으로 하여 욕망의 대상과 관련된 윤리적 행동뿐 아니라 대상이 지닌 가치 또한 평가하는 윤리다. 그러니까 윤리적으로 말하자면, 큰사물에 가장 가까운 (또는 가장 충실한) 대상은 단순히 그것이 정말 유용한지와 관계없이, 훨씬 중요한 의미를 지닌다. 결과적으로, 일반적인 의미의 윤리가 어떤 행위가 분별 있는 행동인지 아닌지를 (또는 더 고상하게 행동의 옳고 그름을) 숙고하고 논의하는 것이라면, 라캉의 윤리는 사회적 비용은 개의치 않고 큰사물의 울림을 추구하는 것이 관건이다. 다시 말해, 우리의 열정을 따르는 것, 즉 우리 욕망의 독특한 특징을 따르는 것이 사회의 지배적인 문화 질서가 말하는 도덕성에 어긋날지라도 따를 것인지 묻는 것이다. 이것이 라캉이 "어떤 사람이 유죄라면, 유일한 이유는 그가 자신의 욕망에 이유를 갖다 붙이기 때문이다."라는 대담한 주장을 펼친 이유다.[11]

이는 욕망이 우리 구미에 맞지 않거나 다른 사람의 욕망과 충돌하는 상황이 펼쳐질 수도 있다는 점에서 분명 복잡한 윤리적 태도다.[12] 하지만 라캉은 이기적인 마음을 가지라고 주장한 것이 아니라, 어떤 욕망의 길은 다른 길보다 더 진실하다는 것을, 즉 더 독특하다는 것을 절실히 상기시키고자 한 것이었다. 일반적으로 삶이 무감각하다고 불평하는 사람은 큰사물이 전하는 울림과 접촉이 끊겼기 때문이다. 그런 사람은 욕망이 지닌 아주 독특한 결과 같은 결을 지닌 대상과, 허구의 만족을 주는 대상을 구별하는 능력을 상실했다. 그 이유 중 하나는 우리 사회의 거대한 상업 시스템이 큰사물의 울림을 없애 버린다는 뚜렷한 목적을 가지고 구축되었기 때문이다. 이 시스템은 우리가 좋아할 만한 화려한 미끼를 아주 많이 만들어 내고는 엄청나게 많은 선택권을 주어서 혼을 쏙 빼놓는다. 사방에서 우리를 압박해 오는 미끼는 일부러 더 휘황찬란하게 빛나도록 제작되어 큰사물의 아우라는 빛을 잃는다. 또한 이런 미끼는 앞서 언급했던 것처럼 우리가 쓸모없는 쓰레기 같은 것들만을 잔뜩 모으게 하고 모두를 획일적인 모습으로 만든다. 서구 세계의 물질주의는 사실 매우 부끄러운 행태를 보인다. 평범한 백화점이나 교외의 쇼핑몰에서 볼 수 있는 수많은 상품은 매혹적인 모습으로 우리 마음을 어지럽힌다. 밤마다 텔레비전 화면 속에서 빛을 발하는 온갖 사물 또한 마찬가지다. 또한 서구 사회가 누리고 있는 풍족함이 종종 상대적으로 특권을 누리지 못하고 있는 사회를 희생시켜 가며 얻은 것이라는 사실은 큰사물의 윤리 규범을 속히 소생시킬 필요가 있음을 잘 보여 준다. 큰사물의 윤리 규범이야말로 이 세상이 우리에게 제공하는 것을 더욱 까다롭고 신중히 고를 수 있도록 (그래서 조금이라도 더 의미 있는 것을 고를 수 있도록) 해 주기 때문이다.

우리가 살고 있는 문화 속에서 우리는 모든 욕망의 대상이 다 큰사물의 아우라를 지니고 있다고 착각하기 쉽다. 그래서 우리는 그저 화려한 미끼에 불과한 것을 진정한 욕망의 대상으로 착각하기도 한다. 하지만 다행히도 일반적으로 그 반대의 경우는 일어나지 않는다. 우리는 진정한 대상을 마주하게 되면 주저하는 법이 없다. 다시 말해, 일반적으로 우리는 우연히 "진정한" 것을 발견하게 되는 순간을 인지한다.[13] 우리의 욕망의 조건과 일치하는 대상을 우연히 만나게 되면, 우리는 즉시 그 순간이 어떤 순간인지를 알아챈다. 그렇기 때문에 올바른 대상을 알아보기란 그리 어렵지 않다. 하지만 그럴듯하게 큰사물의 울림처럼 가장하여 우리의 욕망을 잘못 인도하는 미끼를 피하는 법을 익히려면 큰 노력이 필요하다. 우리가 욕망의 특수성을 받아들일수록 우리가 그 가면에 속아 넘어갈 가능성은 분명 줄어든다. 또한 살면서 꾸준히 좋은 선택을 쌓아 간다면, 우리는 기억 속에 기질을 점점 더 정교하게 다듬어 갈 수 있도록 도와주는 레퍼토리를 만들고 이를 계속해서 확장해 나갈 수 있다. 레퍼토리를 이루는 것들은 특정 기간 동안에만 "사용 가치"를 지니는 것이 아니라 시간을 초월해 더욱 중요한 가치를 지닌다. 그 대상들은 우리가 쌓아 온 역사의 기록을 담고 있기에 오래도록 의미 있을 수밖에 없다. 이러한 관점에서, 큰사물을 향한 우리의 충성심에 있어 중요한 것은 단순히 시간이 지남에 따라 다른 대상에서 큰사물의 울림을 발견하는 것뿐만 아니라, 우리가 똑같은 욕망의 대상에서 큰사물의 울림을 반복적으로 발견하는 능력을 유지할 수 있느냐 하는 것이다. 즉, 우리에게 가장 소중한 대상을 계속해서 새로운 방식으로 이해하는 방법을 찾을 수 있느냐가 관건이다.

7

이러한 맥락에서 우리는 큰사물의 울림을 부활시키는 데 특히나 효과적인 도구인 언어를 부여받았다는 사실을 짚고 넘어가는 것이 좋겠다. 앞서 우리가 사랑에 빠지거나 개인적으로 중요한 열망에 몰두할 때, 큰사물이 지닌 존엄성이 되살아난다고 설명했다. 이에 비해 언어가 가진 힘은 미약해 보일 수 있겠다. 그러나 삶에서 언어만큼 사물의 울림에 확실히 접근할 수 있게 해 주는 것은 없을 것이다. 우선, 우리에게서 큰사물을 박탈하는 것처럼 보이는 사회화 과정에 있어 언어가 큰 부분을 차지하는 것은 맞지만, 언어는 우리가 이 박탈의 경험을 잘 이겨 낼 수 있는 훌륭한 수단을 제공해 준다. 무엇보다도 언어는 새로운 가치, 이상, 의미 및 세상을 이해하는 방식을 세상에 전하는 만능 수단이다. 또한 회화, 조각, 사진, 무용과 같이 언어에 의존하지 않는 창의적 활동도 언어를 만나면 의미가 더욱 풍성해질 수 있다. 다시 말해, (한 가지 예를 들자면) 회화 작품 감상을 통해 얻게 되는 만족감은 그 작품에 다양한 의미를 부여하는 우리의 언어 능력을 통해 더욱 커질 수 있다. 그러므로 미소가 즐거움을 담고 있듯, 모나리자의 미소가 무엇을 의미하는지 해독하고자 하는 과정도 즐거움을 담고 있다.

언어가 개입하게 되면 본능적인 경험이나 깊은 명상에 잠기는 것과 같은 심오한 경험의 질이 떨어지게 될 수도 있지만, 인간 활동의 산물 주위에는 언어라는 층이 쌓이고 인간 활동은 언어를 통해 더욱 유익해진다. 고대 희곡이나 시는 (이미 언어적 산물로) 수많은 후세의 독자가 부여한 해석에 의해 중요해진다. 이것이 수많은 독자가 논하고 주목한, 퀴퀴한 냄새가 날 것 같은 낡은 책을 읽는 것이 특별히도 흥미로운 이유다. 또한 우리 문화 속에서 찾아볼 수 있는 고전과 우리 문화의 연관성과 더불어, 고서의 여백에 남겨진 낙서는 원본 텍스트의 순수성을 해치지 않고 그 텍스트에 가치를 더한다. 마찬가지로, 사람들이 오랜 시간에 걸쳐 특정 정치·문화적 개입을 통해 오늘날 이룩한 것은 그러한 개입 자체만큼이나 우리 유산의 중요한 일부를 이룬다. 독립선언문이나 마틴 루터 킹 주니어* 목사의 "나에게는 꿈이 있습니다" 연설과 같이 어떤 계기로 인해 탄생하게 된 수많은 글이 그 선언이나 연설 자체만큼 중요하진 않을지도 모르겠으나, 우리 사회의 역사에 아주 중요한 역할을 한다.

게다가, 우리가 다양한 것에 중독될 수 있듯이 언어에 중독되는 것도 분명 가능하긴 하지만, 일반적으로 다른 중독처럼 끔찍한 재앙으로까지 여겨지지는 않는다. 장황

• Martin Luther King Jr.. 미국의 목사이자, 흑인 인권 운동가

한 이야기는 사람들을 성가시게 할 수 있으며 말하거나 글쓰기를 멈출 수 없는 사람들 또한 남들을 지치게 할 수 있지만, 말하기나 글쓰기는 일반적으로 우리에게 큰 해를 끼치지 않는다. (물론 사회적 권력에 저항하는 말을 하거나 글을 써 보복을 당하게 되는 경우를 제외하고 말이다.) 즉, 우리가 언어를 무의미한 수다로 전락시키지 않는다면, 언어는 일반적으로 인간의 내면을 갉아먹는 결핍에 상당히 온건한 해결책이 될 수 있다. 그리고 약간 다른 관점에서 생각해 보면, 언어는 정신적으로 엄청난 트라우마를 겪은 사람들에게 도움이 될 수 있다. 어휘로 조직된 그물망 안에서 고통스러운 사건을 포착해 내는 행위는 카타르시스를 가져다줄 수 있다. 그러므로 트라우마를 겪고 살아남은 이들이 일반적으로 자신이 겪은 이야기를 다른 사람들에게 전하고픈 강력한 욕구를 느낀다는 것은 그저 우연이 아니다. 트라우마가 언어로 번역될 때, 언어는 트라우마적인 경험과 그 경험을 겪은 사람 사이를 가르는 일종의 장벽이 된다. 언어에는 과거의 시련과 현재 사이에 약간의 공간을 만들어 시련과 현재가 거리를 둘 수 있게 하는 메커니즘이 있다. 그렇게 언어는 트라우마의 생존자가 고통스러운 경험을 끊임없이 다시 경험할 가능성을 낮춰 준다.

그렇다고 해서 자신이 겪은 트라우마를 이야기로 만들어 전하는 것이 쉽다는 것은 아니다. 극심한 고통을 겪은 후 보이는 가장 일반적인 반응 중 하나는 침묵이다. 어떤 사람들에게는 침묵이 고통을 이겨 내는 방법일 수도 있다. 그러나 대부분의 사람에게는 상처받은 경험을 (반복적으로) 이야기하는 것이 고통을 덜어 내는 첫걸음이다. 서구의 심리 치료 과정 대부분은 이를 원칙으로 삼고 있다. 이는 또한 개인과 우리 사회가 고통을 언어로 바꾸어 표현하려고 노력하는 이유를 뒷받침하기도 한다. 언어로 바꾸어 표현하려는 것은 개인적인 일기 쓰기와 같이 단순한 활동일 수도 있고 자전적 소설처럼 수준 높은 활동일 수도 있다. 누군가는 시, 노래, 잡지 기사를 쓸 수도 있다. 또 다르게는 정치적 집회나 종교 집회로 나타날 수도 있다. 고통을 전하고 타인의 고통을 목격하고자 하는 개인적 또는 사회적 노력은 트라우마의 생존자들이 조금이지만 트라우마의 영향에서 벗어날 수 있는 자유 의지를 다시 가질 수 있게 해 준다. 이런 노력에도 불구하고 트라우마의 영향은 강력히, 오래도록 지속되기에 이것이 정말로 성공적인 트라우마 극복으로 이어지는 경우는 거의 없지만, 종종 트라우마 생존자들이 약간의 안도감을 느낄 수는 있게 해 준다. 이는 트라우마 생존자들이 세상을 살아가며 자신을 보호하기 위해 잔뜩 품은 지나친 경계심을 어느 정도 풀게 할 수 있으므로, 그들이 기댈 수 있는 안전한 장소를 제공하는 것과 같다.

그러나 이 장에서 논의하고 있는 근본적인 결핍은 심각한 트라우마의 고통이 아니다. 이전 장에서 이야기한 실존적 취약성과 마찬가지로, 내가 여기서 논하고 있는 결핍은 트라우마보다 더욱 보편적인 것, 많은 이에게 널리 나타나는 것이다. 그러나 언어가 마음을 괴롭히는 공허함에 대항할 수 있는 우리의 가장 강력한 방패가 될 수 있다는 점은 똑같다. 심각한 트라우마를 이겨 내기 위해서는 정의 실현이나 응징과 같은 방법들이 더욱 효과적일 수 있다. 어떤 일이 마침내 모두 다 끝났다는 느낌이야말로 고통스러운 경험을 말로 설명하는 것 이상으로 효과적인 트라우마 대처법이다. 그러나 우리가 가진 근본적인 결핍은 정의 실현이나 응징을 할 수 없다. 우리가 죽지 않는 이상 마침내 모두 다 끝났다는 느낌 또한 가질 수 없다. 하지만 다행스럽게도 언어에 한계란 없으며, 이러한 성질이 언어의 강력한 힘이 된다. 그러므로 원칙적으로 말하자면, 우리가 가진 결핍을 숨기고 보호하기 위해 다양한 언어를 사용하는 우리의 능력에도 한계란 없다. 언어는 일반적으로 다른 예술처럼 시적이거나 은유적일 수 있고, 또는 과학이나 일상적인 실용주의 분야처럼 고도로 기능적일 수도 있다. 어느 쪽이든, 언어는 우리와 우리의 결핍 사이에 일종의 장막을 쳐 주어 우리가 지나친 공허함을 겪지 않게 해 준다. 또한 우리가 불안을 직접적으로 느끼지 않게 하고, 불안의 정도를 낮추어 불안이 우리를 잡아먹는 것을 막는다. 이런 의미에서, 의식의 도구라 할 수 있는 언어가 없다면 우리는 애초에 내면의 결핍이란 것을 인식하지 않을 수도 있겠지만, 일단 결핍이 존재하는 한 언어는 결핍을 완화하는 가장 좋은 해독제가 된다.

2부
나를 책임진다는 것

4장
행동의 청사진

반복되는 강박의 징후 (⋯) 여기에는
어떤 "악마적인" 힘이 작용하는 것 같다.
지크문트 프로이트[•]

I

프로이트의 가장 놀라운 업적 중 하나는 소위 말하는 반복 강박을 발견한 것이다. 반복 강박이란 우리가 전혀 이롭지 않은 행동의 청사진[▪]을 반복하는 경향이 있다는 것을 설명

• Sigmund Freud. 오스트리아 출생의 신경과 의사이자 정신분석학의 창시자. 인간의 꿈과 무의식을 깊이 연구했다. 20세기 심리학, 정신의학 뿐만 아니라 다양한 학문과 사회에 지대한 영향을 끼쳤다.
▪ 여기서 '청사진'은 '건축이나 기계 따위의 도면을 복사하는 데 쓰는 사진'을 뜻한다. 그러므로 '행동의 청사진'이란 한 사람이 특정한 결정과 실패를 하고, 특정 친구를 만나고, 또 이 모든 것에 대해 특정한 반응을 하게 만드는 그만의 삶의 태도나 생각을 의미한다고 볼 수 있다.

하는 개념이다.[1] 우리는 진지하게 그러지 않으려고 노력해도 똑같은 대인 관계 문제, 똑같은 직업적 딜레마, 똑같은 성가신 "문제"에 다시 빠지게 되는 경우가 있다. 우리는 환멸감을 주는 연인에게 계속해서 끌릴 수도, 계속해서 똑같은 문제로 직장 생활에서 실패를 경험할 수도 있다. 아니면 지난 40년간 그래 왔던 것처럼 아버지와 똑같은 문제로 여전히 싸우고 있을 수도 있다. 이렇듯 답답한 패턴을 되풀이하게 하는 이 강박을 보면, 경험을 통해 얻은 삶의 지혜는 아무런 일도 하지 못하는 것 같다. 실제로, 우리가 마침내 패턴을 깨고 나왔다고 생각할 때, 또는 오랜 시간이 흐른 후 드디어 더 나은 결과를 낼 수 있다고 확신할 때도 우리는 이내 다시 한번 지루하고 똑같은 시나리오 속의 인물이 될 수 있다. 이러한 반복은 삶에 있어 우리가 무력하기만 한 존재라는 느낌을 준다. 그래서 프로이트가 말했듯, 우리는 우리가 통제할 수 없는 어떤 "악마적" 힘에 의해 이미 운명이 정해져 있는 것은 아닌지 의심하게 된다.[2] 마치 우리 삶은 전혀 "우리의 것"이 아니고, 우리의 행복일랑 안중에도 없는, 보이지 않는 어떤 힘에 의해 이끌려 가는 것 같다.

우리는 반복 강박의 영향력 아래에서 몸부림치면서 어떤 특정한 삶을 "선고받았다"고 느끼기 쉽다. 우리 운명이 향하는 길이 너무나도 확고해서 우리가 그 진로를 바꾸고자 노력하는 것은 아무런 소용이 없게 느껴진다. 그래서 우리는 운명을 체념해 버리고는, 우리의 일상을 바꾸어 낼 수 있을 다른 심리적·정서적 마음가짐을 갖는다는 것을 상상하려 하지 않는다. 우리는 우리가 무엇을 하든 결과가 항상 같을 것이라고 느끼기 시작해, 무언가 다른 것을 상상하고자 하지 않는다. 이런 식으로, 우리는 우리가 얼마든지 활용할 수 있을 실존적 선택의 범위를 점점 좁히고 우리가 삶에서 성취할 수 있는 것의 범위에 극단적인 한계를 둔다. 그렇게 우리는 명확히 정의되고 확실히 그어진 경계에 발을 들여놓게 된다. 그 결과 우리의 활동은 제한되고 고도로 표준화된다. 어떤 특정한 삶의 여로 말고 다른 길에는 절대 발을 들여놓지 않게 된다. 우리는 특정 종류의 목표와 야망을 키우기만 할 뿐, 그 외의 것은 기피한다. 특정한 사람들에게만 다가가며 다른 사람들은 피한다. 의식적이든 무의식적이든 간에, 이러한 결정은 우리 삶에서 어떤 일이 일어날지를 예상할 수 있게 하기 때문에 우리는 일관된 경험만을 하게 된다. 그리하여 역설적이게도, 우리는 미지의 불안보다는 불행한 안전함을 선호하게 된다. 우리는 그전과 똑같은 결과, 아주 기발하고도 다양한 방법을 통해서 전과 똑같은 무능력한 상황에 도달한다. 대단한 창의력을 발휘한다고 해도 항상 같은 목적지에 도달하게 되기에, 우리의 삶은 완전히 예측 가능해진다.

삶이 이렇게 예측 가능해지는 한 가지 이유는 젊은 시절에 선택했던 삶 또는 관계의 무의식적 패턴이 세월이 흘러도 변하지 않기 때문이다. 우리의 의식은 나이가 들며 성숙해지고 복잡해지는 반면, 이미 짜인 우리의 무의식적인 정서적 각본은 변화에 맞춰 수정되기를 고집스럽게 거부한다. 우리가 감정적으로 격앙된 상황에서 다섯 살짜리 아이처럼 행동하게 되는 이유는, 우리가 실제로 **다섯 살이었을 때** 이후로 발달하지 않은 무의식적 동기에 의해 움직이기 때문이다. 보이지 않는 운명의 힘이 우리의 삶을 "이끄는 것"이 아니라, 실제로는 다섯 살의 우리가 삶을 이끈다는 사실은 충격적이다. 대부분의 무의식 패턴은 우리가 다 자라고 나서 발달하긴 하지만, 일부는 5세 이전에 깊이 뿌리내린다. 더욱이, 우리의 자아를 형성하는 모든 경험은 무의식 속에 흔적을 남기기는 하지만, 고통스러운 경험은 더욱 특별한 영향을 끼친다. 이것이 트라우마가 우리 정체성을 형성하는 주요 요소 중 하나가 되는 이유다. 우리가 어떤 고통을 겪었는지는 현재 우리의 모습에 아주 큰 영향을 미친다. 예를 들어, 우리는 고통스러운 어린 시절의 경험이 남긴 흔적을 완전히 지워 버릴 수 없다. 게다가 완벽한 어린 시절이란 없고 현실적으로 충족될 수 있는 것보다 어린아이는 더 많은 애정을 갈구하기 때문에, 우리 중 누구도 이 흔적에서 완전히 자유로울 수 없다. 그러나 고통의 정도는 다 다르다. 어떤 이들은 비교적 행복한 어린 시절을 보냈지만, 어떤 이들은 이겨 내기 어려울 정도로 큰 악영향을 남긴 고통의 유산과 맞서고 있다.

어린 시절 부모와 양육자가 우리에게 미치는 영향을 이미 지적한 적 있지만, 이 주제는 우리가 가진 근본적인 취약성의 가장 극적인 표상이므로 다시 한번 주목해 볼 필요가 있다. 우는 것과 웃는 것 같은 기본적인 표현밖에 할 수 없으며, 다른 사람 없이는 아무것도 하지 못하는 유아를 생각해 보자. 다른 사람이 없다면 유아는 그냥 죽게 될 것이다. 또한 양육자가 어떻게 아이를 들어 올리고, 아이에게 어떻게 이야기하고, 아이가 불편함을 느낄 때 어떻게 대응해 주는지와 같은 기본적인 양육 방식은 아이의 삶을 형성하는 데 큰 영향을 미친다. 양육의 결과로 어떤 이는 타인의 애정과 관심을 기대하고, 어떤 이는 사람들이 무자비할 것이라 예상하며, 또 어떤 이는 애정과 무자비함의 혼재로 혼란스러워 한다. 어떤 이는 친밀감을 통해 보람을 느끼는 방식으로 세상과 관계 맺는 법을 배우지만, 다른 이는 친밀감이 고통을 불러온다는 것을 발견한다. 어떤 이는 학업적, 직업적 성공을 불러올 수 있는 태도와 사고방식을 갖추게 되지만, 어떤 이는 자신을 의심하고 실패에 굴복하기만 한다. 어떤 이는 자신의 필요를 충족시키기 위해 사람들과 소통하는 법을 배우게 되지만, 다른 이는 자신이 주변 사람들을 계속해서 좌절시킨다고 생각하게 된다. 어떤 이는 세상이 어떻게 돌아가는지를 배우게 되는 반면, 어떤 이는 자신에게는 절대로 세상이 제대로 돌아가는 법이 없다고 생각하게 된다. 자아 형성에 영향을 미치는 힘에 의식적으로 접근하기란 불가능하기에 과거를 없던 일로 하고 삶을 재구성하기란 정말 어려운 일이다. 이런 의미에서, 어떤 어린 시절을 보냈느냐는 우리가 나중에 세상을 경험하는 방식에 많은 영향을 미친다고 할 수 있다.

그러므로 우리가 태어날 때 손에 쥔 패에 아주 많은 것이 달려 있다. 우리는 가족이나 환경을 선택할 수 없을뿐더러, 외부 세계에 대한 의존도가 너무 높기에 가족과 환경은 우리 미래에 엄청난 영향을 미친다. 어린 시절에는 주변인에게 아무리 학대받더라도 그 사람에게 정서적으로 애착을 느낄 수밖에 없다. 그 사람이 우리에게 허락된 유일한 대상이라는 단순한 이유로, 우리는 가장 가까운 사람에게 욕망을 싹틔운다. 이것이 재앙으로 향하는 지름길이라는 것은 당연한 얘기다. 욕망이 학대당하면, 우리는 남은 생을 산산이 조각나 버린 욕망을 주우며 보내게 될 수도 있다. 마찬가지로, 우리 자신은 너무나도 부족한 사람이라는 생각을 마음속 깊이 뿌리내리게 된다면, 즉 우리가 하는 것도 없이 세상에서 자리만 차지하고 있다는 사실이 원망스럽게 느껴지게 된다면, 나에게 맞는 좋은 삶을 찾으려는 비전을 갖고 발전시키기가 어려워질 수 있다. 또한 우리가 항상 자신이나 다른 사람의 기대를 저버리고 있다고 생각하면, 우리는 노력하기를 멈추게 된다. 한마디로, 과거의 트라우마가 지닌 날것 그대로의 에너지는 병적인 집착으로 굳어지고, 무수히 많은 방식으로 현재의 우리를 힘들게 한다. 이 집착은 세상과 우리가 맺는 관계를 계속해서 왜곡시키는 증상을 동반한다. 현재는 과거와 전혀 다른 차원임을 우리는 합리적으로 이해할 수 있지만, 다르다는 것을 인식하기 어렵게 만드는 상황이 있으며 과거가 현재를 집어삼키고는 앞으로 일어날 일을 지시하는 것처럼 보일 때가 있다.

2

이 모든 것은 경험이 자아를 형성하며 우리가 어떻게 욕망할지를 가르쳐 준다는 것을 암시한다. 우리가 세상에 첫발을 내디딜 때, 우리는 이렇다 할 심리적·정서적 깊이를 가지고 있지 않다. 또한 우리 존재에 생명력을 불어넣는 신체적 충동은 세세히 분화되어 있지 않아서 모든 것을 뭉뚱그려한 가지 방식으로만 해내려고 해, 결국 그 어떤 것도 특별히 해내지 못한다.[3] 그러나 시간이 지남에 따라 주로 주변 환경과의 상호작용을 통해 충동은 분화되고 개개의 충동에 맞는 길이 트이면서 더욱 조직화되어, 비로소 "욕망"이라고 부를 수 있게 된다. 우리 내면의 기반은 이런 식으로 발전한다. 이렇게 우리는 가장 좋아하는 음식, 어머니의 손길, 위안을 주는 장난감, 형제가 불러 주는 노래 등과 같은 특정 사물을 이해하는 방식을 배우게 된다. 여기에 이전 장에서 간략히 짚고 넘어갔던, 우리가 완전한 존재라고 느끼는 원초적인 감각과 존재론적 특성의 상실을 의미하는 큰사물의 상실을 우리는 모두 제각기 매우 다른 방식으로 경험한다는 것을 덧붙여 생각해 보면, 왜 인간의 욕망이 (생식 본능은 물론) 순수 생물학적 본능과 동일시될 수 없는지 그 이유가 분명해

4장 행동의 청사진   125

진다. 사실, 내가 욕망의 매우 특수한 성질을 계속해서 강조해 온 이유는 (모두가 그런 것은 아니지만) 인간과 동물이 공통적으로 가지고 있는 생식 **본능**과 사회적으로 길들여진 인간의 **욕망**의 구별을 무너뜨리려는 우리 문화의 풍조에 반박하기 위해서다.

그러나 구별을 주장함으로써 인간은 동물과 다르다고 말하려는 것은 아니다. 인간은 그저 아주 특별한 종류의 동물일 뿐이다. 우리는 (무엇보다도) 예술, 음악, 과학, 정치, 경제, 교육 시스템, 서점, 클럽, 인터넷 웹사이트, 텔레비전 쇼와 같은 엄청나게 복잡한 문화 체계를 이룩한 동물이다. 이 체계는 우리의 욕망을 포함해 우리가 삶을 살아가는 방식에 막대한 영향을 미친다. 우리의 욕망이 생식 충동과 우연히 같아지게 되는 경우에도, 욕망은 특수성을 유지하고자 한다. 그러므로 우리는 일반적으로 목적 달성을 위해 그냥 아무나와 자지는 않는다. 그리고 많은 경우 우리의 욕망은 생식 활동과 거의 관련이 없기 때문에 사람들은 아이를 갖고 싶지 않아도 섹스를 하며 섹스 외에도 많은 것을 원한다. 이는 부분적으로 앞서 설명했듯, 우리가 큰사물의 울림을 되살릴 수 있는 힘이 있는 대상(또는 활동)을 찾고 있다는 사실 때문이다. 하지만 우리의 생물학적 충동이 어느 정도 심리적 일관성을 보이거나 정서적 가치를 얻게 되었다면, 이는 충동에 사회성이라는 지워지지 않는 각인이 찍혔기 때문이다. 이러한 사회적 요소는 서서히, 또 꾸준히 추진력을 축적하므로 우리가 성인기에 접어들 때쯤이면 우리는 비교적 일관적인 욕망의 구조를 습득하게 된다. 우리는 그렇게 특정 종류의 사람들, 특정 종류의 관계 시나리오, 특정 종류의 목표와 야망 또는 특정 종류의 경험과 만족을 지속적으로 원하게 된다. 음식을 먹는 것과 같은 기본적인 것에 있어서도 우리의 욕망은 단지 굶주림을 달래고 싶은 것이 아니라, 특정 종류의 음식을 음미하고 싶어 한다.

욕망은 분명 평생에 걸쳐 진화한다. 예를 들어, 시금치, 굴, 롤러코스터 타기, 두꺼운 영어 소설 읽기 또는 가녀린 손가락을 가진 키 큰 남자, 금발의 키 작은 여자와 같이 예전에는 싫어했거나 관심이 없었던 것을 어느 날 좋아하게 될 수도 있다. 또한 이따금 우리는 사회화의 본질을 거스르는 성적·실존적 선택을 내림으로써 우리를 사회화하려는 시도에 저항하기도 한다. 앞서 설명했듯이, 이는 자신의 존재에 대한 진정성을 느끼고자 한다면 필수적인 과정이다. 그러나 큰사물의 울림을 충실히 따르기 위해 우리가 최선을 다한다고 하더라도, 어린 시절 내면화되어 이미 굳어진 욕망의 패턴을 없애는 것은 쉽지 않다. 한때 우리를 돌봐 준 사람들에 관한 감각 기억*주위에 굳어진 감정의 퇴적물을 없애 버리는 것 또한 어려운 일이다. 그래서 우리는 어떤 특정한 관계와 관련된 시나리오가 이전에 겪었던 관계를 다시

• 인간이 오감을 통해 받아들이는 자극. 장기 기억으로 이어지진 않지만 감각이 사라진 이후에도 자극을 기억해 그 특징을 감지할 수 있게 해 준다.

떠올리게 한다는 단순한 이유로, 또다시 반응하게 된다. 그러므로, 자아 형성에 영향을 미쳤던 경험을 어떤 식으로든 다시 떠올리게 하는 대인 관계의 역학이 우리를 자극해 온다는 것은 분명한 사실이다. 그 이유는 다름이 아니라, 그러한 관계가 우리를 항상 괴롭혀 온 미스터리를 마침내 풀어 줄 것이라는 환상을 주기 때문이다. 아버지가 자신을 떠나갔던 이유를 전에는 결코 이해할 수 없었는데, 같은 행동을 하는 남자와 데이트를 하면 그 이유를 알아낼 수 있지 않을까? 어렸을 때 어머니가 왜 종종 강렬한 감정에 움츠러드는지를 이해할 수 없었다면, 어머니와 똑같은 여성을 만나 결혼함으로써 그 문제의 근본적인 원인을 파악해 볼 수 있지 않을까? 사실, 이런 식으로 미스터리를 푼다는 것은 절대 불가능한 일로, 오히려 반복 강박을 부채질하는 꼴이 된다. 한편, 장애물이 너무 많아서 우리가 욕망을 순조롭게 펼쳐 보이지 못할수록 강박은 더욱 심해진다. 이룰 수 없는 목표만큼이나 강박을 부추기는 것이 또 없기 때문이다. 이러한 관점에서 볼 때, 우리의 개인적인 역사에 있어 가장 충격적인 사건을 계속해서 재현해 낸다는 것은 피할 수 없는 일이다.

3

큰사물의 윤리 규범을 설명하면서, 욕망의 불가사의한 특수성이 우리가 관습적인 사회의 진부함으로부터 우리 기질을 지켜 내는 선택을 할 수 있도록 이끌어 준다고 강조했다. 반대로 반복 강박은 삶에 다소 불행한 결과를 가져온다. 또한 반복 강박은 욕망의 특수성을 잘 보여 주기도 하지만, 예기치 못한 일이 일어나는 것을 막고자 하는 고착화된 태도 때문에 얼어붙기도 한다. 즉, 반복 강박은 큰사물의 특별한 울림이 우리 삶에 불러오는 일종의 혼란을 부단히 없애려 한다. 다시 말해, 큰사물을 향한 우리의 충성심은 우리가 일상생활 속 예측 가능한 일이라는 표면을 깨고 나올 수 있게 하지만, 반복 강박은 이 표면을 수비한다. 결과적으로, 우리의 강박이 완고할수록 우리는 큰사물의 아우라를 극적으로 부활시키고 삶을 변화시킬 큰 잠재력을 지닌 바로 그 대상(또는 활동)을 거부하게 될 가능성이 커진다. 그러한 욕망의 대상은 인간 존재의 근원에 닿아 있고 내면의 가장 취약하고 무방비 상태인 곳으로 우리를 인도하기 때문에 너무 위험해 보일 수 있다. 반복 강박은 이러한 위험에 대응하여 대상과 우리가 안전거리를 유지하게 한다. 문제는 그렇게 함으로써 우리가 유별나게 강한 애정을 느끼는 대상에게 접근하는 것을 차단한다는 데 있다. 반복 강박은 우리가 큰사물의 울림만이 줄 수 있는 어마어마한 만족감을 얻을 기회를 박탈한다.

큰사물의 울림과 반복 강박의 차이는 식별하기 어려울 수 있다. 둘 다 우리 욕망의 특징인 완고함에 관한 무언가를 이야기하는 것처럼 보이기 때문이다. 하지만 차이점은, 큰 사물의 울림은 우리를 반사회적인 것으로, 즉 문화적 규범에 대한 저항이라 할 수 있는 것으로 이끈다면, 반복 강박은 우리를 사회화하는 트라우마를 되풀이한다는 것이다. 이것이 우리가 현재 살고 있는 삶과는 다른 삶을 상상하기 어려운 이유다. 그렇게 우리는 특정 결과를 예상할 뿐만 아니라 그 결과를 확고한 것으로 받아들이게 된다. 결과적으로, 우리는 우리가 운명을 써 내려갈 수 있다고 생각하면서도, 운명을 바꿀 수 없는 무력한 존재라고 느끼기 시작한다.[4] 그렇다고 해서 내가 외부 세력이 우리가 가진 선택의 폭을 제한한다는 사실을 부정하는 것은 아니다. 우리가 개인 간의 교류에서뿐만 아니라 사회적 불의와 불평등에 맞서 어떤 선택을 내리더라도, 이 세상은 그 선택을 엄격히 금할 수 있다는 것을 우리는 익히 알고 있다. 또한 어떤 고통은 사회적인 원인으로 인해 발생하기 때문에, 반복 강박을 깬다고 하더라도 해결되지 않을 수 있다. 따라서 나는 사회적 영향을 고려하지 않고 개인에게 주어진 "운명"에 대해 이야기할 수 있다고 생각하지 않는다. 그러나 우리의 욕망이 택하는 길이 우리 삶이 흘러갈 방향에 영향을 미친다는 것을 인식하는 것은 좋겠다. 반복 강박을 깨고 과거가 지시하는 길이 아닌 다른 길을 택해 나아간다고 해도, 그런 사람들 모두가 인생의 승자가 될 수 있다고 말할 수는 없다. 대부분의 사람은 때때로 퇴보하기 마련이다. 따라서 우리가 취할 수 있는 최선의 방침은, 인간이라면 당연히 저지를 수밖에 없는 실수를 겸허히 받아들이는 것이다.

우리 모두의 운명은 이미 정해져 있다는 것, 그러므로 우리는 운명에 대해 논할 수 없다는 것을 말하려고 이러한 경향을 강조하는 것은 아니다. 또한 개인적인 사연으로 마음 아픈 상처를 입은 사람들을 더 우울하게 하려는 것도 아니다. 내가 이 책에서 설명하고 있는 견해를 불우한 상황에 처한 사람이 선뜻 받아들이기는 힘들다는 것을 안다. 그러나 나는 반복 강박의 영향을 제대로 인식하는 것이 그 영향을 그저 억누르며 살아가는 삶보다 보람 있는 삶을 사는 데 필요한 훌륭한 도구가 되어 줄 것이라 믿는다. 6장에서는 우리의 무의식 속에 자리 잡은 악마에 우리가 더욱 세심한 주의를 기울일 때, 그 악마의 영향력을 과소평가함으로써 저지르게 되는 윤리적 태만에서 벗어나게 된다는 것을 설명할 것이다. 지금은 과거가 우리를 덮치지 않도록 어떻게든 자신의 마음을 "제어"할 수 있다고 스스로를 속이는 것보다, 마음에 세심한 주의를 기울여 우리가 에너지를 더 생산적으로 사용하게 하는 방법에 집중해 보고자 한다. 엄밀히 말하면, 과거의 고통을 무시함으로써 과거의 고통을 없던 일로 할 수 있다는 믿음이 반복 강박을 실제로 사라지게 하지는 않는다. 이는 단지 과거의 고통과의 관계에 있어 우리가 더욱 어리석어진다는 것을, 오히려 우리가 과거의 고통에 잘 대항할 수 있는 가장 효과적인 무기 하나를 자발적으로 버리는 꼴을 의미할 뿐이다. 여기서 무기란 과거의 고통이 어떻게 작용하는지를 우리가 똑똑히 의식하는 것을 말한다.

반복 강박을 방관하고 합리화하거나 무시함으로써 무력화할 수 있다는 생각은 착각이다. 그러나 우리는 자유 의지를 통해서 끈질기게 되풀이되는 반복 강박에 개입하는 법을 배울 수 있다. 반복 강박의 힘을 인정한다면, 우리가 가진 자원을 적절히 활용하여 반복 강박이 허락 없이 제멋대로 우리 삶을 이끌지 못하게 할 수 있다. 첫 번째 단계는 이 반복이 실제로는 우리를 돕고자 한다는 것을 인식하는 것이다. 이 반복이 계속해서 우리를 같은 결과로 몰아가려는 것은 고통으로 인해 좌절돼 버린 열정을 방출하기 위한 삐뚤어진 노력의 일환이다. 모닥불 주위로 굶주린 여행자들이 모여들듯이 트라우마적 경험 주위로는 악마가 모여드는데, 반복 강박은 이 악마를 해산시키고자 애쓰는 것이다. 즉, 반복 강박은 익숙한 기존의 것보다 더 건설적인 결과를 가져올 수 있는 방법을 먼 길을 돌고 돌아 열심히 모색하고 있는 것이다. 본질적으로 반복 강박의 "논리"란, 우리에게 상처가 되는 시나리오를 충분히 자주 반복하다 보면 마침내 우리는 "괜찮아지리라는" (또한 더 이상 화나거나 실망하지 않으리라는) 것이다. 이 논리가 난해하게 들리겠지만, 연습이 완벽함을 낳는다는 것이 삶의 절대 진리임을 생각해 보면 그렇게 비논리적인 것은 아니다. 테니스, 가지 요리, 일본어,

글쓰기, 법원 서류 작성, 수술, 많은 청중 앞에서 강연하기는 연습하면 할수록 더 잘하게 된다. 그러므로 언젠가 트라우마적 경험에 완전히 숙달되면 더 이상 그 경험이 어떤 해도 끼치지 않을 것이라는 희망 때문에 뼈아픈 경험을 반복한다는 것은 어느 정도 일리가 있다.

4

하지만 불행히도, 반복 강박은 우리가 열심히 반복한다고 하더라도 더 나은 결과를 낳기 어렵다. 우리의 패턴은 완전히 고착되어 고통스러운 시나리오의 미로에서 빠져나갈 길을 찾을 수 없게 된다. 즉, 반복을 마냥 거부하는 것이 좋은 시나리오가 아닌 만큼, 아무런 중재 없이 거듭 반복되도록 내버려 두는 것도 좋지 않다. 우리의 유일하고 진정한 대응책은 강박이 우리를 좌절시키려는 순간이 언제인지를 인식할 수 있도록 강박에 보다 적극적인 태도로 맞서는 것이다.[5] 우리가 강박이 짜 놓은 복잡한 게임 속에서 수동적인 졸卒로 남아 강박에 대체로 무의식적으로 대응할 때, 특히 우리가 강박이 펼쳐 놓은 그물에 걸려들었다는 사실조차 깨닫지 못할 때, 강박은 기세등등하게 우리를 지배한다. 그러나 우리가 강박의 추진력을 차단하는 법을 배우면 강박은 상당히 무력해진다. 간단히 말해, 우리가 반복을 인식하게 되면,

벼랑 끝에서 위태롭게 흔들리고 있는 우리 자신을 발견하고 일시 정지 버튼을 누를 수 있게 된다. 우리가 정말로 이 지겨운 이야기를 다시 한번 더 시작할 것인지, 다시 한번 더 헛된 행동을 하고 싶은지, 똑같은 사람의 유혹에 다시 한번 더 굴복할 것인지 스스로 자문해 볼 힘을 준다. 이는 심리적·정서적 반응을 어느 정도 끊어 내어, 우리가 올바른 인생의 길을 택할 수 있도록 한다. 이것이 프로이트가 무의식을 의식화하는 과정에 관해 이야기할 때 말하고자 한 것이다. 프로이트는 무의식 상태로 남아 있는 것은 변화할 수 없지만, 의식적인 것은 변화할 수 있음을 이해하고 있었다.

그렇게 우리에게 새로운 운명이 주어지게 되는 것이다. 특정 시나리오에 끌려다닐 필요가 없고, 다른 선택지를 선택할, 또 더 가치 있는 곳으로 이어지는 다른 길을 강구할 능력이 있다는 것을 인식할 때, 우리는 운명을 다시 쓸 수 있게 된다. 익숙한 결과에 대한 집착을 끊을 때, 보다 유연한 실존적 가능성의 레퍼토리를 발전시킬 수 있다. 그렇게 우리는 살면서 피해갈 수 없는 난관을 더욱 손쉽게 대처해 낼 수 있는 더 큰 유연성을 얻게 되는 것이다. 이뿐만 아니라, 반복 강박에 갇혀 있던 에너지가 쏟아져 나와 엄청난 양의 새로운 에너지를 사용할 수 있게 된다는 것도 중요하다. 처음에는 더욱 많아진 에너지가 불안정하게 느껴질 수도 있겠지만, 이전이라면 해내지 못했을 활동을 해낼 자원을 갖게 되었다는 점에서 흥분되는 일이기도 하다. 비유하자면, 이 경험은 작가가 꽉 막혔던 글을 술술 써 내려가는 것과 같다고 할 수 있겠다. 불길한 징조라기보다는, 갑자기 생산적인 에너지의 홍수가 일어난다는 의미다. 이전에는 상상할 수 없었던 모든 성장의 가능성이 열리게 되는 것이다.[6] 반복 강박에 대한 수동적인 태도가 무의식적인 갈등에 무력하게 갇힌 내면의 죽음을 의미한다면, 반복을 깨는 것은 죽어 가던 우리가 다시 살아나고 새로운 삶 속으로 인도되는 것을 의미한다. 일부 사람들은 이를 스스로의 힘으로 이루어 낼 수 있다. 그러나 대부분의 사람은 전문적인 도움을 필요로 한다. 우리의 운명을 결정짓는 패턴을 능가하려면 종종 다른 사람의 지혜가 필요하다. 그래야만 다른 패턴이 우리 눈에 들어오기 때문이다.

운명을 사랑한다는 것은 지혜로운 일임을 이 책에서 넌지시 내비쳐 왔다. 그러나 운명을 사랑하는 일이 우리의 또 다른 운명을 추구하는 일을 방해해서는 안 된다. 여기에는 분명 모순이 있는데, 운명을 사랑하면서도 운명을 개조하는 게 가능하다고 말하고 있기 때문이다. 한편으로는, 우리는 운명을 피할 수 없고, 그 운명을 살아가는 것이 우리의 운명이기에 받아들이는 것 외에 다른 선택을 할 수도 없다. 우리가 우리에게 일어나는 모든 일에 직접적인 원인을 제공하지 않았을지라도, 우리는 우리가 살아가는 실존적 환경의 설계자이기에 책임을 질 수밖에 없다. 다른 한편으로는, 우리는 트라우마를 불러일으키는 반복 강박의 손아귀에서 기질을 구출해 내고자 노력할 수 있다. 그리하여 고착된 욕망을 큰사물의 울림을 전달하는 더욱 분명한 욕망과 같은 새로운 욕망으로 점차 바꿔 낼 수 있다. 그러나 우리는 새로운 욕망의 기대에 부응하지 못할 수도 있기에 이 과정은 다소 고통스러울 수 있다. 또한 우리는 비참히 실패할 수도 있다. 이 경우 우리는 욕망의 진리를 저버렸다는 사실을 체념하고 받아들이는 수밖에 없다. 그러므로 가능성에 대한 기대감에는 항상 어느 정도의 불안이 따른다. 이것이 우리가 새로이 자유를 찾게 되었을 때 심장이 두근거리는 대가를 치러야 하는 이유다. 그러나 이러한 두근거림은 과거가 현재에 많은 영향을 미치고 있지만, 현재가 그 과거를 충실히 복제해 낼 필요는 없다는 것을 의미한다.

5

이 책의 첫 부분에서 정체성을 형성하는 현재 진행형의 변화 과정에 관해 이야기했다. 그리고 자아를 형성할 수 있다는 점이 인간과 동물의 차이점이라는 것도 살펴보았다. 인간의 상상력이 세상을 조금씩 재창조하는 것처럼, 상상력은 계속해서 우리 자신을 재창조할 수 있게 해 준다. 이 세상의 일부를 우리의 창의적인 노력을 펼쳐 내는 캔버스로 쓸 수 있는 것처럼, 우리 또한 삶을 하나의 예술 작품으로 생각해 볼 수 있다. 틀림없이 우리는 태어난 순간부터 평생 우리의 활동을 제한하는 여러 제약을 감내하며 살아갈 수밖에 없다. 어떤 사람은 다른 사람보다 제약 속에서도 자신의 능력을 더 잘 발휘한다. 그러나 원칙적으로 우리 모두는 혁신을 이루어 낼 능력과 권리를 갖추고 태어났기 때문에, 우리 모두에게는 제약을 이겨 내고 능력을 발휘할 수 있는 소질이 있다. 이번 장에서는 무의식적 패턴에 개입하는 것이 삶의 기술에 있어 필수적인 요소임을 보여줌으로써 이러한 추론을 뒷받침해 보았다. 무의식적 패턴에 개입하지 않고서는 자아를 구성하기 위한 노력은 피상적일 뿐이라, 기질의 근본을 이해하는 데 도달할 수 없다.

무의식적인 집착에 휘둘리면, 우리는 삶에서 주어진 자극에만 반응해 수동적인 상태로 남기 때문에 예술적인 삶과는 거리가 멀어진다. 이와 대조적으로 살면서 보다 적극적인 자세를 취한다면, 무의식적 패턴이 우리가 어떤 특정한 사람이 되어가는 과정에 있어 매우 중요한 부분임을 이해하게 되고, 결과적으로 그러한 패턴을 깨야만 전과는 다른 사람이 될 수 있다는 것을 깨닫게 된다. 그러므로 반복 강박이 던지는 독특한 난관을 우리가 어떻게 이겨내는가가 삶에서 기질을 다듬는 데 가장 큰 영향을 미치는 요소라고 할 수 있겠다. 그렇다고 해서 의식적인 것만을 더 나은 삶을 위한 기술로 받아들이게 되면, 우리는 삶에서 그리 중요하지 않은 비핵심적인 것만을 집중적으로 살피게 되기 때문에 우리 스스로를 이해하는 능력과 원하는 결과를 향해 주도적으로 나아가는 능력에 제한이 걸리게 된다. 그러나 우리가 무의식적인 집착을 극복하면 열정에 급격한 방향 전환을 가져올 수 있다. 이는 삶에서 인간이 겪는 곤경에 무의식이 중심적인 역할을 한다는 것을 이해하면, 자기 책임이 무엇인지 이해할 수 있게 된다는 뜻이다.[7]

문제를 다시 짚어 보자. 우리가 과거로부터 물려받은 삶의 모습을 억지로 받아들일 필요가 없다는 것을 깨달을 때, 우리는 우리를 몹시 고통스럽게 하는 것들과 비로소 멀어질 수 있다. 오늘날의 자신을 있게 한 가족적·사회적 유산에 아주 만족하는 사람들도 있긴 하지만, 대부분의 사람은 과거의 유산에 영원히 매여 살지 않아도 된다는 사실에 위안을 얻을 것이다. 또한 고달픈 개인적 역사를 지닌 사람들에게는 자신이 결코 과거의 포로가 아님을 이해하는 것이 특히 중요할 수 있다. 과거를 되돌릴 순 없겠지만, 그들도 과거가 현재에 끼치는 영향을 어느 정도 변화시킬 수 있다. 앞서 인정했다시피, 과거의 심리적·정서적 영향을 완전히 뒤집어 놓기란 불가능해도, 우리는 결코 과거의 무력한 희생자가 아니다. 자신을 비참하게 여기던 마음을 삶을 긍정적으로 바라보는 마음으로 바꾸기 위해서, 먼저 우리는 내면에 쌓인 자기혐오의 앙금을 지워내야 한다. 또는 앞서 니체의 주장을 다뤘을 때 강조했던 것처럼, 과거에 겪었던 고통스러운 경험을 우리 기질에 건설적인 영향을 미치는 것으로 재해석하는 작업을 해 볼 수도 있다. 예를 들어 우리의 공감 능력이 향상되었다면, 고통스러운 경험에도 불구하고 공감 능력을 향상할 수 있었던 게 아니라, 그 고통스러운 경험 덕분에 향상할 수 있었다고 생각을 전환하는 것이다.

6

우리에게 원초적으로 무언가 결여되어 있음을 느낀다는 사실, 즉 살면서 모든 게 완벽하다고 느끼거나 자아가 실현되었다고 느끼는 경우가 거의 없다는 사실이 우리가 우리의 능력을 벗어난 대상과 활동에 도달하도록 만드는 동기임을 앞선 논의를 통해 강조했다. 이 말은 과거로 인해 상처를 입었다는 인식이 더 나은 사람이 되고자 하는 지속적인 노력의 기폭제가 될 수 있다는 것과 관련이 있다. 그러나 이러한 노력은 강박이 될 수도 있다. 완벽한 몸매를 갖고자 체육관에서 몇 시간을 보낼 때, 과로로 기진맥진할 때, 우리 잘못이 아닌데도 관계의 실패를 우리 탓으로 돌릴 때, 너무 친절하고 지나치게 타인을 배려하여 자기 자신을 돌보는 것조차 잊을 때가 그렇다. 개인적인 걸작을 완성해 내고자 노력하다 보면 분명 도가 지나칠 수 있다. 한시도 쉬지 않고 목표와 야망에 지나치게 몰두하게 되는 것이다. 우리가 손에 잡힐 듯 잡히지 않는 것으로 악명이 난 마음의 평화를 소망하는 것도 도를 넘어 병적인 것으로 발전할 수 있다. 우리는 우리를 소위 어떤 궁극적인 목적지로 인도해 줄 것이라는 정신적 수련에 많은 에너지를 쏟곤 한다. 하지만 실제로 이런 활동은 삶을 살아가는 데 방해가 될 뿐이다. 그러나 과거의 고통이 다양한 형태의 자기 성찰과 자기 계발에 박차를 가하게 한다는 사실은 절대 변하지 않는다.

이것이 참을 수 없이 고통스러운 일들로 이루어진 우리의 과거가 현재를 이루는 아주 가치 있는 구성 요소가 될 수 있다는 개념을 강조한 이유다. 또한 이것이 우리가 트라우마를 겪은 방식과 인간의 끊임없이 진화하는 특이성 사이에는 깊은 연관성이 있다고 주장하는 이유다. 기질을 형성한다는 것은 적어도 부분적으로는 과거에서 공급받은 원재료를 (제한적일지라도) 어느 정도 우리의 이상에 걸맞은 현재의 현실로 변환하는 문제이기 때문이다. 과거의 갖가지 고통스러운 일들까지도 현재에 되살려 낼 만큼 모든 것이 가치가 있다고 말하는 것이 아니다. 고통을 미화해야 한다거나, 고통에 지나치게 집착할 필요가 있다거나, 또 모든 고통을 의미 있는 어떤 것으로 변환시켜 내야 한다는 게 아니다. 상실은 그저 상실일 뿐 그 어떤 특별한 의미도 가져다주지 못할 때가 있는 것과 마찬가지로, 상처가 그 어떤 생산적인 것으로도 이어지지 않는 때가 있다. 또한 너무 크나큰 상처를 받아 절망을 어떤 유의미한 것으로 바꾸는 것은 고사하고, 절망의 구덩이에서 빠져나올 방법을 찾지 못할 때도 있다. 그러나 고통에서 실존적 통찰이라는 의미를 캐내는 능력만큼 삶의 기술에 도움이 되는 것이 없다는 사실은 분명하다.

고통은 불필요한 것들을 씻어 낸다. 고통은 불순한 것들을 제거해 우리를 더욱 자애로워지게 한다. 이것이 고된 시련을 겪은 사람들이 그렇지 않은 사람들보다 종종 더 매력적으로 느껴지고 다재다능한 이유다. 그런 사람들은 고통을 겪으며 축적된 지혜를 활용할 정도로 아주 강력한 기질을 가지고 있으며, 주변 사람들도 그 기질을 느낄 수 있다. 그들은 가장 충격적이었던 경험을 포함해 우리의 모든 과거 경험이 오늘날의 우리를 형성한다는 것을 이해한다. 그래서 자기 자신이 아닌 다른 누군가가 되고 싶은 것이 아닌 이상, 과거 경험을 자신의 일부로 받아들여야 할 필요가 있다는 것을 이해한다. 이번 장에서는 과거를 받아들이는 것과 고통이 남긴 유산에 우리의 운명을 내어 주는 것이 어떻게 다른지 깊이 있게 알아보려 했다. 니체 역시 이를 강조했지만, 그의 주장에는 다소 미심쩍은 데가 있다. 니체는 숭고한 기질을 지닌 사람이라면 자신을 더욱 강인한 모습으로 가꾸기 위해서 상처가 되는 기억을 그저 떨쳐 버릴 수 있어야 한다고 생각했다. 그러나 나는 우리가 그렇게 해선 안 된다고 생각하는데, 무엇보다 불가해하며 한 치 앞을 내다볼 수 없는 우리의 무의식적인 삶을 매우 존중하기 때문이다. 하지만 니체가 현재에 과거를 잘 활용할 수 있는 능력을 실존적 통찰력으로 보았다는 점에서는 그에게 동의한다. 고통 없는 삶이란 비현실적인 것으로, 과거의 고통을 다루는 최선의 방법은 그 고통을 현재를 살아가기 위한 자원으로 바꾸는 것이라는 니체의 견해에 공감한다.

7

과거로 인해 상처 입은 사람들은 완전히 망가졌다거나 적어도 심각한 흠을 가지고 있다는 우리 사회에 널리 퍼진 믿음을 조금이라도 꺾어 보고자 이러한 견해에 주목해 보았다. 아메리칸드림은 우리가 무엇이든지 성취할 수 있다고 말한다. 반면, 우리 사회가 심리 치료에 열광하는 것은 고통스러운 경험을 많이 겪은 사람은 좋은 운을 타고난 사람들처럼 민첩하게 삶의 흐름에 올라타지 못한다는 것을 은연중에 암시한다. 예를 들어, 일반적으로 사람들은 불우한 가정에서 자란 사람들이 서로가 서로에게 힘이 되어 주는 좋은 관계를 구축하기 어려워할 것으로 생각한다. 이것은 앞서 살펴보았듯 분명 반복 강박의 막강한 영향력 때문이다. 트라우마를 겪은 사람들이 유독 세상을 가능성의 공간으로 바라보지 못한다는 것을 나 또한 인정하며, 번복하지 않을 것이다. 그러나 이러한 견해는 흔히 과장되어 있다. 우리는 고통으로 가득 찬 삶을 살아온 사람들을 잘못 이해한다(또는 깔본다). 하지만 결국, 과거의 역경과 싸워 나가는 사람들은 힘든 고난의 과정을 겪어 보지 못한 사람들보다 더 잘 살고 좋은 관계를 맺는 법을 배웠을 것이다.

고난을 겪은 사람들이 시련으로 인해 약해졌다고 지레짐작할 필요는 없다. 오히려 그런 사람들은 시련을 통해 더욱 독창적인 사람으로 거듭날 수 있다. 시간이 흐름에 따라 역경이 쌓이고 쌓여서 때때로 별것 아닌 듯이 느껴질 수도 있지만, 역경은 우리를 더욱 강하게 만들어 역경을 많이 겪을수록 우리는 새로운 상황에 더 능숙하게 대처할 수 있게 된다. 분명, 과거에 겪었던 트라우마와 너무나도 비슷한 트라우마를 또 겪으면 완전히 무너져 내릴 수 있다. 또한 고통의 근원을 명확하게 설명할 수 없을수록 더 불안해진다. 그러나 원칙적으로, 트라우마를 겪은 사람들은 어떤 일을 견딜 수 있는 한계가 낮게 설정되어 있다고, 그러니까 상처를 견디지 못하고 항상 더 쉽게 무너져 내린다고 가정할 근거는 없다. 역경을 이겨 낸 사람들은 다시 역경이 닥쳤을 때 어떻게 해야 살아남을 수 있을지 알고 있기에, 오히려 반대의 경우가 흔하지 않을까 생각한다. 그들은 역경이 다가올 것 같은 조짐이 보여도 흔들리지 않고 더 용감하게 대처할 수 있다. 그들은 수년에 걸쳐 어느 정도의 침착함, 심지어 약간의 우아함과 함께 장애물을 뛰어넘을 수 있을 정도로 충분한 심리적·정서적 유연성을 발전시켜 왔다.

고난을 이겨 내는 능력에서 삶의 수많은 역경을 대처할 수 있는 개인적인 능력이 생겨난다. 고통을 견디는 것뿐만 아니라 대사代謝해 내는, 즉 고통을 소화하고 합성하며 불필요한 것을 여과해 내는 능력이 우리에게 있다는 것은 (없어지지 않는 육체적 고통이 아닌 이상) 고통이 우리 안에 영원히 자리 잡지 못하도록 하는 정신적 건강함을 지녔다는 뜻이다. 그렇다고 고통을 없는 체한다는 것은 아니다. 오히려 고통이 다른 무언가로 변화할 수 있도록 서서히, 융통성 있게 변형시키는 것이 관건이다. 고통이 변형되면서 생겨난 "다른 무언가"는 완화된 고통에 지나지 않을 수도 있겠다. 때때로 우리가 할 수 있는 최선은 고통에서 가시를 제거해 내는 것뿐일 수도 있다. 하지만 이것만으로도 엄청난 성취다. 우리가 고통을 불편함, 향수nostalgia와 같은 다른 형태의 완화된 고통으로 바꿔 낼 만큼 충분히 융통성 있다는 것을 보여 주기 때문이다. 이런 식으로 우리는 고통과 함께 더 잘 살아가게 된다. 또한 우리는 때로 고통이 남긴 것을 새로운 운명을 개척해 나가는 데 꼭 필요한 것으로 바꾸어 쓰기도 한다.

자아 형성이 강박이 될 때, 우리 삶은 풍요로워지기보다 타락하게 된다고 앞서 강조했다. 새로운 사람이 되고자 하는 것은 완벽함, 완전함 또는 고통이 전혀 없는 삶을 추구하는 것과 다른 것이다. 이는 불가능한 것을 이루려는 것이 아니라 더 높은 수준의 복잡성, 유연함, 분별력, 대인 관계를 이루려는 것을 의미한다. 물이 반 정도 담긴 유리잔을 보고 반밖에 안 남았다고 생각하는 것이 아니라, 반이나 남았다고 생각하는 것처럼 말이다. 그래서 한계가 있을지라도 우리는 그 안에서 인생이 매우 만족스럽다고 생각할 수 있는 것이다. 이 장에서는 우리가 무의식적인 행동의 청사진에 대한 책임을 더욱 받아들일수록 보람차게 느껴지는 삶을 건설할 가능성이 더욱 크다는 것을 입증하고자 했다. 또한 우리 삶에서 고난이 어떤 역할을 하는지를 다시 생각하도록 해 더 이상 좋은 삶을 고통 없는 삶으로 정의하지 않고, 성에 차지 않을 수도 있겠지만 고통을 풍부한 자원으로 바꿔 인식하게 해 고통의 의미를 새로이 정의하고자 했다. 이런 관점에서 보면 슬픔을 모르는 사람은 깨달음을 얻지 못한 사람이라고 생각할 수도 있겠다. 슬픔을 모르는 사람은 자신이 슬픔에 대한 회복력을 잘 갖추었는지 알 길이 없다는 점에서 경험이 부족한 사람이다. 그런 사람은 자신의 한계가 어디쯤 있는지, 자신이 견딜 수 있는 것과 그럴 수 없는 것이 무엇인지를 알아낼 기회를 갖지 못했다. 이것이 고통, 그리고 반복되는 고통이 꼭 기질에 반하지 않고 오히려 기질을 강화하는 이유다.

5장
관계의 신비한 힘

나는 전적으로 다른 사람들에게 의존하여
내 정체성을 확인한다.
한나 아렌트*

I

지금까지 인간은 본래 불안정한 상태로 세상을 향해 열려
있다는 것을 강조했다. 우리가 누구인지는 대체로 우리가
주변 환경과 상호 작용하는 방식에 달려 있다. 그리고 타인
보다 더 큰 영향을 미치는 외부 세계란 없다. 앞서 암묵적으
로 말했듯, 타인 없이는 자신도 없다고 주장하는 것은 우리
삶이 타자他者라는 복잡한 조직으로 구성되어 있다는 것을
인정하는 것이다. 우리는 이미 세상에 존재하고 있던 사회

---

* Hannah Arendt. 현대의 대표적 정치철학자. 독일 태생의 유대인으로,
나치를 피해 미국으로 이주하였다. 이러한 배경은 그녀의 삶과 연구 및 저
작에 많은 영향을 끼쳤다.

성이라는 조직망 속에서 태어났기 때문이다. 특히 앞서 강조했던 유아기에 갖는 인간의 취약성 때문에 인간이 다른 사람들과 관계를 맺지 않고 살아간다는 것은 상상조차 불가능하다. 우리는 또한 우리가 상호 작용하며 살아가는 사람들이 하는 의식적인 사고와 일생일대의 선택뿐만 아니라, 그들의 원시적인 (또는 반쯤은 원시적이고 반쯤은 문명화된) 반복 강박과 같은 무의식적인 행동의 청사진과도 씨름해야 하므로, 곤경은 두 배가 된다. 우리는 보이지 않는 에너지의 흐름이 한 치도 예측할 수 없게 흐르고 교차하는 관계의 그물에 걸려들게 된다. 한나 아렌트는 정체성을 확인하기 위해서 타인에게 의존한다고 말했다.[1] 이는 정말이지 사실이며, 우리는 비단 정체성을 확인하기 위해서만 타인에게 의존하는 것은 아니다. 이러한 의존성이 어떤 결과를 불러올지 미리 알기란 불가능하다. 관계가 우리를 어디로 데려갈지 예측할 방법이 없기 때문이다.

타인이 무슨 생각을 하는지, 어떤 감정을 느끼는지, 어떤 의도를 가지고 있는지 전혀 알 수 없다는 점에서 인간은 어느 정도 불가해한 존재이기 때문에, 우리는 타인을 약간은 신비한 존재로 생각한다. 사람들에게 그들 자신이 누구인지 설명해 달라고 말해도, 그들 또한 우리와 마찬가지로 완전히 이해할 수 없는 무의식적인 열정에 이끌리기 때문에 정확한 답을 내놓지 못할 수도 있다. 그렇다고 인간의 모든 행동을 이해할 수 없다는 것은 아니다. 우리가 타인과 공유하는 공통의 사회 문화적 환경은 타인을 이해하는 데 도움을 주는 사회적 도구이기 때문에, 노력한다면 서로를 비교적 잘 이해할 수 있다. 우리 삶의 경험에 비추어 보거나 비슷한 상황에서 우리 자신이 어떻게 반응했는지 돌아보면 타인의 내면 상태를 어느 정도 추측할 수 있다. 그러나 사람들 사이에서 일어나는 어떤 일은, 말하자면 관계에 있어 무의식적인 부분은 항상 약간은 모호하게 남아 있다.

다시 말하지만, 이는 어린 시절부터 시작된다. 어렸을 때 우리는 부모님이나 다른 어른들이 우리에게 뭘 원하는지 좀처럼 알아내지 못한다. 어른들의 의사소통과 특히 그들의 무언의 욕망은 신비로움에 싸여 있다. 장 라플랑슈*가 말했듯, 우리는 우리를 둘러싼 수수께끼 같은 욕망에 반응하면서 자아 형성 시기의 대부분을 보낸다. 그리고 시간이 지나서도 계속 이 욕망을 이해하지 못하면 우리는 어쩔 줄 몰라 한다.[2] 특히 이러한 실패가 벌에 대한 두려움과 이어지게 되면, 우리 안의 불확실성이 너무 커지게 되고 늘 과민 상태에 빠지게 될 수 있다. 흔히 어린 시절에는 불안을 겪지 않는다고 생각하지만, 많은 아이는 자신이 왜 방향 감각을 잃었는지와 자신을 향한 고통스러운 메시지를 이해하기 위해서 (메시지를 이해함으로써 방향을 찾고자) 끊임없이 노력하기 때문에 높은 수준의 일상적인 긴장감에 시달린다. 게다

• Jean Laplanche. 프랑스의 정신분석가. 성 심리 발전 이론과 유혹 이론으로 잘 알려져 있다.

가 아이들에게는 이런 스트레스가 이성적인지 아닌지 또는 인지된 위협이 실제로 위험한지가 중요치 않다. 성인이 이러한 스트레스를 겪고 있는 아이를 특별히 배려해 준다 해도, 성인기와 아동기의 인지적 자원 사이에는 결코 메울 수 없는 차이가 있어서 아이는 여전히 혼란스러울 수 있다. 요컨대, 어른은 자신도 모르게 아이들을 공포에 몰아넣을 수 있다. 어른의 욕망은 누군가를 위협하려는 의도가 없더라도 아이에게는 무시무시하게 느껴질 수 있다. 결과적으로, 아이들이 어른의 세계를 보고 뒷걸음질하게 되는 것은 주로 아이들이 좀처럼 이해할 수 없는 수수께끼 같은 어른들의 욕망을 많이 마주하기 때문이다.

많은 이가 성인이 되기도 훨씬 전에 심리적으로나 감정적으로는 물론, 육체적으로도 많은 스트레스를 겪는다. 그리고 짐작할 수 있다시피 그러한 뿌리 깊은 불안의 축적을 없애 버리기란 어려운 일이라, 어떤 사람은 평생을 어린 시절 경험했던 것과 같은 정신적, 육체적 과민 반응 상태에서 살아가게 된다. 이제는 삶이 완전히 달라졌으며 자신이 살아가는 환경을 조금 더 통제할 수 있게 되었다는 사실에도 불구하고, 우리 존재를 사로잡고 있는 과도한 긴장감을 결코 몰아낼 수 없다. 그 불안에 어떤 명확한 근거가 없다 하더라도, 우리는 세상에 맞서 지나치게 경계심을 세운 태도를 풀 수 없다. 본능적으로 우리는 이 세상이 정말로 우리에게 호의적인지 확신할 수 없기 때문이다. 또한 좋은 환경, 그러니까 어른에게 학대당하지 않았고 단지 어린 아이가 이해하기에는 다소 아리송한 환경에서 자라난 사람들도 어느 정도는 그렇게 느끼는데, 학대를 견디며 자란 사람들의 경우는 훨씬 더하다. 앞서 인정한 것처럼, 어린 시절에 겪은 학대가 아주 은밀한 영향력을 지닌 이유는, 그 학대의 여파가 영원히 지속되기 때문이다. 그래서 새로 일어난 충격적인 사건이 이전의 트라우마가 남긴 흔적을 아주 조금이라도 건드리면 우리는 이성을 잃게 된다. 우리 안의 합리적인 내면이 진정하라고 말해도, 우리는 우리에게 이미 너무 익숙한 불안 속으로 더 빠져들어 가며 당면하고 있는 상황에 과민 반응하게 된다.

2

대인 관계가 지닌 수수께끼에 동요하게 되는 성향은 성인이 되었다고 해서 없어지는 것이 아니다. 어렸을 때 그런 성향이 없어서 대인 관계로 인해 동요해 본 적이 없다 해도, 인생을 살다 보면 겪을 수 있다. 연인(또는 연인이 될 가능성이 있는 사람)의 마음을 읽기가 어려울 때 우리 마음이 어떤지 생각해 보자. 우리는 그 무엇보다도 연인의 마음을 해석할 수 있기만을 간절히 바라며, 해석에 실패하면 혼란스러워 한다. 또한 우리가 어떤 사람에게 끌리는 이유는 호감 있는 상대의 마음을 읽어 내기가 어렵기 때문이라서, 그 사람의 속이 훤히 들여다보이는 순간 우리의 관심은 시들 수도 있다. 낭만적인 사랑이 몰고 오는 심한 마음의 동요, 흔히 알려진 말로 사시나무 떨듯 파르르 떨리는 마음은 사랑하는 사람이 풍기는 신비로움을 도무지 꿰뚫어 볼 수 없을 때 나타나는 동요라고 할 수 있겠다. 하지만 우리가 그 동요를 적극적으로 느끼고자 하는 경향이 있다는 점에서 어린 시절 겪었던 공포로 인한 동요와는 분명히 다르다. 우리는 종종 사랑으로 인해 애가 타는 감정을 느끼고 싶어 한다. 그러나 여기에서도 쾌락과 고통의 경계가 모호해질 수 있다. 특히 이 쾌락과 고통 사이의 역학을 악용하는 사람들은 의도적으로 불가사의한 분위기를 조성해 다른 사람을 조종하려 한다. 실제로, 우리 문화 속 이성애자 여성들은 (관계의 게임에 있어서) "비싸게 굴어라"라는 말을 들으며 그렇게 행동하도록 배웠다.[3] 그러나 가질 수 없는 여자를 갖고자 하는 마음에서 불끈 솟아오르는 열정과 진정한 상호 교류적 관계에서 비롯되는 열정에는 엄청난 차이가 있다. 누군가의 호기심을 자극하는 것과 두 사람의 욕구를 모두 채워 줄 수 있는 동맹의 관계를 구축하는 것은 다르다.

마찬가지로 종종 사람들은 의도치 않게 우리를 과하게 자극한다. 직장 상사나 스승, 동료가 잘은 모르겠지만 무언가 중요해 보이는 사항을 명확히 설명해 주지 않고 넘어가거나, 의사가 자세히 말해 주지 않고 검사를 더 해 보자며 모호한 메시지를 흘릴 때가 그러하다. 우리의 불안함은 때로 아주 사소한 이유로 더 커지기도 한다. 예를 들어, 은행에서 내 앞에 있는 사람의 업무는 왜 그렇게나 오래 걸리는지, 손님 으로 붐비는 식당에서 왜 종업원이 우리보다 늦게 온 사람한 테 먼저 음식을 주는지 그 이유를 이해할 수 없을 때가 그렇 다. 정부 기관의 번잡한 서류 절차 때문에, 이민 당국, 보험 회사와 같은 인간도 아닌 비인격적 기관의 이해할 수 없는 요구 때문에 스트레스가 증가할 수 있다. 기관이 이런저런 활동을 증명하기 위해 이런저런 양식을 제출하기를 요구할 때, 우리는 그 증거 서류를 제출하느라 쓸데없이 진을 빼게 된다. 그런 기관들이 요구하는 방식이 이해가 가지 않지만 그들이 요구하는 방식에 맞게 우리 사정을 설명해야 할 때마 다, 특히 문제의 기관이 변덕스럽게 행동하여 도대체 그들의 의도가 무엇인지 의아해질 때마다 심리적·정서적으로, 심지 어는 생리적으로 우리에게 어떤 문제가 생겨날 수 있다.

　　이러한 맥락에서, 그러한 비인격적 존재의 불가사의 가 지닌 변덕스러운 힘을 인식하는 것이 중요하다. 존재 자 체를 살기 위한 끝없는 투쟁이라고 느끼며 극도로 불안정한 삶을 살아가는 사람들이 특히 이 불가해한 성질에 취약하 다. 만약 당신이 명백한 이유 없이 경찰에게 제지당한다면, 부유한 백인 남성일 때보다 가난한 흑인 여성일 때 상황이 훨씬 더 심각하고 극적으로 다가온다. 물론 개인이 살아온 삶에 따라 다르겠지만, 경제적 상황, 피부색 그리고 성별은 주어진 상황이 얼마나 공포스러운지 (또는 좌절스러운지) 결정하는 데 아주 큰 차이를 만들 수 있다. 마찬가지로 국경을 넘는 것과 같은 단순한 일도 사람들의 통행을 감시하는 당국과 어떤 관계를 맺고 있는지에 따라 결과는 크게 달라질 수 있다. 유럽 여권을 소지하고 있다면, 프랑스와 독일 사이의 국경을 넘나드는 것은 어렵지 않을 것이다. 하지만 파키스탄이나 중국 여권을 소지하고 있다면, 무척 긴장되는 경험을 하게 될 수 있다. 많은 미국 시민에게조차 미국 국경을 넘는 것은 스위스 국경을 넘는 것보다도 더 많은 스트레스를 유발한다. 이는 미국 이민법이 경찰관에게 어떠한 설명을 제공하지 않고도 사람들의 입국을 금지하고 심지어는 구금할 수 있는 권리를 부여하기 때문이기도 하다. 이런 불확실성은 걱정이 없는 사람들에게도 불안을 유발할 수 있다.

그러므로 요점은, 우리가 비인격적인 권력망과 대인 관계적 권력망에서 차지하고 있는 위치가 우리가 느끼는 안전에 막대한 영향을 미친다는 것이다. 개인적으로 또는 직업적으로 맺게 되는 관계에 있어서 불리한 위치에 서 있다고 느낄 뿐 아니라 사회적으로도 무력하다고 느끼는 사람들은 더욱 막강한 권력을 행사하는 사람들보다 극심한 동요(더불어 동요가 초래하는 심리적, 정서적, 병리적 문제)에 훨씬 더 취약하다. 그리고 때때로 비인격적 존재가 유발하는 불안과 대인 관계로 인한 불안이 혼재되어 나타나기도 하기에, 지속적인 사회적 불안 속에서 살아가는 사람은 개인적 또는 직업적으로 맺게 되는 관계 속에서도 더 높은 수준의 불안을 느낄 수 있다. 결과적으로, 우리가 동료나 연인에게 지금 너는 너무 많은 질문을 던지고 있다거나 한심할 정도로 자신 없이 행동하고 있다고 말해 주고 싶은 마음이 굴뚝같을 때도, 우리는 그 사람을 둘러싸고 있는 더 큰 구조의 불확실성을 한 번 더 고려해 봐야 할지도 모르겠다. 상대방의 행동과 그 사람이 맺고 있는 비인격적인 권력 체계 사이에 어떤 관계가 있을 수 있기 때문이다. 어떤 사람이 사회에서 편집증적으로 행동하는 데에는 다 그럴 만한 이유가 있다. 그렇기에 보다 사적인 상황에서까지도 약간 편집증적으로 행동하는 사람을 마냥 비난할 수는 없다. 한편 우리는 이런 편집증에 영향을 받을 수밖에 없기에, 사방을 둘러싸고 있는 다양한 수수께끼를 푸는 데 종종 아주 많은 에너지를 낭비하게 된다. 이러한 노력이 대체로 무의미하다는 것을 알면서도 우리는 어찌할 도리가 없다. 아무리 노력하더라도 외부 세계의 영향력을 마음에서 몰아낼 수는 없다. 이것이 우리가 잠을 못 이룬 채 누워 히치콕 영화 속의 그 유명한 나선형 계단*만큼이나 구불구불하게 꼬여 있는 마음속의 엉킨 실을 던져 보기도, 돌려 보기도, 회전시켜 보기도 하는 이유다. 이럴 때 주변의 이해할 수 없는 메시지는 마음에 생각의 박차를 가해 우리는 편히 쉴 수 없게 된다.

• 히치콕은 구불구불한 나선형 계단을 영화의 주요 배경으로 자주 사용했다. 그의 여러 영화에서 계단이 나오는 장면을 발견할 수 있다.

3

그러나 인간 삶이 그러하듯, 모든 것에는 이면이 있다. 타인을 향한 존재론적 개방성이 우리의 삶을 더욱 불안정하게 하지만, 또한 엄청난 이점을 주기도 한다. 우리는 이 세상과 관계를 맺으며 취약성을 갖게 되지만, 거기에는 우리에게 아주 긍정적인 영향을 주는 이면도 있다는 것을 이미 살펴보았다. 마찬가지로, 다른 사람들이 의식적으로든 무의식적으로든 우리를 불안하게 만들 때, 그 불안은 우리가 결코 스스로는 불러내지 못했을 우리의 또 다른 모습을 불러내 더 큰 잠재력을 발휘하게 할 수도 있다. 다른 사람들이 우리를 호의적으로 대할 때, 또는 그렇지 않을 때조차도 불안은 조용히 사라져 버릴 수도 있었을 우리 내면의 특성을 더욱 두드러지게 한다. 불안은 어떤 속성을 더 강조하거나 선호함으로써, 휴면기에 접어들었거나 억압되어 있거나 좀처럼 자극에 반응하지 않고 죽어 가던 리듬에 생기를 불어넣을 수 있다. 예를 들어, 우리를 한결같이 격려해 주는 친구 덕분에 우리는 자신을 전보다 더욱 너그러이 바라볼 수 있다. 과하지 않은 지엄함으로 우리를 지도해 주는 스승 덕분에 우리는 더욱 수준 높은 성취를 이룰 수 있다. 또한 사랑하는 이의 부드러운 손길은 공적 생활에서 요구되는 냉정한 태도를 떨쳐 버리고 우리의 몸과 마음이 휴식을 취하게 하며, 우리가 일상적인 삶의 소란 속에서 잃어버렸을 수도 있

156

는 삶의 양식을 되찾게 한다.

　더욱 친밀한 관계가 우리와 우리가 외면해 온 모습을 만나게 할 가능성을 높인다. 우리가 낭만적인 동맹의 관계를 갈망하는 한 가지 이유는 그 동맹 관계가 우리 내면의 비밀스러운 방의 문을 열고, 우리 안에서 억압받거나 경시되었던 기질의 측면을 소생시키기 때문이다. 말하자면 사랑은 우리가 감추어야 한다고 배운 성격의 아주 은밀한 부분까지 속속들이 소환해 낸다.[4] 이렇게 우리 안에 묻혀 있는 특성들이 수면 위로 드러나도록 하는 것은 삶에 특별한 활력을 불어넣는 일이기에 대단한 의미를 지닌다. 침묵하던 것이 갑자기 말을 하게 되고, 무시당하던 것이 세상으로 뛰쳐나오고, 버려졌던 것이 삶의 경쟁 속으로 다시 들어오게 된다. 이러한 경험은 약간 불안하게 느껴질 수도 있겠지만, 대개는 깊은 영감을 준다. 살면서 거절당할 두려움 없이 울적한 기분을 날려 버릴 수 있는 것보다 기분 좋은 일은 거의 없기 때문이다. 이런 일이 일어나면 우리는 마침내 진정으로 살 가치가 있는 삶을 맞닥뜨렸다고 느낄 수 있다. 이러한 의미에서 사랑은 두 사람이 열정적으로 하나가 되는 것일 뿐만 아니라, 새로운 차원의 자아 경험과 관계 능력을 탐구하게 하는 수단이기도 하다. 사랑은 두 사람 모두를 폐쇄되어 있던 관점에서 자아 형성의 과정으로 나아가게끔 한다.

　친밀한 관계는 잘하면 우리가 거짓된 자기표현에서 벗어나 더욱 자유롭고 보다 유연한 우리의 모습을 경험하게 해 준다. 거짓된 자기표현은 일반적으로 상처받지 않기 위한 수단이다. 거짓된 자기표현은 우리가 삶을 잘 살아 나갈 수 있게 하지만, 동시에 무궁한 가능성을 제시하는 세상의 영향력을 차단해 우리를 무력하게 만든다. 친밀한 관계를 맺고 있는 연인이나 친구는 우리가 자기 자신을 지키기 위해 구축한 방어선을 뚫는 방법을 알고 있을 수도 있다. 보다 더 공적인 환경이라면 주변 사람들을 속일 수 있겠지만, 자신만의 요새 안에서 너무 아늑히 자리를 잡고 있어서 위험을 감수하면서까지 밖으로 나갈 생각이 없는 게 아니라면, 일반적으로 매우 가까운 사람들은 무엇이 잘못되었는지 감지해 낸다. 나중에 이야기할 텐데, 상대에게 그 어떤 진정한 모습도 보여주지 못하는 친밀한 관계도 분명 존재한다. 어떤 두 사람은 관계를 망칠까 두려워 깊숙이 휘젓는 것을 의도적으로 피하기 때문에 피상적인 관계로 남게 된다. 그러나 흔히 친밀한 관계는 서로 머뭇거리고 아주 짧은 시간 동안만 유지되더라도 우리가 입고 있던 갑옷을 벗어 던지게 할 수 있다.

4

우리가 맺는 관계가 삶을 바꿀 수 있는 변화의 에너지를 생성한다는 것이 정말로 사실임을 생각해 볼 때, 많은 사람이 이러한 사실에 철저히 무관심한 채 가장 가까운 동맹 관계의 상대에게 다가가는 것은 참으로 놀라운 일이다. 더욱이, 현대의 관계 형태에 있어서 가장 주목해 볼 만한 것은 우리가 재미없고 지루한 동맹 관계를 참 고집스럽게도 유지하려는 경향이 있다는 것이다. 부분적으로는 우리가 관계를 맺을 때 전적으로 관습적인 가치 평가의 잣대를 들이미는 사회에 살고 있기 때문이다. 우리는 썩 좋지도 않고 뻔하고 진부할지라도 관계를 맺고 있는 것이 아무런 관계를 맺지 않는 것보다 항상 낫다고 믿도록 프로그램화되어 있다. 예를 들어 우리는 연인이나 활발한 소셜 네트워크 계정이 없는 사람은 어떤 결함이 있거나 최소한 엄청 불행할 거라고 가정하도록 학습되었다. 또한 우리는 그런 사람들은 외롭고 비참할 것이라고, 남들이 쉽게 여러 관계를 맺는 것처럼 그들도 그럴 수 있길 은밀히 (그리고 필사적으로) 갈망할 것이라고 생각하도록 학습되었다. 이러한 사실은, 2장에서 보람 있는 삶을 산다는 것은 우리에게 영감을 주는 관계와 그렇지 않은 관계를 구별할 줄 아는 능력을 갖추며 사는 것이라고 강조했던 것을 우리가 망각하게 한다. 즉, 우리의 기질이 발현되지 못하게 막는 무미건조한 관계 때문에 정말로 우리가 기질의 부름을 듣기 어려워질 수 있다는 사실을 망각하게 할 수 있다.

결혼을 삶의 정점이라고 강조하는 우리 사회의 굳은 믿음을 살펴보자. 노래, 영화, 잡지, 광고, 자기 계발서 및 기타 로맨틱한 문화를 생산해 내는 것들을 대충 조사해 보아도 우리 사회가 독신을 항상 가능한 한 빨리 극복해야 하는 비참한 상태로 묘사한다는 것을 알 수 있다.[5] 이런 묘사에 따르면 로맨스, 커플, 가정생활의 즐거움으로 독신인 상태를 지우는 것보다 더 중요한 것은 없다. 독신이란, 말 그대로 적절한 상대가 등장하면 당장 벗어날 것으로 예상되는 임시적인 상태다. 사실 "적절한" 상대가 있다 해도, 독신이기를 선택하는 시나리오를 상상할 수 있는 사회는 존재하지 않다시피 한다. 우리가 독신이라면 그 이유는 아직 "운명의 짝"을 찾지 못했기 때문이라고 가정한다. 아니면 이전에 겪은 낭만적인 관계의 실망감으로 인해 성공적인 관계를 맺을 수 없기 때문이라고 가정하기도 한다. 이런 관점에서는 오래도록 독신 생활을 유지하는 것은 비정상적인 것, 때로는 실존적 실패를 의미하기도 한다. 독신 생활은 공허하고 황량하고 우울하고 절망적이라는 낙인이 찍혀 있어, 우리에게 일어날 수 있는 최악의 일이 되어 버렸다.

독신이라는 현상을 바라보는 이런 방식은 두터운 연인 관계에도 엄청난 공허함, 황량함, 우울함, 절망이 존재할 수 있다는 사실과, 장기적 동맹을 맺고 있는 커플의 일상적인 현실이 우리 문화가 흔히 말하는 것처럼 항상 평화롭고 행복한 모습을 띠고 있진 않다는 사실을 보지 못하게 한다. 물론 결혼이 영혼을 죽인다고 말하는 것은 아니다. 전혀 그렇지 않다. 그러나 많은 이가 결혼 생활에서 절망스러울 정도로 외로움을 느낀다. 결혼한 사람들은 자신이 상대방에게 제대로 이해받지 못하거나 무시당한다고 느낀다. 또한 많은 동맹 관계는 서로가 진정으로 연결되어 있다는 느낌보다는 일상과 편의, 의무 또는 외로움에 대한 두려움으로 묶여 있다는 의미에서 본질적으로 "죽어 있는 상태"다.

이러한 동맹 관계에서 우리는 마치 고갈되어가는 듯한 느낌을 받으며, 이러한 느낌은 우리를 덮쳐 버릴 수도 있다. 이 느낌은 예를 들어, 우리가 붐비는 지하철 안에 앉아 있거나 사람이 많은 곳에서 일하거나 사람이 가득 붐비는 길을 걷는 것과 같은 공적인 삶에서 피상적인 사회성에 과도하게 노출될 때 기력이 서서히 소진되는 것과 다르지 않다. 아렌트는 인류의 지적 유산 발전에 크게 이바지했는데, 현대 사회 속 공간의 압축을 분석한 것도 그녀의 공적 중 하나라고 할 수 있다. 그녀의 견해에 따르면 현대의 도시 생활, 통신 기술, 장거리 이동의 용이는 때때로 우리가 낯선 사람의 팔꿈치를 끊임없이 (그리고 마지못해) 문지르고 있다고 느낄 정도로 사람들 간의 거리를 줄어들게 했다.[6] 아렌트는 우리가 근본적으로 다른 사람들에게 의존할 수밖에 없다는 것을 인정하면서도 사회성이 우리를 마비시키는 것에 대해 경고했다. 다른 이들이 너무 가까이 있고 끈질기게 우리 공간 안에 존재할 때, 즉 사람들이 사방에서 우리 공간을 침해해 올 때는 개인의 정체성을 유지하기 쉽지 않다. 그런 상황에서 다른 사람과 함께 있는 것은 외로움을 완화하기는커녕 악화시킬 뿐이다. 어떤 면에서 붐비는 공간에서는 피상적인 삶을 살게 된다.

많은 이는 관계의 동력을 잃은 친밀한 관계도 이와 매

우 비슷한 영향을 미칠 수 있다는 것을 습관적으로 간과한
다. 실제로, 우리는 종종 비합리적일 정도로 의미 없는 관계
를 유지하기 위해 기꺼이 노력한다. 우리는 오랜 시간을 함
께해 온 관계는 삶의 평화로운 안식처와 같다고 꿈꾸도록
학습되었는데, 모든 장기적 관계가 항상 그렇지만은 않다
는 것을 인정하기보다는 그 의미 없는 관계에 시간과 노력,
감정을 투자한다. 마치 결혼 제도가 명백한 학대 행위라는
것은 말할 것도 없고, 어떤 식으로든 해롭고 진을 뺀다는 사
실을 은폐하기 위해 계획된 문화적 음모가 존재하는 게 아
닌가 싶다. 물론 이 "음모"가 계획적으로 설계된 것이라고는
생각하지 않는다. 뒷방에 모여 앉아 독신들이 몰락할 것이라
는 음모를 지어내고 퍼뜨리는 비밀스러운 조직이 있다고 생
각하지는 않는다. 기독 우파 단체가 (특히 사회적으로 달갑지
않은 시선을 받는 미혼모와 관련해) 가끔 이와 비슷한 일을 하
지만 말이다. 그러나 우리의 숨을 조여 오는 동맹 관계에 갇
혀 있기보다는 혼자가 되는 것이 훨씬 삶을 활기차게 만들
수 있다는 것을 깨닫기가 매우 어려울 정도로 우리 사회의
양상이 악화되었다는 것에는 의심의 여지가 없다. 또한 나쁜
관계는 전도유망한 장래를 빼앗아 우리가 꿈꿀 수 있는 세계
에 제약을 걸 수 있다는 것을 인정하기도 마찬가지로 어렵게
됐다. 나쁜 관계가 진정한 욕망을 제대로 반영하지 않는 잘
못된 선택에 우리의 (제한된) 자원을 쏟아붓게 할 수 있다는
것을 인정하기란 놀라울 정도로 쉽지 않다.

많은 이는 관계를 이용하여 자기라는 존재를 구성한다. 원칙적으로 여기에는 아무런 문제가 없다. 그러나 이는 철저히 이데올로기에 좌우된 선택이라고 이해하는 것이 맞다고 생각한다. 우리는 혼자일 때보다 관계를 맺음으로써 얻게 되는 보상이 더 크다고 생각하도록 학습되었기 때문에 별다른 이유 없이 관계를 선택한다. 하지만 잠깐만 생각해 보면 알 수 있다시피, 이러한 생각이 항상 옳은 것은 아니다. 예를 들어, 창의성을 높이기 위해서는 종종 고독한 시간이 필요하다. 외부 환경의 자극에 지속적으로 노출되면 곧바로 창의력이 억눌리기 때문이다. 이것이 버지니아 울프*가 그 유명한 말로 예술가(그녀의 경우라면, 여성 작가)에게는 자신만의 공간이 필요하며, 일상 속의 자극과 짜증스러운 일에 휩쓸리게 되면 훌륭한 작품을 만드는 것은 사실상 거의 불가능해진다고 주장한 이유다.[7] 예를 들어, 복잡하게 얽힌 관계와 같은 삶의 자잘한 문제를 걱정하며 보낸 모든 순간은 창의성을 필요로 하는 일이나 다른 중요한 일들을 할 시간을 빼앗는다. 물론 모든 사람에게 해당되는 일은 아니다. 여러 사람과 함께해야 창의력을 발휘하는 사람들도 있다. 하지만 많은 이에게 고독은 세상의 방해를 막아 주는 수단이다.

• Virginia Woolf. 영국의 작가이자 비평가로, 20세기 영미 모더니즘 문학의 대표 주자

고독한 사람들은 종종 병이 있다고 여겨지고, 이기적이라며 비난받는다. 현실적으로 우리가 이루어 낼 수 있는 성취에는 한계가 있다. 주로 관계에 많은 신경을 쓴다면, 그 외의 다른 활동에 쓸 수 있는 자원이 부족하다는 건 당연한 사실이다. 이런 점에서 (특히 문제가 많은) 관계보다 고독을 선택하는 사람들은 매우 현명한 것일지도 모른다. 그런 사람들은 고독함을 추구하는 것이 어느 정도의 안도감과 자기만족을 불러온다는 것을 알고 있다. 다시 말해, 고독은 고독함을 견디지 못하는 사람들에게는 닫혀 있는 많은 실존적인 가능성을 열어 준다. 결과적으로, 겉으로 보기에는 무언가 결핍된 것 같은 삶이 실제로는 고유한 풍요로움을 담고 있으며 만족스러울 수 있다. 일상적인 사회생활 너머를 내다볼 수 있을 때, 때때로 우리는 더 넓은 시야를 가질 수 있다. 그래야만 규범적인 관습을 답습하는 관계가 우리 시야를 가리더라도 저 멀리 있는 통찰이라는 지평선을 내다볼 수 있다. 고독은 잠시뿐이지만 사회적 의무와 대인 관계 참여에서 우리를 해방하기 때문에, 또 다른 경이로운 세계에 들어서게도 한다. 또한 고독은 재충전의 시간을 갖도록 해 우리가 고독에서 벗어났을 때 다른 이들에게 더 많은 것을 내줄 수 있게도 한다. 결국 우리가 자신의 자아를 가치 있다고 느끼고 자아에 충실할수록, 의미 있는 관계를 더욱 잘 유지해낼 수 있다.

물론 우리 모두가 세상과의 접촉을 피하는 은둔자가

되어야 한다고 말하는 것은 아니다. 사람들과 관계를 맺는 것이 인간 삶의 중심을 차지한다는 내 견해가 분명하게 전달되었길 바란다. 단지, 친밀한 관계란 치유와 행복, 성취, 자기완성과 같다는 우리 문화의 방정식이 때때로 삶에서 가치 있는 또 다른 것들을 인식하지 못하게 할 때가 있다는 것을 보여 주려는 것이다. 예를 들어, 어떤 사람들은 우리 삶이 수많은 다른 행복(잘 나가는 커리어, 친한 친구들, 자극이 되는 목표와 야망 같은 것들)으로 가득 차 있음에도 불구하고, 진정한 사랑이란 존재하지 않는다는 사실에 집착하며 몇 년, 수십 년을 허송세월로 보낸다. 독자들의 이의 제기가 들린다. 우리 모두에게는 사랑이 필요하다고 하던데요! 물론 우리 모두에게는 약간의 로맨스와 의지할 수 있는 사람이 필요하다. 하지만 과연 정말 그럴까? 가치 있는 삶을 살 수 있는 다른 여러 방법이 있지 않을까? 우리에게 "필요한" 것처럼 보이지만 종종 끝내 얻지 못하는 다른 것들은 어떠한가? 분명히 우리가 일상적으로 놓쳐 버릴 수밖에 없는 목표와 야망이 있다. 사랑이 없다면 삶이 무의미해진다고 믿으며 사랑을 특별한 상품으로 여기는 것은 우리가 사랑에 지나친 의미를 부여하도록 하며, 사랑보다 더 중요할 수도 있는 다른 어떤 (실현된 또는 아직 실현되지 않은) 열망이 있을 수 있다는 점을 보지 못하게 한다. 반면에 관계를 올바른 가치관을 통해 바라본다면, 즉 관계를 자아 형성 과정의 한 요소로 바라본다면, 우리는 사랑이 없더라도 우리가 가진 삶에 더욱 감사하며 살아갈 수 있을 것이다.

이러한 점에 비추어, 어떤 관계를 떠난다는 것이 무엇을 의미하는지 다시 생각해 봐야겠다. 좋은 관계가 지닌 신비한 힘은 삶의 질을 향상시킬 테지만, 이 힘이 시간과 관계없이 항상 유효한 것은 아니다. 사람들은 제각각 다른 속도로 성장하는데다, 또 관계의 성장 속도와 그 사람의 성장 속도가 항상 일치하는 것은 아니기 때문이다. 결과적으로 더이상은 지속할 수 없다고 느끼는 관계를 벗어나면 우리의 실존적인 레퍼토리가 좁아진다기보다는, 반대로 확장된다. 물론, 실제로 정말 그러한지 정확히 평가하기란 어려울 수있다. 우리는 관계를 끊어 내는 것을 상실로밖에 생각할 수없기 때문이다. 그러나 그렇기 때문에 더욱 때로 특정한 사람, 특정한 관계를 피하는 것이 우리 마음의 목표를 달성하기 위한 가장 좋은 방법임을 우리는 인정해야 한다. 사실 우리가 어떤 관계에서 도망치고 싶은 유혹을 느낄 때, 우리는 다른 무언가를 향해 달려가고 있는 것과 같다. 다른 관계를 향해 달려가고 있는 것일 수도 있지만, 관계가 아닌 다른 것일 수도 있다. 우리의 열망에 관한 막연한 예감만 들 수도 있다. 그러나 우리는 그 열망을 추구하지 못하도록 막는 관계에서 빠져나와야만 열망에 이를 수 있다는 것을 어렴풋이 직감한다.

무엇을 회피할 것인지는 무엇을 받아들일 것인지만큼이나 삶의 전반적인 안녕에 필수적이다. 그러므로 역설적이게도 도피하는 것은, 우리가 어디로 가고자 하는지 모르고 욕망의 대상이 무엇인지 정확히 포착하지 못했더라도, 욕망을 표현하는 한 가지 방식이 될 수 있다. 또한 완전히 파악할 수 없는 욕망이 우리가 이미 정확히 알고 있는 욕망보다 덜 중요하지는 않다. 아직 정의할 수 없는 미래의 욕망 또한 현재 가지고 있는 욕망에 못지않은 진정성을 가지고 있다. 이 점을 이해하면 지쳐 버린 관계를 포기하기가 조금 더 쉬워질 것이다. 그리고 상대방이 우리를 떠난 이유가 우리가 상대방을 멀어지게 했거나 관계가 본질적으로 잘못되었기 때문이 아니라, 떠난 이가 딱히 뭐라 형용할 수 없는 욕망의 불가사의한 부름을 따라야 한다고 느꼈기 때문이라는 것을 깨닫게 될 것이다. 떠난 이는 왜 도망쳐야만 했는지 그 이유를 설명하지 못했을 수도 있지만, 관계를 끝내기로 한 결정에는 충분하고 진실한 이유가 있을 것이다.

6

분명, 힘들더라도 놓지 말아야 할 가치 있는 관계가 있다. 분명히, 우리는 장애물을 뚫고 나갈 수 있다. 그리하여 다시 한번 관계를 이어나갈 수 있고 심지어는 전보다 관계가 더 좋아질 수도 있다. 그러나 관점의 전환은 이미 한참 전에 끝이 나 버린 관계를 되살리고자 노력할 때 우리가 상황을 새로운 시각으로 다시금 평가할 수 있게 한다. 관계를 아무리 힘들더라도 항상 견뎌 내야 하는 것이 아니라 시시때때로 변할 수 있는 것으로 이해한다면, 즉 때로 우리는 관계를 떠나보내기도 한다는 것을 "당연한" 것으로 받아들인다면, 상처가 되거나 마음을 괴롭히는 관계에 너무 지나치게 에너지를 소비하지 않아도 될 것이다. 그 관계가 한때는 우리에게 일어난 최고의 일이었다 하더라도, 이제는 더 이상 긍정적인 측면을 찾아보기 힘들 수 있다. 그렇다면 우리는 왜 (한때는 기적 같았던 관계의 추억을 천천히 파괴해 가면서까지) 관계를 억지로 계속 이어나가려고 할까? 왜 우리는 자기 자신을 더 이상 끌리지 않는 관계 속에 가둬 둘까?

물론 어떤 관계는 꽃을 피우고 오래도록 지속되지만, 대부분은 그렇지 않다. 사실상 우리의 가장 훌륭한 동맹은 결국 실패로 끝나게 되는 동맹이다. 그렇다고 해서 섣부르게 관계를 포기하라거나, 사랑하는 사람에게 냉담하게 굴어야 한다고 주장하는 것은 물론 아니다. 우선, 우리에게는 사랑하는 사람에 대한 윤리적 의무가 있기 때문에, 어떤 방식으로든 사랑하는 이를 버릴 수 있는 권리는 없다고 생각한다. 요컨대, 관계를 끝내는 데는 훌륭한 방식과 그렇지 못한 방식이 있다. 동시에, 이미 깨져 버린 유대를 다시 붙이려는 노력은 대개 불가피한 일이 닥쳐 오는 것을 늦추기만 할 뿐이다. 또한 관계를 유지하는 것이 관계를 끊어 내는 것보다 낫다는 것을 당연하게 여기게 되면, 가장 이상적인 관계란 우리 삶에 활력을 불어넣는 관계가 아니라 그저 오래 유지된 관계라고 생각하게 된다. 그러나 왜 그렇게 생각해야 할까? 왜 우리는 다른 삶을 갈망하는 우리 내면의 목소리가 아니라 불안정하고 영혼을 갉아먹는 관계에 충성을 맹세해야 할까? 이러한 관점에서 볼 때, 관계를 잃는다는 것은 변화를 위한 중요한 수단이지 실패가 아니다. 관계의 상실은 우리가 어떤 것들을 그저 뒤로한 채 떠나가도록 한다. 우리가 다른 것들을 위한 공간을 마련할 수 있도록 말이다. 관계의 상실은 우리에게 죽음이 있어야 다시 태어날 수 있다는 것을 가르쳐 준다.

운이 좋다면 관계는 우리와 발맞춰 함께 변화하여, 우리가 맺고 있는 관계와 새로운 모습으로 거듭날 수 있는 우리의 능력 사이에 어떠한 대립도 존재하지 않게 된다. 그렇게 되면 잃어버렸던 관계의 광채를 되찾게 될 수도 있다. 앞서 욕망은 평범한 대상에서 큰사물의 숭고한 울림을 발견하는 것이 관건이라고 밝혔다. 또한 우리는 욕망의 대상을 다양하게 바꿀 수 있을 뿐 아니라, 하나의 대상을 다른 시점에서 다양한 방식으로 이해할 수 있다는 점에서 욕망에는 융통성이 있다고 강조했다. 이는 좋은 관계를 좋은 상태로 유지할 수 있다는 뜻이다. 우리가 앞서 말한 융통성을 관계에 적용할 수 있기 때문이고, 대상을 욕망하는 새로운 방법을 고안해 냄으로써 선택한 대상의 끊임없이 진화하는 특성을 존중할 수 있기 때문이다. 결과적으로 우리의 관계는 진부하지 않고 새로워지는 것이다. 우리는 관계를 떠나지 않고 거듭 새로워지는 관계와 함께 성장하게 된다. 이와는 대조적으로 욕망의 융통성이 없는 사람들, 즉 욕망을 유지하기 위해서는 영원히 똑같은 대상만을 유지해야 한다고 생각하는 사람들은 장기적으로 관계를 이어 나가기 어렵다고 느낄 것이다. 욕망의 대상을 규정하는 시대에 뒤떨어진 이미지에 집착한다면, 그 이미지를 벗어나는 모든 것은 불행의 원인이 된다. 이것이 앞서 강조한 것처럼, 우리의 욕망을 유연한 상태로 유지하려는 노력이 중요한 이유다. 융통성 없이 고집 센 욕망을 지닌 사람들은 자신과 동맹 관계를 맺고 있는 상대방을 숨 막히게 한다. 그런 사람들은 관계를 너무 꽉 쥐어, 관계에서 삶을 쥐어짜 낸다.

7

우리가 관계를 너무 꽉 붙잡게 되는 이유는 관계가 우리 삶에 안정을 가져다준다는 사회의 믿음을 마음속 깊이 받아들였기 때문이다. 실제로 많은 사람은 친밀한 관계가 우리를 삶의 소용돌이 속에서 구출해 주는 마법과도 같은 힘을 지녔기 때문에 관계를 꽉 쥘 수밖에 없다고 말한다. 하지만 유감스럽게도, 친밀한 관계가 주는 것 같은 안정감은 기만에 불과하다. 친밀한 관계만큼이나 변덕스러운 것도 없기 때문이다. 간단히 말해, 에로스*는 그 본성상 통제되지 않는다. 에로스는 일상생활에서 우리의 합리화를 거부하고 신중한 계획을 능가한다. 게다가, 우리가 에로스를 통제하고자 하면 할수록 에로스가 불러오는 진정한 삶의 변화를 경험할 수 없다. 에로스를 통제하려는 시도는 우리의 영혼을 죽이고 에로스와 관련된 모든 고귀한 특성을 빼앗아 간다. 어떤 면에서, 우리는 에로스에게 에로스가 아닌 것을 기대하고 있다. 우리는 (타고나기를 짓궂은) 에로스에게 에로스의 정신과 완전히 반대되는 신뢰성을 기대한다.

우리가 맺는 동반자 관계가 불안한 삶의 위안이 될 수 없다고 말하는 게 결코 아니다. 분명히 동반자 관계는 우리를 평온케 한다. 또한 우리가 어려운 일을 겪을 때 위안을 제공하기도 한다. 하지만 그 관계가 평온과 위안을 항상 보장하는 것은 아니다. 엄숙한 서약을 맹세했다 할지라도 관계는 무너지고, 힘을 잃고, 전과는 확연히 달라지고, 회복할 수 없을 정도로 실망스러워질 수 있다. 관계, 특히 낭만적인 관계의 본질은 변덕스럽다. 사랑은 밀물과 썰물처럼 변덕스럽게도 밀려왔다 밀려간다. 우리는 사랑을 잃고, 잘못된 사랑을 하고, 또다시 사랑을 발견한다. 이것이 우리가

• eros. 플라톤의 「향연」에 따르면 모든 창조적 활동의 원천으로, 풍요의 신 포로스와 결핍의 신 페니아 사이에서 태어난 에로스는 무한한 것을 지향하는 유한한 존재인 인간의 본질을 상징한다. 이 책에서는 사랑에 관한 욕망을 의미하며, 우리의 독특한 기질과도 관련이 있다.

낭만적인 동맹 관계는 영원할 것이라고 지나치게 기대하는 이유가 아닐까 싶다. 결혼을 통해 제도화된 사랑은 견고한 약속이 되어 줄 수는 있겠지만, 이 약속이 제도(결혼)를 지탱할 수는 있어도 감정(사랑)을 지탱할 수는 없다는 점에서 항상 공허함이 존재한다. 사실 우리가 로맨스라는 마법에서 깨어나게 되는 이유는 반드시 무언가 잘못되어서가 아니라, 사랑에 대한 우리의 관점이 너무나 관습적이기 때문일 수 있다. 우리가 사랑으로부터 다른 것을 얻고자 한다면, 예를 들어 사랑에 영속성을 기대하는 것이 아니라 생기와 모험이 가득하기를 기대한다면, 우리는 사랑 때문에 그리 좌절하지는 않을 것이다.

위험을 무릅쓰지 않는 사랑이란 모순이다. 그러나 우리 문화는 다치지 않고 사랑하는 방법이 있다고 우리를 설득하기 위해 최선을 다한다. 우리는 사랑을 사랑하도록 학습되었지만, 또한 끊임없이 사랑의 신기루를 주의하라고 경고받아 왔다. 우리는 "진정한" 사랑은 첫눈에 반하는 황홀한 사랑과는 완전히 다른 것이라고 거듭 들어 왔다. 개인적으로 나는 이러한 말을 가만히 듣고 있지 못하겠다. 사랑을 초월적인 열망과 분리된 냉정한 사업의 하나로 봐야 한다는 생각을 들어 주지 못하겠다.

사랑하는 사람을 이상화하면 결국 우리는 환멸을 느끼고 대가를 치르게 될 것이라는 널리 퍼져 있는 신념에 대해 생각해 보자. 이상이 때로는 우리를 잘못된 길로 이끌기도 한다는 걸 부정하는 것은 아니다. 3장에서 보았듯, 이상화가 완벽한 상태를 추구하는 나르시시즘을 부추기면, 이상화 작업은 우리가 사랑해야 할 바로 그 사람을 숨 막히게 하는 무서울 정도로 이기적인 사업이 돼 버린다. 그러나 나는 사랑에 있어서 모든 이상을 없애야 한다는 개념 또한 경계한다. 우리의 연인이 존중받을 만한 가치가 없다고 선언하는 것과 같기 때문이다. 더욱이 우리는 연인을 대단한 사람이라고 이상화하기보다 그저 평범한 사람이라고 생각하는 것이 미더운 판단이라고 배웠지만, 실제로는 그렇지 않을 수 있다. 사랑하는 사람을 대단히 멋진 사람으로 평가하는 것보다 지극히 평범한 사람으로 평가하는 것이 더 올바른 판단이라는 근거는 전혀 없다. 앞서 주장했듯, 우리는 다른 사람의 내면세계를 절대 훤히 들여다볼 수 없다. 이러한 배경 때문에 상대를 한껏 치켜세우는 이상화 작업은 우리가 사랑하는 사람의 이해할 수 없는 (또한 항상 조금은 신비로운) 세계를 제멋대로 해석하는 방법일 뿐이라고 주장할 수 있다. 그렇지만 침전되어 있어 무시당할 게 뻔한 연인의 숨겨진 면모를 수면 위로 떠올려 세상으로 나오게 하는 훌륭한 수단이라고 할 수도 있다.[8]

우리가 사는 세상은 이미 너무 냉정하고 지독히도 현실적이어서, 세상을 명확히 바라보려면 가끔은 에너지 넘치는 사랑의 충격이 필요하다. 이러한 견해에 따르면 어떤 사람을 이상화할 때, 우리는 일상생활이 강제로 겨울잠에

들게 한 그 사람의 숨겨진 면모를 조명한다고 한다. 누군가를 열렬히 사랑하는 낭만적인 마음만이 사랑하는 사람에게서 볼 수 없던 모습을 불러낼 수 있으며, 새로이 드러난 모습을 더욱 강조할 수 있다. 결과적으로 극단적인 이상화는 연인의 진실된 모습을 해칠 수 있지만, 반대로 연인을 그저 진부하기만 한 존재로 전락시키면 모든 것을 초월하는 사랑의 가치를 부정하게 된다. 우리의 욕망이 특별한 힘에 의해 특정한 사람을 중심으로 결정되는 것이라면, 연인을 진부한 존재로 전락시키는 것은 그 사람이 빛나는 숭고함(큰 사물이 지닌 유별나도록 강렬한 울림의 재현)을 지니고 있으며, 숭고함이 그 사람을 우리에게 더없이 귀중한 존재로 만든다는 사실을 부정하는 것이다. 숭고함은 왜 **이 사람**이어야 하는지, 왜 이 사람을 향한 우리의 사랑은 타협 불가능한 것인지를 설명해 준다. 그런 의미에서 사랑은 일상이라는 틀 안에서 숭고함을 실현해 낼 힘을 가진 흔치 않은 경험이다. 즉, 사랑은 많은 사람이 생각하는 것처럼 숭고함의 절정에 다다를 수 있다고 우리를 속이기도 하지만, 실제로 (분명히) 우리가 숭고함에 이르게도 해 준다.[9] 이 책의 마지막 장에서 일상적인 현실 속에서 어떻게 숭고함을 포착해 낼 수 있는지에 관해 이야기할 것이다. 지금은 기질의 부름을 존중하기 위해서는, 우리 사회가 몰아붙이는 실용주의 정신에 대항해 우리가 사랑하는 것이 지닌 숭고한 아우라를 지키는 것이 중요하다는 것을 간단히 짚고 넘어가도록 하겠다. 이 아우라는 독특하고 고유하게 느껴지는 것뿐만 아니라 실제로 그러한 것과 우리를 이어준다.

언뜻 보기에, 사랑이 가진 숭고한 면모에 대한 신념을 지키고자 하는 나의 바람과, 앞 장에서 우리 사회의 특징인 관계를 지나치게 중요시하는 풍조를 비판한 것이 충돌하는 듯 보일 수도 있겠다. 그러나 이러한 견해는 동전의 양면과 같은 것이다. 우리가 로맨스라는 초월적인 열망을 잃어버릴 위험에 처해 있다면, 그 이유는 우리가 단지 관계 자체를 위해 관계를 숭배하도록 배웠기 때문이다. 앞서 주장했듯, 우리는 그 관계의 질이 어떻든 관계를 맺는 것 자체를 중요하게 생각하도록 학습되었다. 이것이 많은 이가 마음 없는 동맹을 유지하는 이유며, 때로는 이러한 동맹 관계가 현실적으로 우리가 가질 수 있는 최선의 관계라는 생각에까지 이르는 이유다. 이런 식으로 우리는 다른 것을 발견할 수 있는 가능성을 배제한다. 외로운 시간을 견디는 법을 배우는 것이 중요한 이유는, 그러한 시간을 갖는 것이 우리에게 진정한 영감이 되는 연애를 시작할 수 있는 유일한 방법이기 때문이다. 그렇다고 해서 독신 생활을 결혼보다 뒤떨어지는 것으로 격하시키는 우리 사회의 신념에 동조하고자 하는 것은 아니다. 나는 깊은 자아 경험을 이루어 내기 위한 가장 좋은 방법은 관계를 완전히 피하는 것이라는 생각을 지지한다. 그러나 또한 고독이 두려워서 우리가 자처한 안전하지만 무감각한 동맹을 떠나기를 주저하는 것만큼이나 실제로 해 볼 가치가 있는 사랑의 발견을 불가능하게 만드는 것은 없다고 생각한다. 다시 말해, 우리가 더 이상 관계를 지나치게 중요시하지 않길 바라는 이유는 우리가 찬반 논리의 셈법을, 논리적인지 비논리적인지 따지는 일반적인 셈법을 떠나, 어떠한 논쟁의 여지도 없이 가치를 지닌 사람들을 받아들였으면 하기 때문이다.

6장

책임의 윤리학

우리에게는 우리가 통제할 수 없고
통제하지 않는 것에 대한 책임이 있다.
켈리 올리버[•]

I

앞선 두 장에서, 우리가 맺는 친밀한 관계의 특성을 포함해 우리의 개인적인 "운명"은 결코 완전히 이해할 수 없는 무의식적 동기에 의해 결정된다는 견해에 대해 알아보았다. 그러나 이는 대인 관계 윤리에 대한 몇 가지 난해한 문제를 제기한다. 켈리 올리버의 간단명료한 말을 빌려 말하자면, "통제할 수 없고 통제하지 않는 것"을 우리가 어떻게 책임질 수 있다는 것인지 잘 이해가 되지 않기 때문이다.[1] 또한 악마 같은 우리의 과거가 우리도 모르게 다른 사람에

[•] Kelly Oliver. 미국의 철학자로 페미니즘과 정치 철학, 윤리학을 집중적으로 연구하였다.

게 상처를 주는 상황은 어떻게 해야 할까? 우리가 억제할 수 없는 깊은 무의식이 촉발한 행동으로 인한 결과는 우리 책임이 덜하다고 할 수 있을까? 불친절한 말 또는 이기적인 행동을 하게 되는 이유를 우리의 반복 강박 탓으로 돌릴 수 있을까?

그렇게 생각하고 싶을지도 모르겠지만, 이러한 주장은 우리가 우리 자신을 너무 쉽게 용서하려 한다는 의심이 든다. 우리가 오랜 심리적 또는 정서적 청사진으로 인해 타인에게 반복적으로 상처를 준다면, 내 생각에 그 고통에 대한 책임은 전적으로 우리에게 있는 것 같다. 물론 우리가 급진적인 책임론을 받아들여 모든 일에 철저하게 책임을 져야 한다고 말하는 것은 아니다. 생각하기도 전에 말하거나 행동하게 되는 때가 있다. 사실 우리가 타인과 관계를 맺을 수 있도록 중재하는 사회적 관습을 무시하는 기질의 특성을 생각해 볼 때, 기질의 특이성이 더욱 자유로이 발휘될수록 우리는 생각하기 전에 말하고 행동하는 태도에 빠져들게 될 가능성이 크다. (이에 대한 자세한 내용은 책의 마지막 부분에서 다루겠다.) 또한 우리가 무의식 속의 악마보다 한 수 앞서 나간다는 것은 분명 불가능한 일이다. 그러나 이따금 하는 실수와 상처 주는 행동의 패턴을 반복하는 것은 엄연히 다른 일이다. 계속해서 같은 방식으로 다른 사람에게 피해를 준다면, 우리의 말과 행동이 통제되지 않는 힘에 의해 촉발된다는 변명 뒤에 숨는 것은 불가능해진다. 우리가 자신의 행동을 이해할 수 없다는 변명에 의지하여 타인을 상처 입힌 책임을 부인할 수는 없다.

　뉴에이지 운동 정신은 흔히 특정 대인 관계에서 타인이 받는 상처는 우리의 말이나 행동과는 전혀 관련이 없고, 상황에 대한 자기 파괴적 해석이 자신의 감정에 영향을 미친 것이라는 접근 방식을 취하는데, 신뢰할 만한 개념은 아니다. 생각하는 방식을 바꿈으로써 삶을 변화시킬 수 있다는 사고방식은 웨인 다이어*, 닥터 필▪, 디팩 초프라▲, 루이자 헤이▾, 론다 번●과 같은 거물들이 각각 다른 식으로 주창한 오랜 자기 계발 신조에서 비롯되었다. 우리는 "긍정적인 사고"가 행복한 삶의 비결이라고 들었다. 우리가 긍정적일수록 삶의 고난과 환멸에서 더 쉽게 빠져나올 수 있다는 점에서 이 말은 어느 정도 진실을 담고 있을 수도 있다. 또한 우리가 삶을 이해하는 방식이 삶에 정말 큰 변화를 만들 수 있다는 말에도 동의한다. 이것은 우리를 괴롭히는 반복 강박을 깨고 나오는 것의 중요성을 내가 거듭 강조했던 이유

• Wayne Dyer. 미국 태생의 심리학자이자 세계적 베스트셀러 자기 계발서 작가

▪ 필 맥그로Phil McGraw. 심리 및 인생 상담을 주제로 한 미국의 텔레비전 쇼 사회자

▲ Deepak Chopra. 인도 태생의 의학 박사로, 고대 인도·힌두교 전통 의학과 현대 의학을 접목하여 심신 의학 열풍을 일으켰다.

▾ Louisa Hay. 미국 태생의 베스트셀러 자기 계발서 작가

● Rhonda Byrne. 호주 태생의 작가이자 텔레비전 프로듀서로, 세계적 베스트셀러 자기 계발서 『시크릿』의 저자

이기도 하다. 하지만 긍정적인 사고가 우리 삶의 객관적인 상황까지도 변화시킬 수 있다는, 예를 들자면 가난에서 벗어날 수 있다거나, 승리의 순간을 매일 같이 마음속에 그리다 보면 염원하는 목표를 실제로 이룰 수 있다는 생각에는 선뜻 동의할 수 없다. 세계적인 베스트셀러 도서『시크릿』 저자의 주장에는 어쩐지 소름 끼치는 데가 있다. 그녀는 부와 같은 좋은 것을 우리가 오직 생각의 힘으로 "끌어당길" 수 있어야 한다고 주장한다.[2] 이것은 자신이 원하는 것을 이루지 못한 사람들은 그들이 충분히 노력하지 않았다는, 궁극적으로는 사회 경제적 권력 구조의 균열에 빠진 사람들은 그들이 못났기 때문에 그렇게 됐다는 의미를 내포한다. 이러한 이념은 마음만 먹으면 무엇이든 이룰 수 있어야 한다는 아메리칸드림을 극단적으로 보여 준다.[3] 갱단에 연루된 도심의 무직 청년들, 캘리포니아에서 오렌지를 따는 "불법 체류자들", 국제적인 성매매 조직에 꼼짝없이 잡힌 소년·소녀들, 매일 밤 굶주린 채로 잠드는 수백만 명의 사람들, 전쟁으로 폐허가 된 지역에 살고 있는 사람들에게 감히 어떻게 이렇게 말할 수 있겠는가.

긍정적인 사고만으로 상황을 바꿀 수 있다는 생각에는 불합리한 면이 있다. 우리의 고통은 우리가 자초한 것이며, 따라서 다른 사람들이 우리에게 준 상처는 그들의 말이나 행동을 우리가 상처가 되는 것으로 읽었기 때문이라는 생각도 마찬가지다. 솔직히 말해, 다른 사람들이 우리에게 실제로 상처 주는 말과 행동을 하는 경우는 정말 많다. 우리의 상처는 우리의 잘못된 상황 해석 때문이 아니라, 정말로 타인의 행실이 나쁘기 때문이다. 사회적 문제를 살펴보면 쉽게 이해할 수 있다. 예를 들어, 인종 차별이나 성차별로 인해 상처받은 사람이 자신이 그렇게 느낀 탓에 상처가 생겼다고 생각하는 것은 우스꽝스러운 일이다. 조금 더 사적인 환경에서는 이 맹점이 다소 흐려질 수 있겠지만, 스스로를 괴롭히며 우리 자신이 고통의 원인이라는 생각의 골자를 짚어 보면, 자신의 잘못을 희생자들의 책임으로 돌리기 바쁜 학대 가해자의 사고방식과 현저히 유사하다. 습관적으로 여자 친구를 학대하는 남자는 그녀가 과잉 반응을 보인다고 주장하고, 일상적으로 딸을 헐뜯는 아버지는 딸의 반응이 "히스테리적"이라고 주장할 수 있다. 또한 학교 친구를 위협하며 괴롭히는 학교 폭력 가해자는 피해자를 해치는 것도 모자라, 울먹이는 자신의 먹잇감을 한심할 정도로 나약한 존재라며 모욕할 수도 있다. 이처럼 학대 가해자는 자신의 행동보다 상처받은 사람들의 반응에 초점을 맞추고, 상처에 대한 책임을 가해자 자신이 아닌 다친 피해자에게 전가한다. 이는 우리가 느끼는 고통이 타인의 만행으로 인한 것이 아니라, 우리의 정신적 사고 과정이 만들어 낸 일이라는 생각과 같다.

이러한 생각에 동의하는 사람들일지라도 대인 관계의 잔인함을 지지하지는 않는다는 것을 잘 안다. 그들의 목표는 타인의 행동이 반응을 결정하지 않도록 만드는 것이다. 우리의 감정이란 어느 정도는 우리 내면에서 생성되는 것임을 인식하면 할수록, 우리에게 상처가 될 수 있는 외부 영향력을 더욱 잘 물리칠 수 있다는 것은 분명 사실이다. 하지만 이는 세 가지 문제를 초래한다. 첫째, 이러한 사고방식은 자기 계발로 가장한 극단적이고 강경한 개인주의를 조장해 내는 손쉬운 수단일 수 있다. 이러한 개인주의는 우리에게 남들이 어떻게 행동하든 "쓴웃음을 지으며 참는 수밖에 없다"고 말한다. 둘째, 실제로 우리의 잘못이 아닌데도 우리는 자신을 비난하게 되기 때문에 타인의 무신경한 태도에 지나치게 관대해질 수 있다. 세 번째 문제가 가장 심각한데, 우리가 피해자에서 가해자로 상황이 뒤바뀌면 우리 또한 자신의 행동에 무책임해지게 된다. 그렇다면 결국, 다른 사람들이 언행 때문이 아니라 언행을 해석하는 방식 때문에 상처를 받는다고 할 때 진짜로 하고 싶은 말은 도대체 무엇일까? 우리는 화가 난 사람에게 당신이 그렇게 화가 나고 고통스러운 이유는 자신이 고통의 근원이라는 사실을 이해할 수 있을 만큼 충분히 성숙하지 (또는 깨달음을 얻지) 못했기 때문이라고 말하고 싶은 것이다. 이렇게 말함으로써 우리는 아주 쉽게 우리에게 유리한 방향으로 궤변을 늘어놓을 수 있다.

우리 자신이 우리가 느끼는 모든 감정의 원인이라는 것은 사실이 아니다. 앞서 말했듯, 우리는 타고나기를 타인을 포함한 이 세상에 열린 마음을 지니고 있다. 그렇기에 대인 관계에서 무정함을 느끼게 되면 상처를 받는다. 살면서 상처를 완전히 피해 갈 순 없는데, 상처받지 않은 척하는 것은 우리가 가진 근본적인 취약성을 뿌리째 뒤흔드는 일이다. 물론, 이 취약성을 보완할 수 있다. 우리를 겨냥하는 독화살로부터 우리를 어느 정도 보호할 수 있는 심리적, 정서적 (심지어 때로는 물리적) 요새를 지을 수 있다. 상처를 주는 타인의 말과 행동뿐만 아니라 좌절, 어려움, 실망감을 막아 낼 수 있는 단단한 껍질을 만들어 낼 수도 있다. 아니면 상처가 우리에게 미치는 영향력을 줄일 수 있는 다양한 정신 수련 활동을 배워 볼 수도 있겠는데, 아마 이것이 더 생산적인 일이 아닐까 싶다. 하지만 우리가 더욱 효과적으로 상처를 방어해 내면 낼수록, 대가를 치르게 된다. 우리는 더욱 의미 있게 느껴지는 삶을 만들어 나가는 데 필요한 활동에 참여할 수 없게 된다. 이런 활동은 우리에게 세상을 받아들일 것을 필수적으로 요구한다. 단순히 우리가 달면 삼키고 쓰면 뱉는 식의 태도를 지녀서는 안 된다는 것이 아니다. 우리가 나쁜 것을 피하기만 한다면, 삶의 역경을 실존적인 기회로 바꾸어 내는 니체의 연금술을 해낼 수 없다.

우리 모두는 우리 삶의 시인이 되어야 한다는 과업을 제대로 수행할 수 없게 된다.

나는 우리가 언제 남에게 상처를 주는 행동을 하는지 알 수 있을 만큼 높은 수준의 정서 지능을 가지고 있다고 믿는다. 정서적 능력이 병적으로 손상되어 고통받는 것이 아닌 이상, 우리는 공손한 행동과 무례한 행동의 차이를 이해하고 우리가 불쾌하거나 무관심하거나 공격적인 말과 행동을 하고 있다는 것을 인식한다. 어쩔 수 없는 상황이 있을 수도 있다. 우리의 말과 행동이 너무나도 무정하다는 것을 알면서도 그렇게 말하거나 행동할 수밖에 없는 순간이 있다. 그러나 이는 우리가 무슨 짓을 하고 있는지를 **인식하지 못하**는 상황과는 다르다. 때때로 우리가 무심코 해로운 대인 관계의 역학에 빠진다는 사실이 우리가 우리 행동의 의미를 인식하지 못한다는 것을 뜻하지는 않는다. 그리고 행동에 대한 모든 책임을 면제받을 수 있다는 것도 아니다. 그렇기 때문에, 상처를 받은 사람에게 스포트라이트를 돌리는 수사법은 자신의 말과 행동에 책임을 져야 하는 상황을 회피하려는 방편에 불과하다고 생각한다.

분명, 우리는 자신도 모르게 다른 사람에게 상처를 줄 때가 있다. 대부분의 대인 관계에서는 무의식적으로 방아쇠가 당겨지는 일도 있기에, 우리의 말과 행동이 타인에게 어떻게 받아들여질지는 항상 예측할 수 없다. 때로 우리는 존재하는지도 몰랐던 오래된, 그러나 아주 완벽히 감쳐져 있던 굴욕의 지뢰밭으로 걸어 들어감으로써 타인에게 창피를 줄 수도 있다. 사람들은 저마다의 이유로 가슴앓이를 하고 있어, 우리는 우리도 모르게 그것을 더 악화시킬 수 있다. 그러나 대부분의 경우, 우리는 우리의 행동이 타인에게 어떤 영향을 미칠지 어느 정도 예상할 수 있다. 비록 우리의 예상이 완전히 정확하진 않을 수도 있지만, 대부분은 우리의 행동이 타인의 내면에 어떤 반향을 일으킬지 대략적으로나마 추정해 볼 수 있다. 우리가 이를 기꺼이 인정할수록 더 나은 대인 관계를 만들어 나갈 가능성이 커진다. 그뿐만 아니라, 이미 어떤 일이 벌어지고 난 이후라면 우리는 만회하려고 노력해야 한다. 대부분의 사람은 자신이 한 잘못된 말이나 행동을 인지하는 능력이 있기에, 이를 보상(예를 들어 사과)하지 않으려는 그 어떤 변명도 통하지 않는다. 그러나 이러한 자기 책임은 앞서 설명했던 것과 똑같이, 개인적인 역사와 그 역사에 의해 이미 짜여진 우리의 무의식적인 정서적 각본을 우리가 "간직하기"를 요구한다. 다시 말해, 과거로부터 물려받은 무의식적인 충동이 현재 우리의 행동에 어떻게 영향을 미치는지 우리가 더욱 통찰력 있게 바라보기를 요구한다.

사물을 바라보는 이러한 방식은 최근 몇 년 동안 서점의 자기 계발서 코너에서 베스트셀러 매대로 도약하며 큰 인기를 얻은 "현재"에 충실해야 한다는 생각과 극단적으로 충돌한다.[4] 이 이야기는 앞서 짚고 넘어갔던 널리 퍼진 심리 치료의 인기와 같은 맥락이기에 여기서 멈추도록 하겠다. 이러한 생각이 왜 그토록 인기가 있는지는 분명히 이해할 수 있다. 우리는 종종 과거에 너무 연연해서 아무것도 이루어 내지 못하는 경우가 많다는 것이 사실이다. 또한 과거가 고통으로 차 있는 경우, 너무 집요하게 과거를 떠올리는 것은 해로울 수 있다. 트라우마를 계속해서 되살려 냄으로써 자신에게 다시 트라우마를 입히게 될 수도 있다. 따라서 현재를 포용하기 위해서는 과거의 짐을 떨쳐 낼 수 있어야 한다는 것은 일리 있는 말이다. 더욱이 이 책의 마지막 장에서는 현재에 대한 이해를 바탕으로 한 인간의 에로스에 관해 알아보므로, 현재가 지닌 풍부한 가능성을 부정하려는 것은 아니다. 또한 과거에 집착하는 것을 옹호하는 것도 아니며, 과거가 남긴 고통스러운 유산을 극복하기 위한 노력조차 하지 않으면서 무조건 과거의 유산을 받아들여야 한다고 말하는 것도 아니다. 내 요점은 순간순간 덮쳐 오는 과거로 인해 순수히 현재에 진실되게 머무르기가 정말 힘들다는 것이다. 4장의 주장을 되짚어 보자면, 우리의 의지만으로는 과거를 현재에서 추방시킬 수 없으며, 우리를 덮칠 수 없게끔 우리가 과거를 "통제"할 수 있는 것도 아니다. 매일 아침 우리가 새로 태어나는 게 아니기 때문에, 또 과거는 어떻게든 현재의 일부로 남기 때문에 완전히 과거를 없애 버릴 수는 없는 노릇이다. 우리가 과거와 어떻게 지낼 것인지, 그 결정만이 우리에게 남을 뿐이다.

과거를 땅속에 파묻으려고 (또는 추방하거나 무시하고 외면하려고) 하면, 우리는 과거를 반복하게 될 수밖에 없다. (억압된 과거가 되돌아온다는 의미다.) 의식적으로는 기억하지 않으려 하지만 무의식적으로 계속 "기억"하게 되고, 그 결과 무의식 속의 악마는 더욱더 탐욕스러워진다. 게다가 우리가 이 악마를 의식하기를 포기하면, 악마를 통제하는 능력 또한 포기하는 것이다. 그러면 우리는 그 악마의 (언젠가는 다가올) 기습에 제대로 경계 태세를 갖추지 못하게 된다. 이와 대조적으로 삶의 역사에 의해 만들어진 우리 행동의 특징을 잘 인식하고 있다면, 우리는 악마가 하려는 일에 개입할 수 있게 된다. 우리는 이렇게 말할 수 있다. "다시 생각해 보니 원래 하려고 했던 말, 하지 말아야겠어. 하려던 그 행동, 하지 않는 게 낫겠어. 생각해 보니 과거에 그렇게 했을 때 결과가 좋았던 적이 없었어. 내가 아끼던 사람에게 상처를 주고 말았지. 나에게도 남는 게 없었고. 교훈을 얻었으니 과거의 실수를 반복하지 않겠어." 이러한 사고 과정은 반복 강박을 깨고, 대인 관계에서 상대를 배려하기 위해서 꼭 필요한 과정이다. 바로 그래서 현재에 충실히 산다는 생각이 윤리적으로 상당히 혼란스럽게 느껴질 수 있다. 이러한 사고는 현재의 우리 행동에 영향을 주는 과거의 영향력을 과소평가한다. 그로 인해 우리가 무의식적으로 어떻게 타인을 개인적 역사에서 비롯된 해로운 관계망 속으로 끌어당기게 되는지를 의식하지 못하게 할 수 있다.

이 문제를 기억의 관점에서 생각해 보자. 나는 먼저 과거의 상처를 극복하는 가장 좋은 방법은 현재에 열중하여 과거를 잊어버리는 (따라서 무의식적으로 과거를 놓아 버리는) 것일 때가 있다는 것을 인정한다.[5] 쉽게 말해 과거를 잊지 못한다면, 머릿속이 너무 많은 기억과 추억으로 가득 차 금세 포화 상태에 이르게 될 것이다. 이 설명대로라면 망각은 삶을 지속하는 데 필수적이다. 망각은 새로운 경험을 위한 공간을, 궁극적으로 새로운 추억을 위한 공간을 만든다. 공간은 우리가 새로운 사람, 새로운 목표, 새로운 야망, 새로운 이상과 열망, 즉 새로운 실존적 가능성을 욕망하게 한다. 망각이 없다면 우리는 무언가를 창조하고 발견할 수 없다는 것을 깨닫게 될 것이다. 과거에 대한 집착은 우리의 현재가 과거의 복제품일 뿐임을 증명하기 때문이다. 이런 의미에서 기억의 홍수는 삶의 반대말이 되며, 망각 행위는 삶의 밑그림을 다시 그려 내는 수단이 될 수 있다.

그러나 다른 관점에서 보면, 망각은 무책임을 의미할 수도 있다. 사회적 차원에서 보면 가장 이해하기 쉽다.

무언가 또는 누군가를 잊는 것이 배신을 의미하는 때가 있다. 예를 들어 노예 제도와 홀로코스트, 히로시마 원자 폭탄, 스탈린의 강제 노동 수용소, 인종 차별 정책, 오늘날의 인종 청소와 그럴 때 종종 일어나는 집단 강간 사건과 같은 사회적 참상을 잊는 것은 희생자에게 무례를 범하는 일일 뿐 아니라, 과거의 사건이 현재에 갖는 의의를 정확하게 평가하지 못하게 만드는 어리석은 일이다. 우리는 이러한 사건들이 남긴 유산과 함께 살아가고 있는 사람들, 그리고 이와 비슷한 아픔을 겪고 살아가는 사람들이 유산에 영향을 받지 않을 수 없다는 것을, 그러므로 이 유산을 기억하는 것이 우리 모두에게 중요하다는 것을 알고 있다. 게다가 우리는 과거의 실수를 반복하지 않는 유일한 방법은 그 실수를 잊지 않는 것임을 역시 알고 있다. (유사한 일이 현재 발생하거나 발생하려 한다는 것을 인식할 수 있도록 말이다.) 그런데도 과거를 망각한다면 부도덕한 것이나 마찬가지다. 망각한다는 것은 잔혹 행위를 겪으며 살해, 고문, 폭행, 모욕을 당했던 사람들의 운명보다 우리 마음의 평화를 더욱 중요시한다는 것을 의미하기 때문이다. 이와 대조적으로 기억한다는 행위는 충실함을 의미한다. 기억은 어떤 사건을 우리의 의식에서 지워 내고 싶은 유혹에도 우리가 그 사건이 남긴 흔적과 함께 살아가도록 하는 윤리적 장치라고 할 수 있다.

이러한 맥락을 이해하고 나면, 개인적인 차원에서도

충실함이 요구된다는 것을 알 수 있다. 망각하면 편하겠지만, 기억하는 것이 우리의 의무일 때가 있다. 기억을 통해 우리는 망각에 잠긴 과거의 사람들을 살아 숨 쉬게 한다. 또한 우리는 잊어서는 안 되는 과거의 경험을 회상함으로써 우리가 똑같은 실수를 다시 저지르지 못하게 한다. 사실 내가 현재에 충실한 삶이라는 이상을 보편적인 삶의 철학으로 대중화하려는 시도가 너무나 근시안적인 접근이라고 생각하는 이유는, 우리가 자발적으로 과거의 지혜를 낭비하는 것처럼 보이기 때문이다. 이는 과거로부터 얻은 교훈을 통해 우리가 현재에 더욱 영리하게 (따라서 평화롭게) 살아갈 수 있다는 사실을 간과한다. 그리고 앞서 주장했던 것과 같이, 우리에게는 현재 가지고 있는 욕구의 관점에서 과거를 다르게 읽을 수 있는 능력이 있으며, 우리가 욕구를 더욱 잘 충족시키기 위해 과거를 활용할 수 있다는 사실을 간과하고 있다. 이것이 희미해져 가는 과거를 영감이 가득 깃든 삶의 양식으로 바꾸는 것이 때때로 가능한 이유다. 말하자면, 우리의 현재는 새로운 (그리고 더욱더 보람 있는) 삶을 꾀하기 위해서 과거 속에서 관련된 일을, 즉 현재에 도움이 될 만한 일을 떠올려 낸다. 이것이 우리 인간이 끊임없이 변화하는 생명체로서, 자기 삶의 윤곽을 수정해 낼 수 있는 생명체로서 삶을 지탱해 나가는 여러 방법 중 하나다.

현재를 충실하게 산다는 이상은 행복한 현재를 위해 과거의 통찰을 버려 오히려 현재를 무너뜨리고는, 오늘날의 우리를 있게 한 복잡한 역사를 빼앗음으로써 삶을 무미건조하게 만든다. 이는 우리가 현재에서 과거의 흔적을 더욱 몰아낼수록 과거를 능가할 수 있을 거라는 잘못된 전제에서 출발한다. 이 책이 주장하는 것은 정반대다. 과거가 현재의 삶을 통제하지 못하게 막을 수 있는 유일한 방법은 정신을 바짝 차리고 현재에 당면한 문제와 과거의 관련성을 지속적으로 의식하는 것이다. 물론, 이는 쉽지 않다. 과거가 지닌 무게를 이런 식으로 받아들이는 것은 분명 엄청난 용기를 필요로 하며, 특히 대인 관계에 있어서 더욱 그러하다. 우리가 오직 타인이 존재하기 때문에 자아를 갖는다는 사실, 기질의 발달뿐만 아니라 개인의 생존이 타인의 존재에 의존한다는 사실이 우리를 그렇게 할 수밖에 없게 만든다. 이는 우리가 타인을 대하는 방식에 근본적인 책임을 지도록 하며, 이 책임은 도덕적인 사고 과정을 처리하는 의식적 세계 너머의 무의식적 열정이 머무는 뒤죽박죽 지하 세계까지도 닿는다.

우리가 무의식이 강요한 일에 대해서는 책임을 질 수 없다고 생각한다면, 자기 책임은 이도 저도 아닌 것이 된다. 마찬가지로 타인에게도 같은 책임을 기대할 권리가 우리에게 있다는 것도 중요하다. 우리는 타인의 경솔한 행동을 용서해 주어야 한다는 엄청난 압박 속에 놓일 때가 있기에 이러한 권리에 주목해 보고자 한다. 다른 사람들이 우리에게 거짓말을 하거나, 우리를 속이거나, 배신하거나 모욕할 때 세상은 그들을 조금 더 관대하게 대하라고 우리를 다그친다. 흔한 예를 한 가지 들어 보자면, 이성애자인 여성은 남성들의 실수는 어쩔 수 없는 것이므로 너그럽게 이해하고 넘어가라는 이야기를 수없이 들어 왔다. 우리의 관계 "전문가"들은 남자는 "타고나기를" 방황하고, 미성숙하게 행동하고, 기본적인 감정 지능을 지니고 있지 못하며, 의미 있는 기념일을 깜박한다고 확신한다. 왜 내가 이러한 주장에 동의하지 않는지를 지금까지의 논의가 잘 보여 주길 바란다. 나는 남성들이 (생물학적으로든 또 다른 이유로든) 여성에게 상처를 줄 수밖에 없도록 "타고났다"는 생각은 그 어떤 설득력도 가지지 못한다고 생각한다. 차라리 무의식이 우리더러 그렇게 "하라고" 시켰다는 생각이 더 설득력 있다. "타고났다"는 생각은 단지 우리의 잔인한 행동을 쉽게 합리화할 뿐이다. 그래서 나는 여성에게 이런 논리를 거들먹거리는 자기 계발서 작가들을 볼 때마다 참 당혹스럽다. 오늘날 사회가 말하는 몹시 가부장적이고 전통적인 연애 충고에서 여성은 남성에게 순종하고 비참함을 견디는 것 말고 무엇을 얻을 수 있다는 말인가? 정서적 지능이 매우 높고 상대를 세심히 존중하는 남성이 이 세상에 많이 있는데도 여성들은 왜 석기 시대에 머물러 있는 것 같은 남자의 남성성에 만족해야만 하는가?

무의식적 동기라 해도 자신의 행동에 책임을 진다면, 타인이 자신을 자제할 수 없다는 이유만으로 무분별한 행동을 하도록 내버려 두지는 않을 것이다. 우리도 우리 속을 잘 모르겠다는 것을, 즉 무의식적인 악마가 우리가 내린 올바른 판단을 무시하고 타인을 해치도록 몰아간다는 것을 인식한다면, 우리 또한 타인의 윤리적 실수에 인내심을 가질 수 있어야 한다. 우리도 우리 자신을 완전히 이해할 수 없는 것처럼 타인들도 똑같이 그러하다는 것을 이해하여, 말하자면 일종의 취약성의 연대로 이어져야 한다. 우리가 때때로 의미를 알 수 없는 신비로운 충동에 이끌리는 것처럼, 다른 사람들도 긴장을 쉽게 풀 수 없는 수수께끼 같은 열정에 사로잡혀 있다. 우리가 항상 조금씩은 자신에게 놀라고 낯섦을 느끼고 당혹스러워 하는 것과 같이, 다른 사람들 또한 삶에서 중심을 잃었다고 느낄 수 있다. 우리가 어떤 기억으로 인해 괴로운 것과 마찬가지로, 다른 사람들도 고통스러운 기억 속에 빠져 있을 수 있다. 때때로 우리의 과거가 현재의 우리를 삼키도록 내버려 두는 것처럼, 다른 사람들 역시 그렇기에 우리에게 상처를 주기도 하는 것이다. 그러나 결코 우리와 상호 작용하는 사람들이 자신의 행동에 아무런 책임을 지지 않아도 된다는 것을 의미하지는 않는다.

책임이란 개념을 찬찬히 분석해 보자. 그 누구도 우리가 가진 다양한 모습을 모두 감시할 수는 없다. 또한 그 누구도 우리가 왜 이렇게 되었는지를 명쾌히 설명할 수는 없다.[6] 우리의 자아를 형성하는 데 가장 큰 영향을 미치는 경험 대부분은 매우 어릴 때 겪기 때문에, 우리에게 끼친 영향을 이해하기도 전에 경험들은 이미 기억 속에서 희미해져 간다. 이것이 오늘날의 우리를 만들어 내는 반죽에 어떤 재료가 들어갔는지 도통 알 수 없는 이유다. 더욱이 우리가 어떤 행동을 하도록 이끄는 은밀한 힘은 매우 무질서하고 때로는 다분히 반항적이어서, 자아를 일관적으로 유지하고자 하는 우리의 바람을 방해한다. 이 힘은 일관적인 정체성의 유지를 방해하기 때문에 우리는 제멋대로인 자신의 모습에 공포를 느끼게 될 때도 있다. 타인도 마찬가지다. 인간은 어느 정도 자기 자신이 낯설게 느껴질 때가 있으며, 이는 모든 인간에게 보편적으로 나타나는 진리다. 우리는 모두 각자 유일무이한 존재지만, 매 순간 끊임없이 생각하고 감정을 느끼는 자아가 자아를 이루는 서로 상충되는 에너지를 품는 것은 고사하고 의식적인 상태로도 남아 있지 못한다는 점에서, 우리가 우리 자신과 결코 완전하게 "조화"될 수 없는 현실은 모두에게 마찬가지다. 다른 사람들도 우리만큼이나 실존적 불확실성에 휩싸여 있다는 사실을 아는 것은 타인을 대하는 우리의 윤리적 태도에 특별한 어려움을 더한다. 그 어려움은 우리의 관습적인 규범이 대인 관계 문제를 반드시 잘 다루는 것은 아니라는 데서 온다.

슬라보예 지젝*과 같은 일부 동시대 비평가들은 우리가 타인의 몹시 변덕스럽고 반항적인 모습에 위협을 느끼는 것이 공감과 관계 동일시˙에 기반한 윤리가 본질적으로 잘못되었음을 보여 주는 반증이라고 주장했다. 지젝에 따르면 그러한 윤리는 우리가 타인을 "같은 인간"으로 대하거나, "우리와 같은" 사람으로 대할 수 있다는 가정에 의존한다.[7] 그러나 사실 우리 모두가 그런 방식으로 다른 사람을 대할 것이라고 가정할 근거가 없다. 우리가 물려받은 인간이라는 존재의 개념과 모순되는 모든 것을 배제해야지만 이러한 입장을 세울 수 있다. 이것이 타인이 우리를 이해하지 못하는 순간, 타인의 행동이 우리가 생각하는 인간의 합리적인 행동에서 벗어나는 순간에 우리의 공감이 흔들리는 이유다. 예를 들어, 자살 폭탄 테러범, 종교적 광신자, 일반적으로 용인할 수 없는 행동을 하는 사람들을 마주쳤을 때 그렇다. 관용에 대해 말할 때 우리는 온갖 듣기 좋은 미사여구

---

* Slavoj Žižek. 유고슬라비아 출신의 대륙 철학자이자 비판 이론가. 정치 이론·정신분석학에 대해 중점적으로 연구하고 저술해 왔다.
˙ 관계를 맺고 상호 작용하는 상대방과 자신이 비슷한 정체성을 가지고 있다는 인식

를 갖다 붙이는데, 아이러니하게도 몹시 편협한 시각을 지닌 사람 앞에서 우리는 그저 횡설수설할 뿐이다.[8] 이러한 관점에서 볼 때, 우리의 가장 큰 윤리적 문제는 우리와 현저히 다른 개인적·문화적 가치를 지닌 사람들과 함께 살아갈 수 있는 "인간" 공동체를 어떻게 구축할 수 있느냐가 아니라, (지젝이 즐겨 쓰는 표현을 빌리자면) 타인이 지닌 가장 "비인간적"이고 가장 "극악무도"한 모습을 어떻게 받아들일 수 있느냐다.

지젝도 강조한 연관된 논의로, 극악무도한 일을 겪어 심각할 정도로 인간성이 말살되고, 일말의 생명력과 개성까지 모두 잃은 사람의 고통을 우리가 과연 어떻게 감당할 수 있느냐는 문제가 있다. 그러한 고통을 겪은 사람이 윤리적으로 불안정한 이유는 그 사람의 행동 때문이 아니라, 타인의 과격한 폭력이 그 사람에게 남긴 고통의 흔적 때문이다. 지젝은 과격한 폭력의 한 종류인 극단적 결핍상태에 있는 유대인 강제 수용소의 수감자를 예로 든다. 이탈리아의 철학자 조르조 아감벤[•]은 유대인 강제 수용소 수감자를 무젤만Muselmann이라고 묘사했는데, 껍데기에 불과한 인간을 뜻한다.[9] 지젝은 우리가 그런 비인간화의 광경, "얼굴 없는" 얼굴에 직면할 때 관습적인 윤리적 태도가 무너지게 된다고 주장한다.[10] 이 공허하고 무표정한 얼굴은 더 이상

• Giorgio Agamben. 이탈리아의 철학자이자 미학자로, 우리 시대의 가장 도전적인 사상가로 평가받는다.

사회적으로 받아들여질 수 있는 얼굴이 아니다. 하지만 또한 그 얼굴 때문에 공감 능력과 관계 동일시 능력의 한계가 확장되기도 한다. 이처럼, 이러한 얼굴은 관계를 맺는 능력을 나타내는 그 어떤 관습적 기표도 없는 상태에서 그저 물질적 존재로 존속함으로써 "인간성"의 극단을 보여준다. 이는 우리가 가진 정서적 세계의 흐름 속으로 쉽게 흡수될 수 없기에, 한마디로 우리는 어떻게 해야 할지 모른다. 실제로 어떤 방식으로 대응을 해 봐도 노력은 턱없이 부족해 보인다. 이것이 우리가 잔인하고 모욕적인 가학 행위의 여파 속에서 종종 측은할 정도로 무력감을 느끼는 이유다.

언급한 두 가지 예는 매우 다른 윤리적 실패 사례지만, 모두 인간성의 한계에 대한 우리의 이해와 관련이 있다. 첫 번째 예시는 우리와 근본적으로 다른 가치를 가진 사람들에게서는 인간성(또는 인간)을 찾아보기가 어렵다는 것을 강조한다. 두 번째 예시는 상대가 너무나도 완전히 망가져 버려서 고통의 심연이 인간성을 집어삼킨 것처럼 보이는 경우다. 결과적으로 두 가지 예시 모두 우리의 전통적인 윤리 모델이 어쩌면 무척 충격적일 수도 있는 윤리의 핵심에 도달하지 못한다는 사실을 강조한다. 전통적인 윤리 모델은 우리를 동정심이 박해지는 극단적으로 비참한 상태에 가까이 데려가거나, 우리의 편견 없는 마음의 경계를 시험하게 만드는 시나리오를 일상적으로 회피하기 때문에, 매우 다루기 힘든 집단 내 상호 주관적*책임을 마주할 일이 없다. 이 문제를 약간 다르게 말해 보자면, 낯선 어떤 것을 우리에게 친숙해 보이는 어떤 것으로 바꿈으로써 기능하는 공감과 동일시의 이상에 의존하는 한, 이 윤리 모델은 대체 불가능한 색다름을 지닌 타자, 불가사의한 타자라는 특성을 부정하게 된다. 그렇기 때문에 윤리적으로 행동하는 척하는 순간, 우리는 윤리적 폭력을 저지르게 되는 것이다. 이 모든 사실은 적절한 윤리적 태도를 지니려면 타인의 가장 비정상적인 모습을 마주하게 되는 위험을 감수해야 한다는 것을 암시한다. 상대와의 교류, 협상 그리고 의사소통과 같은 일반적인 삶의 리듬 속으로 녹아들지 못하는 타인의 모습을 받아들여야 한다는 것이다. 그렇지만 우리가 결코 타인에 대한 판단을 내려서는 안 된다는 뜻은 아니다. 나중에 말하겠지만, 우리는 타인에 대해 판단을 내려야만 할 때가 있다. 그러나 이는 사람들과 관계를 맺는 데 필요한 태도의 윤리란 우리가 생각하는 것보다 근거가 훨씬 더 미약하고 오작동하기 쉬운 경향이 있다는 의미이기도 하다.

• 여러 주관 사이에서 서로 공통적이라고 인정하는 것

그러나 어려움은 과장되기도 한다. 지젝의 전반적인 요지에 동의하지만, 타인을 이해하거나 타인이 겪고 있는 어려움에 공감하는 것이 항상 어렵기만 하다는 말에 전적으로 동의하지는 않는다. 또한 인간성이 말살된 무젤만에게 윤리적으로 대응하는 것이 정말 불가능한지 전적으로 확신할 수 없다. 강제 수용소에 수감된 적이 없는 우리가 생존자들의 경험을 똑같이 느낄 수 있다는 주장은 터무니없을 것이다. 물론 우리가 생존자들의 심정에 공감한다고 그들이 겪은 일이 치유될 수 있다는 것은 말도 안 되지만, 진실된 염려의 마음으로 생존자들에게 다가가는 것이 완전히 불가능하다는 주장도 똑같이 문제다. 우리의 공감 능력에는 한계가 있다는 것을 인정하는 것과, 트라우마의 생존자들을 일말의 희망이 없는 사람으로 여기고는 다른 사람의 고통을 이해하려는 모든 노력을 포기하는 것은 아주 큰 차이가 있다고 생각한다. 우리가 타인의 경험을 완전히 이해할 수 없다는 사실이 타인에 관해 그 어떤 것도 이해할 수 없다는 의미는 아니며, 우리가 타인의 개인적인 우주에서 완전히 추방되어 있다는 의미도 아니다. 마찬가지로, 타인에게 연민을 느끼는 우리의 능력이 타인의 냉혹한 고통스러운 현실을 직면했을 때 흔들릴 수는 있어도, 그것이 우리가 타인의 고통을 조금이라도 따스한 손길로 어루만질 수 없다는 것을 의미하지는 않는다. 상대방의 불안정한 모습을 강조하는 것은 궁극적으로 우리는 서로 아주 많은 공통점을 갖고 있다는 사실, 즉 상대방을 도무지 이해할 수 없을 것 같아도 어떤 식으로든 조금은 상대방을 이해할 수 있다는 사실을 보지 못하게 하는 위험이 있다.

사람들이 타인의 감정 세계에 접근할 방법이 없다고 주장하는 이유는 그것이 정말 불가능하기 때문이 아니라, 충분히 노력하지 않기 때문이라고 생각한다. 그런 사람들은 자신의 특이성과 타인의 특이성 사이의 격차를 메우기 위한 노력을 하지 않는다. 비록 격차는 완전히 메워지지 않고, 나와 남의 특이성을 비교하고 대조하는 능력에는 항상 결함이 있지만, 타인이 왜 그렇게 됐는지를 완전히 이해할 수 없는 경우는 극히 드물다. 결과적으로, 누군가의 경험이 우리의 경험과 "너무 다르다"고 선언하는 것은 우리가 자신과 타인의 차이를 이해하기 위한 노력을 굳이 하고 싶지 않다는 의미다. 이러한 상황에서는 당황스럽게 느껴지는 상대방의 "극악무도"한 모습보다는, 상대방과 우리가 공통적으로 갖는 특징에 집중하는 것이 도움이 될 수 있다. 이것이 주디스 버틀러*가 보편적인 인간의 불안정성에 기초한 윤리학을 발전시키면서 밝혀낸 것이다. 그녀는 우리 모두가 남에게 쉽게 상처받는다는 것을 밝혔다.[11] 물론 이러한 취약

---

* Judith Butler. 미국의 철학자로, 특히 페미니즘 이론과 운동에 지대한 영향을 미쳤다.

성은 불공평하게 나타나기 때문에 어떤 삶은 다른 삶보다 훨씬 더 위태롭다. 실제로, 어마어마한 힘을 가진 세계 권력은 차별적이어서 어떤 사람들은 불안정하게 만드는 반면, 어떤 사람들은 불안정으로부터 안전히 보호한다. 그러므로 우리가 국제 사회, 국가, 공동체 또는 가족의 보호 체계에서 어떤 위치를 차지하고 있느냐에 따라 우리의 삶이 얼마나 취약한지 결정된다고 할 수 있겠다. 그러나 원칙적으로 삶이 불안정해질 수 있다는 **가능성**은 우리를 인간으로서 결속시키며, 버틀러에 따르면 이러한 가능성의 인식이 우리에게 타인의 고통을 이해하기 위한 윤리적 도구를 제공해 준다고 한다.

타인도 우리와 마찬가지로 상처를 입을 수 있다고 인식하는 것은 타인에게 자행되는 모든 폭력을 마주하고, 마치 내 일인 것처럼 분개와 분노, 공포의 감정을 느낄 수 있는 출발점이기에 버틀러에게 소중한 윤리적 자원이다. 이러한 관점에서 보면 우리는 타인에게 행해지는 불의에 저항하게 되는데, 어느 정도는 우리가 다른 사람의 입장이 되어 생각해 볼 수 있고, 적어도 비슷한 일이 우리에게 일어날 수 있다고 인식하기 때문이다. 더욱이, 타인 또한 우리와 마찬가지로 삶에서 방향 감각을 잃을 수 있다는 사실은 우리가 타인의 불행과 타인이 내린 잘못된 판단에 관대해지게 한다. 이는 우리가 타인의 동기를 완전히 이해할 순 없더라도, 타인을 "이해"할 수 있도록 한다. 이것이 우리도 우리 자신을 잘 모른다는 사실이, 마찬가지로 타인도 자기 자신의 선택에 혼란스러워할 수 있다는 사실을 깨닫게 해 주는 취약성의 연대를 낳는다고 앞서 언급한 이유다. 자아를 비교의 대상으로 사용하는 것이 불러올 수 있는 윤리적 함정이 (당연히) 염려스러울 것이다. 하지만 우리는 비교를 통해 자신과 타인의 유사점을 발견해 낼 수 있기 때문에, 즉 비교를 통해 (항상 그런 것은 아니지만) 종종 심리적·정서적으로 서로가 얼마나 유사한지 추측해 볼 수 있기 때문에, 의미 있는 관계를 형성할 수 있다.

이러한 역학은 처음에는 우리가 타인을 인식할 수 있는 정도로 충분치는 않더라도, 타인이 살아가는 현실의 단적인 표면까지는 다가갈 수 있을 정도로 작용한다. 그러나 이것이 버틀러가 전 세계적으로 우리의 관습적인 지각의 틀에 문제가 있다고 주장한 이유다. 관습적인 인식의 틀은 우리에게 어떤 것을 보여 줄지 결정하는 미디어의 선택에 크게 영향을 받는데, 인식의 틀이 개인 또는 집단을 제대로 볼 수 없게 만들어서 우리가 더 이상 그 사람들이 겪는 고통이 우리와 관련이 없다고 인식하는 것은 물론이고 그들의 고통을 중요한 것으로 인식하지 않게 되었다는 것이다. 우리 사회의 정치 체계와 그것의 명령에 복종하는 미디어라는 하수인이 우리가 개인과 집단을 제대로 바라보지 못하게 하여, 우리의 슬픔은 제대로 전해지지 않는다.[12] 또한 전쟁과 같은 극한의 상황에서는 개인과 집단을 향한 폭력이 정당화

돼야 하므로, 우리는 그들을 기본적인 인간성이 결여된 "악마"로 여기게 될 수도 있다. 그러한 상황에서는 공감하고 친밀해져야만 할 근거가 부족해지므로 타인의 고통에 함께 애석해할 수 있는 우리의 능력이 발휘되지 못한다. 앞서 피력했듯, 우리가 더 이상 타인이 겪고 있는 실존적 투쟁을 우리의 일처럼 여기지 못할 때 관용을 베푸는 윤리적 태도를 잃는 경향이 있다는 것이 정말 사실이라면, 전쟁 또는 그와 비슷한 폭력의 시나리오는 애초에 우리의 동일시를 방해하려고 만들어졌다. 즉, 타인의 고통에 대한 우리의 분노를 완전히 없애 버려 우리는 양심에 거리낌 없이 고통을 무시할 수 있게 된다. 전쟁의 선전 도구가 적을 으레 인간 이하의 존재로 그려 낸다면, 그 이유는 자신과 닮은 존재를 죽이는 것보다 자신과 전혀 닮지 않은 존재를 죽이는 (또는 고문하는) 것이 더욱 쉽기 때문이다.

7

타인과 관계를 맺는 것이 항상 수월하기만 했다면 윤리는 그렇게 머리 아픈 개념이 아니었을 것이다. 진정한 윤리적 딜레마는 우리를 불안하게 하거나 방어적으로 만드는 사람들에게 자비를 베풀어야만 할 때 일어난다. 이것이 인간성이 모조리 결여된 것처럼 보이는 사람에게서 가장 진실된 인간적 면모를 찾아내야 하는 이유다. 또한 우리의 포용력을 무시하는 사람들을 인내하는 것이 중요한 이유이기도 하다. 하지만 다른 사람들이 우리를 함부로 대할 때, 그들이 자신의 행동에 대해서 책임을 지지 않아도 된다는 생각과 혼동해서는 안 된다. 그런데 버틀러는 때때로 자기도 자신을 잘 이해하지 못한다는 인간의 특성이 모든 잘못의 면제권이라도 되는 것처럼, 우리가 상호 작용하는 사람들의 실존적인 방향 감각 상실이 어떻게든 그들의 행동에 대한 책임을 면제해 주는 것처럼 말한다. 또한 그녀는 사람들이 실수하고 의도치 않은 일을 하게 될 때마다 관대함 비슷한 것으로 그들의 행동을 변호하고자 하는 것 같다. 그녀는 이렇게 주장했다. "나는 내가 모든 것을 다 알 수 없었다는 것에 대해 용서받아야 할 것이고, 마찬가지로 나는 자기 자신을 이해하지 못하는 사람들에게 용서를 베풀 의무를 진다."[13] 그녀의 입장을 어느 정도 이해하지만, 이러한 주장은 특정 조건하에서만 가능하다고 생각한다.

한편 아렌트가 지적했듯이, 우리의 행동은 예측 불가능하고 결과를 돌이킬 수 없다는 점에서 본질적으로 위태로운 성질을 가지고 있다. 우리는 특정 행위가 세상에 어떻게 작용할 것인지 전혀 예측할 수 없고, 특히 어떤 행동이 비참한 결과를 낳았더라도 되돌릴 수는 없어서 항상 실수를 범할 가능성이 있다. 이에 대한 유일한 해결책은 타인을 용서하는 것이다. 실패로 아무것도 하지 못하는 마비 상태에서 우리를 구해 주는 유일한 것, 실수를 저지른 후 우리가 다시 시작할 수 있도록 해 주는 것은 다른 사람들이 잘못을 용서해 줄 것이라는 희망이다.[14] 켈리 올리버는 우리 사회의 여러 불평등 중 하나로, 권력 있는 사람이 권력 없는 사람보다 범죄 행위를 쉽게 용서받는 것을 꼽으며 이러한 견해를 확장했다.[15] 다시 말해서, 특권을 가진 사람들은 자신의 특이성이 사회적인 물의를 일으키게 되면 특별한 일로 여기고 넘어갈 수 있으나, 그렇지 않은 사람들은 아주 조금이라도 물의를 일으키면 핍박받는다는 것이다. 그 이유는 사회적 취약 계층이 자신의 상황을 개선하기 위해서는 폭력적인 반란을 일으키는 것이 가장 좋은 방법이라고 생각하는 것을 권위의 피라미드 꼭대기에 있는 사람들은 알고 있기 때문이다. 노예의 반란은 노예의 소유주를 희생시켜야만 성공할 수 있고, 혁명은 통치권을 가진 정부를 희생시켜야만 성공할 수 있듯이, 억압받는 사람들은 마치 반란을 일으켜 그들을 탄압하고 있는 기득권을 공격하는 것 외에는 선택지가 없는 것처럼 느낄 수 있다. 그러한 상황에서 범죄 행위(또는 특이성의 발현)를 용서하지 않는 것은 권력자들이 권력을 손에 쥐고 있을 수 있는 수단이 된다. 반대로 범죄 행위에 어느 정도의 관용을 베푸는 것은 정치적 연대 행위를 의미한다.

반면, 특정 유형의 희생자를 노리는 연쇄 살인범, 불필요한 유혈 사태로 전락하는 군사 임무, 이민자를 공격하는 인종 차별주의 집단, 동성애자를 잔인하게 폭행하는 동성애 혐오 조직폭력배, 그리고 매일 아내의 자존감을 짓밟는 잔인한 남편에 대해서는 같은 주장을 펼칠 수 없다. 그들은 환경이 그렇게 하도록 만들었다는 나름의 이유가 있을 수 있다. 그들은 이미 많은 고통을 겪은 사람들일 수 있다. 그래서 그들이 행하는 폭력은 자신의 고통을 자신이 좌지우지할 수 있는 것으로 바꾸려는 것일 수 있는데, 그렇다 한들 잘못된 행동이다. 또는 그들은 자신도 이해할 수 없는 불분명한 내적 충동에 사로잡혀 있을 수 있는데, 이를 변명으로 받아들이고 봐준다면 그들의 고통을 희생자들이 겪은 고통보다 더 무거운 것으로 여기게 된다. 이것이 내가 무의식적 성향에 의한 것이라거나, 자신이 지닌 끔찍한 과거로 인해 그런 성향이 발현됐다는 말로는 잘못된 행동에 대한 자기 책임의 의무를 면제받을 수 없다고 그렇게도 강조한 이유다. 사람들은 자기 속을 자기도 모르거나 무심하기 때문에 타인에게 상처를 주게 되는 경우가 많지만, 권력에 대한 욕망이나 우월감 또는 심한 경멸감 때문에 그러기도 한다. 이런 식으로 타인에게 상처를 주는 사람들을 너무 쉽게 용서하는 것은 그들의 행동을 용인하는 것과 같다. 대인 관계에서 보인 잔혹성의 대가를 치러도 모자랄 판에 그들을 용서해 주는 꼴이다.

우리는 보통 한정적인 지식을 바탕으로 인생을 좌우하는 중요한 결정을 내린다. 그렇다고 해서 우리가 내린 선택에 대한 책임을 면제받을 수 있는 것은 아니다. 예를 들어, 의대생인 내가 실수로 환자에게 잘못된 약물을 처방해 환자의 건강에 해를 입혔다고 생각해 보자. 내 처지를 어느 정도 이해하는 사람들은 동정심을 보일 수도 있다. 그러나 어쨌든 나는 책임을 져야 한다. 그렇다면 자기도 자신을 잘 모르겠다는 것과 무의식적인 동기 때문이라고 하는 것은 이 예와 무엇이 다른가? 삶이 다소 불분명해 보이고 완전히 자유롭지 않다고 해서, 우리의 삶이 모호함투성이거나 삶에 자유가 전혀 없는 것은 아니다. 이는 단지 삶의 명확함이나 자유가 무조건적으로 주어지지 않으며, 때로는 이를 얻기 위해 아주 열심히 노력해야 한다는 의미다. 이러한 맥락에서, 무의식적인 삶의 세계를 탐구하라는 프로이트의 말이 우리더러 제멋대로인 방종 상태에 빠져 버리라는 의미가 아니었음을 기억하는 것이 좋겠다. 오히려 프로이트는 무의식적 습관이 관계를 포함한 이 세계를 어떻게 구성하는지 우리가 잘 인식하여, 세상과 상호 작용할 때 더 좋은 선택을 내릴 수 있길 바랐다. 더 구체적으로 말하자면, 프로이트는 실수가 항상 우연에 의한 것은 아니며, 자기 성찰을 하면 할수록 우리 자신이나 타인에게 반복적으로 상처를 주는 일을 막을 수 있다는 것을 우리가 이해하길 바랐다. 분명히 우리는 항상 그럴 수는 없을 것이다. 그렇다고 해서 노력도 해 보지 않고 포기하라는 말은 아니다. 그리고 나는, 우리가 다른 사람들이 노력하고 책임을 지기 위해 상당한 부담감을 짊어진다는 것을 알고 그들의 고군분투에 공감하면서도, 그들에게 노력과 책임을 기대할 수 있다고 생각한다.

이 모든 것은 결국 우리에게 매우 골치 아픈 문제를 제기한다. 즉, 우리가 겪는 실존적 혼란과 정의 구현을 위한 보편적인 원칙을 어떻게 조화시킬 것인가 하는 문제다. 우리 모두가 겪는다고 하더라도 혼란함은 독특한 방식으로 세상에 나타나고 서로 충돌하기 마련이라, 결국 나와 타인의 관계를 나빠지게 해 서로 타협하기가 더욱 힘들어진다. 많은 사람은 이 난국에 맞서, 보편적 윤리 규범은 결함이 있을 수밖에 없을 뿐만 아니라 매우 바람직하지 않다고 주장한다. 역사적으로 보아, "보편적"이라 여겨졌던 것이 실은 사회적 특권층의 관점에서만 그러했다는 것을 알기에 이러한 주장을 이해한다. 문화적으로 지배적인 위치에 있던 사람들이 "보편성"의 범주를 정할 수 있었기 때문에 보편성이라는 개념은 신뢰를 잃었다. 게다가 지배층은 그 범주에 속하지 않는 많은 이를 배척했다. 그렇지만 보편적으로 적용 가능한 윤리 규범이라는 개념 없이는 권력 남용의 진위를 살피기가 힘들다. (물리적으로나 사회적으로) 가장 강력한 특이성을 가진 자가 세상을 통치하는 무법천지의 상태로 빠지지 않으면서 특이성을 드러내 보이는 것은 보편적인 윤리 규범 없이는 어려운 일이다. 이것이 내가 보편적 정의라는 것이 역사적으로 실패했음을 잘 알면서도 그것의 중요성을 계속해서 믿는 이유다. 내 생각에 보편적 규범의 역사적 실패는 보편성이 지닌 이상을 부정하는 것이 아니라, 우리가 아직 이상을 실현할 수 있는 진정한 보편적인 보편성을 세우지 못했다는 사실을 드러낼 뿐이다. 우리는 보편성의 개념에서 사회적 권력이라는 현실을 떼어 내지 못했다. 우리는 이 위업을 결코 완전히 성취하지 못할 수도 있다. 그러나 나는 우리가 조금씩 진전을 이룰 수 있길 바라고 있다.

옳고 그름을 판단하고 그 판단에 따라 행동해야 하는 때가 있다. 노르웨이의 청소년들에게 총을 겨누고 있는 남자*에 대해서든, 자국민을 대상으로 분노에 차 집단 학살의 총부리를 겨누고 있는 독재자에 대해서든 우리는 보편적으로 적용 가능한 원칙이, 즉 규범적 제한이 필요하다. 모든 사람이 그러한 제한에 전적으로 동의하지는 않을 것이라는 사실이 제한의 긴급하고 절박한 필요성을 감축하지는 않는다. 이번 장에서는, 우리가 무의식적으로 행하는 기행은 규범적인 한계를 넘어서는 법이 없기에 무의식적으로 그랬다는 것은 나쁜 행동에 대한 변명이 될 수 없다는 것을 설명하고자 했다. 오히려 반대로 우리가 행한 무의식적인 행동에 대한 책임을 받아들일 때만, 무의식적인 속성을 의식적인 속성만큼이나 우리 모습의 일부로서 받아들일 때만 우리는 진정으로 윤리적인 존재가 될 수 있다. 이것이 내가 우리 존

• 아네르스 베링 브레이비크Anders Behring Breivik. 노르웨이의 연쇄 살인범이자 극우 테러리스트. 그는 2011년 7월 22일 오슬로의 정부 청사에서 폭탄 테러를 일으키고, 이어 노동당 청소년 정치 캠프가 열리고 있는 곳으로 이동하여 총기를 난사하였다. 이로 인해 총 77명이 사망했다.

재의 무의식적 주파수를 활성화하지 못하는 한, 우리는 슬프게도 피상적인 삶을 살 수밖에 없을 것이라고 주장하는 이유다. 더불어, 기질을 기른다는 것은 우리 내면의 어둑한 구석에 숨어 있는 굶주린 악마를 상대하는 능력을 기르는 것일 뿐만 아니라, 그 악마에 대한 책임을 질 수 있게 되는 것이라고 말한 이유다. 그러므로 자기도 자신을 잘 모르겠다는 것은 사람과 사람 사이에 일어난 폭력의 변명이 아니라, 더욱 광범위한 대인 관계 윤리의 출발이 된다. 이는 상처를 주는 행동을 정당화하지 않고 각별한 윤리적 각성을 요구한다. 여기서 말하는 각성이란 우리도 가끔 느끼듯, 우리가 무의식적인 동기 앞에서 한없이 미약하기만 한 존재가 아니라는 사실을 인정하는 것이다.

3부
나를 잃어버릴 용기

7장
열정의 방향 전환

절대 두 번 다시 믿지
않을 것을 사랑하라.
알랭 바디우[*]

I

지금까지 우리가 기질을 일굴 수 있게 하는 자아 형성의 과
정과 기질에 대한 책임을 질 수 있게 하는 자아 경험에 대
해 알아보았다. 그리고 기질의 부름을 듣는다는 것이 무엇
을 의미하는지 이해하는 또 다른 방법이 있다. 언뜻 보기
에 이것은 우리를 무아지경의 상태와는 정반대의 방향으
로 데려가는 것 같다. 언뜻 보기에라고 말한 이유는 이 책의
마지막 부분에서 무아지경이 자아를 형성하는 데 필수적

---

[*] Alain Badiou. 모로코 태생의 프랑스 철학자이자 작가로, 마르크스주
의에 많은 영향을 받아 연구와 저술 활동을 하였다. 현재 프랑스 사회를
대표하는 지식인이다.

인 요소가 될 수 있다는 것을 설명하기 위해서다. 우리의 기질에 접근하는 가장 효과적인 방법은 우리 자신을 무질서한 상태에 빠지게 함으로써 상대적으로 안정적이고 일관되었던 정체성의 작동을 멈추는 것이다. 이어지는 내용을 통해 일상생활 속에서 이를 실행해 볼 수 있는 몇 가지 방법을 소개하도록 하겠다. 너무도 강력하게 새로운 운명의 부름을 받고 있다고 느껴서 이를 따를 수밖에 없는 순간이 무아지경이다. 먼저 이 무아지경에 다가가는 방법의 가장 스릴 넘치는 특징이 무엇인지 알아보고자 한다. 무아지경의 순간에 우리는 대표적으로 "열정의 방향 전환"이라고 설명할 수 있는 것의 공격을 받게 된다. 갑작스러운 열정의 급증은 우리가 평소 일상적으로 가지고 있던 열정을 압도하고 어떤 경우에는 심지어 없애버리기까지 한다. 방향 전환은 우리의 정상적이고 실존적인 삶의 리듬을 깨버리며, 절충하거나 재고할 여지를 주지도 않고 삶의 윤곽을 다시 그리도록 한다. 그래서 짜릿한 동시에 무섭기도 하다. 이 부름을 배신하라는 유혹이 항상 존재하는 이유는 그 때문이다. 그러나 이를 배신하는 것은 우리의 기질을 배신하는 것과 같다.

지금 우리가 다루고 있는 이 주제를 가장 효과적으로 이해하고자 한다면, 현대 철학자 알랭 바디우의 고찰을 살펴보면 된다.[1] 바디우는 우리 삶이 두 가지 차원으로 구성되어 있다고 주장한다. 첫 번째는 개인의 일상적인 영역, 즉 매일 일어나는 "일상적인 일"의 차원이다. 두 번째는 바디우가 "사건event"이라고 부르는 영역이다. 사건이란 우리 삶의 방향을 완전히 바꿔 버리는 예상치 못한 통찰력의 번뜩임과 같다. 사건은 예고도 없이 갑자기 덮쳐 온다. 이는 예술적 혁신, 과학적 발견 또는 정치적 각성만큼이나 고상한 것일 수 있다. 혹은 사랑에 빠지는 것처럼 평범한 일일 수도 있다. 핵심은 이러한 사건이 우리를 전혀 생각해 본 적 없던 삶의 방향으로 흘러가게 해, 우리가 일상적으로 몰두해 있던 일들의 껍데기를 깨고 나오게 만든다는 것이다. 사건은 사물을 바라보는 우리의 관습적인 방식을 근본적으로 바꾸어 내어, 현재의 삶을 유지하면서도 전에는 볼 수 없던 것을 보게 한다. 즉, 우리가 잘 보지 못했던 현실을 보여 준다. 아마 이전에는 우리가 새로 드러난 현실을 제대로 직시하기가 너무 두려웠거나, 다른 일들로 바빠서 제대로 보지 못했을 것이다. 요컨대 사건은 예상을 넘어서는 뜻밖의 것에 믿음을 가져보길 권유한다. 이것이 바디우가 우리에게 "절대 두 번 다시 믿지 않을 것"을 사랑하라고 말한 이유다.[2] 또한 바디우는 이상하고 독특한 것을 사랑하는 것은 우리가 그동안 항상 진실이라고 믿어 왔던 것만을 사랑하는 일과는 완전히 다른 일이라고 말한다.

사건이란 희한하고 상상조차 하기 힘든 일이 일어나는 것이지만, 기적과 같기도 하다. 사건은 사물을 다르게 평가할 수 있도록 우리가 기존에 가지고 있던 관점을 뒤집는다. 사건의 핵심은, 우리가 할 수 있다고 생각하지 못했던 행동을 하도록 자극한다는 것이다. 정치적 혁명은 그렇게 일어난다. 이런 식으로 예술가, 과학자 그리고 창의적인 개인들이 불타는 열정에 사로잡혀 에너지를 모조리 자신의 일에 쏟아붓게 되는 것이다. 정치적이거나 창의적인 소명의 불꽃을 소유하지 않은 사람들은 사랑에 빠지는 것이 바디우가 말하는 진정한 사건과 가장 비슷하다고 할 수 있겠다. 이것이 의미 없이 오래 이어 온 관계가 주는 미지근한 안락함과 사랑을 혼동해서는 안 된다고 주장하는 이유다. 바디우가 말하는 사건이란 삶을 기존의 방식대로 계속 유지해 나갈 수 없도록 만드는 통찰력의 분출을 의미한다는 것을 보다 정확하고 구체적으로 이해하고 싶다면, 사랑에 푹 빠져드는 감정을 떠올려 보면 되겠다. 사건은 우리가 받은 메시지를 따라 삶의 방식을 전면적으로 개편할 수 있는 의지를 갖길 요구한다. 또한 좋은 결과를 내며 성공적일지, 우리를 벅차오르게 하는 예술적, 과학적, 정치적 그리고 연애적 이상을 실현해 낼 수 있을지 알 수 없을지라도, 사건은 우리가 메시지의 지시를 존중하고 따르기를 요구한다.

인간 존재의 완성을 나타내는 현상을 탐구한 수많은 철학자, 신비주의자, 작가, 예술가 중 바디우는 우리와 동시대를 살아가는 인물이다. 여기서 완성이란 삶을 살아가는 일반적인 방식을 넘어서는 사명, 목적의식, 예언적 계시와 같은, 더욱 중요한 "소명"의 부름을 받는 경험을 의미한다.

그러한 소명은 안일함에서 벗어나도록 하고, 우리라는 존재를 완전히 사로잡으며, 주어진 통찰력을 이용해 오로지 그 일에만 전념하게 만든다. 이것이 플라톤이 사랑하는 사람의 아름다움에 심취해 일상을 제대로 이어나가지 못하는 연인들을 미쳤다고 이야기한 이유며, 신비주의자들이 저항할 수 없는 메시아적 힘에 깊이 감동받은 일화에 관해 이야기하는 이유고, 작가와 예술가 들이 영감에 취해 자신의 상상력을 작품으로 실현해 내지 않고는 못 배긴다고 말하는 이유다. 우리의 능력을 초월하는 그러한 부름에는 어떤 날카로운 감각이 깃들어 있는 것 같다. 새로운 사랑의 스릴을 느껴 본 적이 있거나, 창의력이 "샘솟는" 기쁨을 알고 있는 사람이라면 이 감각을 맛보았을 것이다. 이는 기질의 부름을 받을 수 있는 유일한 방법은 아니나, 가장 중요하고 강력한 방법이다.

2

우리의 사회적 페르소나와 기질 사이에는 종종 긴장감이 흐른다는 것을 계속해서 강조해 왔다. 바디우의 사건이란 개념은 이 긴장감을 예리한 시선으로 주목하고 있다. 우리의 사회적 생활이 우리를 어떤 순간으로 이끄는 습관과 일상, 생활 계획표로 구성되어 있다고 할 때, 특별한 사건은 기질의 요구를 예리하게 일깨워 일상적인 일과와 평범한 관심사의 단조로움 너머로 우리를 밀어붙인다. 이는 사회의 규범적인 요구 사항에 아직 완전히 길들여지지 않은 우리 안의 자아를 일깨운다. 이 자아는 일종의 "명분"을 찾고 있고, 거침없이 활기차게 살기를 원한다. 여기서 가장 주목해야 할 것은, 이 자아는 다른 사람들이 어떻게 생각하는지 신경 쓰지 않는다는 것이다. 우리가 무엇을 믿어야 하는지, 어떻게 행동해야 하는지, 어디에서 만족을 찾아야 하는지와 같은 문화적 기준 따위는 안중에 없다. 이 자아는 자신의 신조가 사회가 옳고 적절하다고 여기는 것과 일치하는지를 전혀 신경 쓰지 않고 신념, 행동, 만족에 있어 자신만의 고유한 신조를 만든다.

이처럼 기질의 부름을 받는 것은 좋은 삶의 관습적인 정의에만 매여 있던 우리를 자유롭게 해 준다. 간단히 말해, 우리의 기질은 사회적 성공을 거둘 수 있게 해 주는 것들에는 딱히 관심이 없다. 그러므로 조금은 외로울 수밖에 없다. 기질은 자신만의 방식으로 일을 해 나가길 원한다. 또한 기질은 파문이 일어나는 것도 신경 쓰지 않는다. 마음을 완전히 사로잡고 숨이 막힐 정도로 감격스러운 일에 관심이 있지, 그저 편한 삶에는 별 관심이 없기 때문이다. 주변 사람들과 멀어지는 것도 두려워하지 않는다. 안정성이나 다른 사람의 동의 따위는 신경 쓰지 않기 때문에 사회적인 명성을 잃는 것도 개의치 않는다. 기질은 결과를 고려하지 않고 행동하여서 때로는 우리를 사회적 존재로 만들고 우리가 사회적으로 예상 가능한 행동을 하게 하는 공적 이미지를 실추시킨다. 이런 일은 우리가 유망한 직업을 포기하고 어리석게도 안정적이지 않아 보이는 일을 시작하거나, 오랜 열망을 버리고 터무니없이 비현실적으로 보이는 열망을 갖게 되거나, 잘 알지도 못하는 새로운 연인과 함께하기 위해 그간 쌓아 온 모든 일을 갑자기 포기할 때 일어난다. 우리 행동이 다른 사람들에게는 무모하고 조금은 미친 짓처럼 보이겠지만, 우리는 나름 내적인 타당성을 가지고 있다고 느낀다. 그 행동은 비록 다른 사람이 보기에는 옳지 않다고 하더라도 (그리고 합리적으로 정당화될 수 없다고 할지라도) 우리에게는 논쟁의 여지없이 "옳기" 때문에, 외부의 기준에 의해 판단될 수 없다.

다음과 같은 문제를 생각해 보자. 모든 사람은 살면서 특정한 일에 몰두해 왔다. 우리는 학업, 직업, 연인, 친구, 신체, 취미, 미래 등에 삶을 바쳐 왔다. 이러한 몰두는 우리 존재의 중추를 형성하기 때문에 강력한 힘을 지닌다. 그러나 몰두가 습관적이고 사무적인 일이 되어 버릴 때, 우리는 무기력한 삶의 양식 안에 갇혀 버린다. 반대로 기질의 부름을 받을 때는 평소에 어떤 것에 몰두할 때 느꼈던 것보다 훨씬 더 강력한 힘으로 인해 예기치 않게 "고양"되는 느낌을 받는다. 이 힘은 라캉이 말했듯이 우리가 살고 있는 평범한 현실 "그 이상"의 곳으로 우리를 불러내기 때문에 우리는 저항할 수 없다고 느낀다. 이 힘은 초월적이고 독특한 영감으로 우리를 자극한다. 그렇다고 해서 우리가 살아가는 세상을 벗어나 일종의 비현실적인 영역에서 살라고 요구하는 것은 아니다. 정반대로, 9장에서 볼 수 있듯 이 힘은 우리가 살고 있는 세상을 떠나지 않고도 일상생활의 구김살 안에서 초월적인 현상을 경험하는 법을 가르쳐 준다. 덕분에 우리는 세상을 영화로움이 가득한 곳으로 바라볼 수 있게 되고, "일상적인 일"들을 더 이상 진부한 것으로 느끼지 않게 된다. 그렇다면 이 "일상적인 일"이란 우리의 적이 아니라, 주의를 기울이지 않으면 우리 삶을 지배해 버릴 수도 있는 작은 지루함의 단계라고 할 수 있겠다. 기질의 부름은 삶이 그런 단계로 전락하게 될 때, 즉 우리가 하루하루를 살아 나가는 데만 열중해 습관, 일상, 생활 계획표가 현실을 완전히 삼켜 버릴 때, 삶의 빛과 함께 창의력 또한 잃을 수 있다는 사실을 우리에게 상기시켜 준다.

앞서 논의했던 큰사물의 울림에 충실한 것과 이번 장에서 설명한 기질의 부름을 받는 경험은 꼭 닮은 점이 있다. 둘 다 마땅히 해야 하고, 사회적으로 예상 가능한 행동을 관장하는 규범에 벗어나는 행동을 보인다는 것이다. 앞서 설명했듯이, 큰사물의 울림을 지닌 대상과 상호 작용을 할 때, 우리는 그 대상 자체뿐만 아니라 숭고한 큰사물의 흔적(대상 안의 성질이지만 대상 "그 이상의 것"인 성질)과도 상호 작용한다. 그렇게 우리는 일반적인 것 "그 이상의 것"을 일시적으로 소유하게 되고, 그 대상은 우리에게 특별한 활력과 자극을 주는 것이다. 마찬가지로, 사건은 일상적인 일들이 아닌 "그 이상의 것"을 갈망하는 우리의 심정을 제대로 건드리기 때문에 짜릿하다. 바디우의 용어로, 사건은 우리 안의 "불멸성"을 해방시킨다. 그렇다고 바디우가 우리 안에 절대 죽지 않는 어떤 것, 즉 영혼이 있다고 주장한 것은 아니다. 바디우는 우리 안에 (진부하고 일상적인 것인) "필멸"에 대한 관심으로는 만족할 줄 모르는 어떤 것이 있다고 말했다. "불멸성"은 초월적이고 열정적인 것을 갈망하는데, 사건이 바로 이것들을 제공한다. 사건은 일상적인 경험의 한계를 넘어 비범한 것을 향한다. 사건의 부름에 응하는 것이 우리의 의무일 뿐만 아니라 매우 흥분되는 이유는 그 때문이다.

3

사건은 우리의 무조건적인 충실을 요구한다. 게으르고 나약하고 안일하게 행동하여 사건의 부름을 배신하는 것은 최악의 행동이다. 사건은 세상이 부름을 방해하거나 우리의 주의를 끌기 위해 다른 관심사로 유혹하더라도 절대 흔들리지 말아야 한다고 말한다. 개인의 행복이 희생될지언정 지지자들의 절대적 헌신을 요구하는 정치적 책무는 우리의 충실함을 시험해 볼 수 있는 가장 좋은 경우일 것이다. 그러나 사건의 부름에 대한 충실은 꼭 격정적인 상황이 아니더라도 흔들릴 수 있다. 예를 들어 창의적인 영감을 구체적인 결과물로 만들어 내기 위해 고군분투할 때, 또는 과거에 했던 일과는 완전히 다른 직업적 소명을 따르게 되어 생긴 불안감을 마주할 때가 그러하다. 우리는 엄청난 과업에 겁을 먹을 수 있을 뿐만 아니라, 주변 사람들이 그것은 너무 경솔한 일이며 영감이나 소명이 우리를 터무니없고 심지어 해로운 길로 이끈다고 설득하려 들 수도 있다. 더욱이 우리에게는 이미 책임져야 할 것들이 많을 수 있기 때문에 자신에게나 남에게 피해를 주지 않기가 어렵다. 그러한 경우, 비전을 충실히 실현하려면 초인적인 힘이 필요할 수 있다.

게다가 사건의 부름에 충실하는 것은 사건 자체의 존중보다는, 사건이 끝난 이후에도 사건이 남긴 번쩍이는 빛을 오래도록 간직할 수 있는지가 문제다. 의심이 마음에 싹트기 시작하면, 시간이 지남에 따라 우리가 처음에 가졌던 열정이 시들해지고 우리의 굳었던 결심이 풀어지면, 개인적인 관심사를 따르던 친숙한 삶으로 돌아가고 싶다는 유혹이 상당히 커질 수 있다. 문제가 더욱 복잡한 이유는, 이 의심이 반드시 잘못된 것은 아니기 때문이다. 물론 의심이 완전히 틀릴 가능성은 항상 존재한다. 하지만 정말로 우리가 삶을 변화시킬 것처럼 가장한 가짜 사건에 속아 넘어갔고, 실제로는 그 사건이 환상에 불과할 수 있다. 이것이 바디우가 진정한 사건과 시뮬라크라simulacra를 구분하는 이유다. 시뮬라크라는 진정한 사건의 모든 외형적 특성을 지니고 있지만, 우리를 어떤 영감으로 이끌지 않고 편협한 마음을 만족시키는 데만 급급하다는 이유에서 거짓인 것으로 판명되는 "사건"이다. 실제로, 사건과 마찬가지로 편협한 마음 또한 열정을 먹고 자라기 때문에 둘은 혼동하기 쉽다. 이것이 바디우가 정치적 격변의 상황을 가장 소름 끼치는 잘못된 시뮬라크르의 예로 제시하는 이유다. 예를 들어 히틀러의 집권이 그러한데, 그는 아주 강한 열정을 지니고 있었지만 숭고한 목표를 섬기기 위한 것은 아니었다. 히틀러의 추종자들이 보여 준 일편단심의 충실성은 진정한 사건의 부름에 충실히 임하는 사람들이 보이는 특징이기도 하다. 그러나 그들의 충실함은 삶을 긍정적으로 이끄는 초월적인 통찰의 힘이 아니라 끔찍한 악영향의 힘을 낳았다.

조금 더 일상적인 수준을 살펴보자. 새로운 영감과 소명은 몰두할 가치가 없을 수도 있다는 점에서 우리의 충실성은 잘못된 것일 수 있다. 처음에는 진정한 사건의 숭고한 정신을 전달하는 것처럼 보일 수 있지만, 나중에는 결국 시뮬라크럼*이었음이 (따라서 에너지의 낭비였음이) 드러날 수 있다. 이와 비슷한 맥락에서, 사랑의 열병으로 얼굴이 발그레 달아오르는 것은 불과 몇 달 만에 사라지게 될 일이지만,

---

• simulacrum. 시뮬라크라의 단수형

"진정한" 사랑과 비슷해 보일 수 있다. 하지만 오래 가지 않는 영감이나 소명, 사랑이라고 해서 **무조건** 거짓이라는 것은 아니다. 시간이 지남에 따라 열정이 소진될 수 있다는 사실이 반드시 그 열정에 진정성이 없다는 의미는 아니다. 앞서 사랑에 있어서 오랜 시간을 함께해 온 관계만이 의미 있다는 생각은 실수라고 주장하며 이 점을 지적한 적이 있다. "사건"도 마찬가지다. 시간이 지나서 사건이 사라져 버린다고 하더라도, 그 사건이 남긴 영향은 오래도록 남을 수 있다. 예를 들어 레오나르도 다빈치가 남긴 신통한 생각이 모두 다 옳지는 않았다는 것이 밝혀졌지만, 그렇다고 해서 그가 남긴 혁신적인 영향력이 축소되진 않는다. 새로운 사건이 출현하고 새로운 깨달음을 얻게 되어도 이전의 사건이 남긴 중요성이 항상 지워지는 것은 아니다.

4

이처럼 진정한 사건이라고 생각했던 사건이 알고 보니 가짜였던 것으로 판명될 수 있다. 동시에, 기존의 사건을 밀어내고 생겨난 새로운 (또한 "정확한") 사건이 진실된 사건으로 남게 될 수도 있다. 사건의 이런 복잡한 특징으로 인해 어떤 사건이 우리의 충성심을 쏟을 만한 가치가 있고 그렇지 않은지를 판단하기란 쉽지 않다. 다시 말해, 우리가 운명적으로 사건의 부름을 받았다는 느낌이 항상 분명하게 오는 것은 아니기 때문에, 그 일이 어떤 결과를 불러올지 결코 알 수 없어 사건에 대한 무조건적인 충성심이 요구된다. 또 한 가지 골치 아픈 문제는 어떤 사건이 "진짜"고 가짜인지 미리 알 방법이 없다는 것이다. 그러므로 결국 의미 있는 결과에 도달하게 될 것이라는 (또한 실제로 그 결과에 도달할 가치가 있다는) 믿음을 갖는다는 것은 정말 어려운 일임에 틀림없다. 우리가 가진 소명이 우리를 속이기 위해 계획된 화려한 미끼가 아니라 진정한 부름이라는 확신을 갖는 것 역시 쉽지 않다. 그리고 아마 가장 중요하지 않을까 싶은데, 이렇게 혼란한 와중에도 세상을 꿰뚫어 볼 수 있는 충분한 힘이 자신에게 있는지 선뜻 확신할 수도 없다. 큰 열망을 지닌 혁명가라도 때때로 용기를 잃고, 재능이 특출난 예술가와 과학자라 할지라도 자신의 영감을 항상 성공적인 결과물로 재탄생시킬 수는 없으며, 열렬한 사랑에 빠진 연인이라도 때때로 이성적으로 행동해야 한다는 이유로 열정적이기를 포기한다면, 우리와 같이 평범한 사람들은 세상을 뒤집어 놓는 사건의 여파가 불러일으키는 혼란스러움을 어떻게 헤쳐 나갈 수 있을까? 명백히 진실한 사건이더라도, 우리에게 정말 그 사건에 충실히 임할 능력이 있는지 의심이 들 수 있다. 의심이 드는 것은 당연하다. 계속해서 충실히 임해야 한다는 생각으로 우리는 곧잘 지치고 낙담하게 되어 쉽게 두려움에 빠지기 때문이다.

사건으로 인한 실존적 혼란은 우리를 뼛속까지 쥐고 흔들어서, 우리가 매일매일 하던 일상적인 일들을 해낼 수 없게 만든다. 한편, 사건의 부름에 응답하는 것은 거짓된 자기표현이나 심지어는 병적인 집착 속에 갇혀 있던 에너지를 방출시켜 새로운 삶과 기쁨의 원천을 가질 수 있게 한다. 그런 의미에서 사건이 지닌 영향력은 반복 강박을 깨고 나올 때 생기는 영향력과 같다. 반면, 사건이 동반하는 갑작스러운 에너지 방출은 우리가 가지고 있던 병적인 집착과 충돌하기에 우리를 불안하게 할 수 있다. 앞서 다루었듯 집착의 "이점"은 왜곡된 안정감을 준다는 것이다. 집착은 우리 삶에 패턴을 만들어 내는데, 우리는 이 패턴이 약해지거나 우리를 해치더라도, 아예 사라지는 것보다 낫다고 생각할 수 있다. 강박적으로 똑같은 일과를 해내는 사람은 그렇게 하지 못하게 된 사람보다 (적어도 일시적으로) 더 행복함을 느끼는 것처럼, 우리는 병적 증상에서 위안을 얻는다. 그래서 우리는 이러한 증상을 상당히 중요히 여기고, 어리석을 정도로 고집스럽게 버리지 않는다. 그러나 사건은 우리가 병적 안전망을 제거하길 요구한다. 사건은 우리의 병적 증상에서 에너지를 분리해 내 사건과 같은 미지의 세계로 돌린다. 이렇게 하는 것은 당연히 정체성의 근간에 위협이 될 수 있다.

사건은 스릴 넘치고 위험을 수반한다는 특징을 가지고 있는데, 둘 모두를 헤쳐 나간다는 것은 정말 어려운 일이다. 그렇기에 사건의 부름을 외면하고자 하는 충동은 매우 커지기 쉽다. 특히, 넘치는 스릴은 마냥 좋은 것이 아니라 위험을 관리하는 것만큼이나 다루기 힘들다는 것을 깨닫게 되기 때문이다. 결국 우리는 스릴이 넘치는 삶에 익숙해질 수 없다. 스릴은 기분을 들뜨게도 하지만, 고통스러울 정도로 과도하게 흥분시키기도 한다. 창의성이 최고조에 달했던 순간에 마치 고문을 당하는 것 같은 느낌을 받았다고 말하는 예술가들을 떠올려 보면 이해하기 쉽겠다. 또는 누군가와 사랑에 푹 빠져서 그 사람 생각으로 잠을 이루지 못하는 기분을 떠올려 보자. 영감, 특히 즐거움은 정도가 너무나도 격렬해지면 견뎌 내기 힘들어지기 때문에 한계가 필요하다. 우리가 아무리 즐거운 경험을 갈망한다고 하더라도, 과하지 않은 수준이어야지 비로소 즐거움을 향유할 수 있다. 선을 넘는 순간 우리는 고뇌에 빠지게 된다. 이것이 삶에서 항상 절제를 추구해야 하는 이유다. 불행히도, 절제는 사건과 완전히 반대되는 성질을 지닌다. 사건이란 엄청난 가능성과 극도의 동요를 모두 수반하는 것이기 때문이다. 사건은 새로운 가능성의 문을 열어 주지만 우리를 낯선 곳으로 밀어내기 때문에, 이 가능성은 항상 우리가 지위를 잃게 될 가능성, 삶의 균형이 완전히 무너지게 될 가능성과 얽혀 있다.

사건의 부름에 어느 정도 절제하는 태도로 임한다는 것은
어려운 일이지만, 적어도 부분적으로는 우리가 왜 "이성적
인" 삶을 좋게 여기는지를 설명해 준다. 우리는 "이성적으
로" 삶을 살아갈 때 과도한 열정이나 고뇌가 없는 상태가 된
다. 이와는 대조적으로, 사건의 부름을 받으면 우리는 열정
과 고뇌가 흘러넘치는 세상에 들어서게 된다. 이것이 기질
의 요구와 사회적 페르소나의 요구가 충돌하는 이유다. 사
랑의 숭고함이 발휘되는 특별한 순간과 보다 일상적인 삶의
순간을 적절히 조화시키는 것, 즉 틀에 박힌 일상이 모든 것
을 초월하는 로맨스가 펼쳐질 가능성을 해치지 못하도록 주
의하는 게 쉽지 않은 일인 것처럼, "이성적인" 삶을 유지하
면서 기질의 부름에 응답하는 정신을 기른다는 것도 마찬가
지로 어렵다. 앞서 우리의 기질과 사회적 페르소나 사이의
충돌은, 사건과 사건이 불안정하게 만드는 (개인 또는 사회
의) 현재 상황의 충돌과 닮아 있다고 했다. 이는 결국 우리
가 기질의 편에 설수록, 사회적 페르소나를 지키기 위한 노
력을 별로 기울이지 않게 된다는 것을 의미한다. 그러나 우
리가 사회적 페르소나를 지키기 위해 어떠한 노력도 기울이
지 않는 것은 어떤 핑계를 대더라도 완전히는 용서받을 수
없다. 우선 많은 이가 사회적 페르소나를 유지하기 위한 노
력을 전적으로 포기해 버리지는 않는다. 사회적 페르소나

를 위해 노력할수록 우리는 관습적인 방식으로 삶을 살아가게 되는데, 그 또한 매우 의미 있기 때문이다. 사실 우리가 사회적 페르소나를 유지하려는 노력은 이전에 일어났던 사건의 결과, 이전에 얻은 깨달음의 결과일 수 있다. 결국 앞서 주장했듯이, 사건이 어떤 것에 대한 비정상적일 정도의 끈질긴 노력으로 이어진다면, 적어도 현재 노력을 쏟고 있는 일 또한 과거의 어떤 사건으로 인해 시작되었을 가능성이 크다. 예를 들어, 누군가 쌓아 온 커리어가 지금 보기에는 그다지 흥미롭게 느껴지지 않을지라도, 과거에는 엄청난 영감을 받아 시작한 일일 수 있다. 그러므로 우리의 실수라 하면, 애초부터 잘못된 일에 노력을 쏟아부은 것이 아니라, 처음과 다르게 점점 그 일에 흥미가 줄어 활기를 잃은 것이다.

따라서 우리에게는 사건과 사건이 아닌 것이라는 선택지뿐만 아니라, 새로운 사건과 과거의 사건이 남긴 (아주 희미한) 흔적이라는 선택지도 있다. 앞서 설명했듯, 시간이 지남에 따라 사라져 버린다고 해서 그 사건이 거짓된 것은 아니다. 결과적으로, 새로운 사건이 일어나지 못하도록 억압하는 것이 어리석은 일이라면, 사건의 부름에 응답하고자 우리의 여생을 모조리 갖다 바치는 것도, 오랜 시간 과거의 사건이 남긴 자취를 붙들고 있는 것만큼이나 마찬가지로 어리석다. 물론 (새로운) 사건에 대한 바디우의 요점은 사건의 부름이란 명령과도 같아서 우리에게는 사건을 받아들일지 말지 찬찬히 숙고해 볼 기회가 주어지지 않는다는 것이다. 사건의 부름에 주의를 기울이는 것 외에는 우리가 달리 할 수 있는 것이 없다. 그러나 사건의 부름이 그다지 큰 반향을 불러일으키지 않는 상황도 있는데, 우리가 진지한 마음으로 임해야 하는 새로운 열정과 이미 열정을 쏟아붓고 있던 일 사이에서 무엇을 선택할지 고민하는 경우가 그렇다. 그렇다고 해서 내가 개인적으로나 사회적으로 그저 무사안일한 삶을 지향하는 패러다임에 대한 나의 비판을 철회하려는 것은 아니다. 나는 그러한 패러다임은 실존적 혼수상태의 지경에 이를 정도로 우리 정신을 완전히 마비시킬 수 있다고 생각한다. 그러나 관습적인 기존의 가치에 몰두하는 것은 무가치한 일이라는 생각과, 여기서 제기하고 있는 비판을 다시 한번 분명히 구분하고자 한다. 문제는 우리가 관습적인 가치에 노력을 쏟아붓는다는 데 있는 것이 아니라, 흔히 우리가 몰두하는 일 중에 어떤 일이 (항상 진화하는) 기질의 요구에 부응할 수 있는지 또는 그렇지 않은지를 구별하지 못하는 경우가 많다는 데 있다고 생각한다.

이 문제에 관해 더욱 구체적으로 이야기해 보자. 더 이상 사랑이 남아 있지 않은 연애와, 약간의 밀고 당기기로도 사랑이 다시 넘쳐 날 수 있는 연애는 전혀 다른 것이다. 마찬가지로, 그다지 감흥을 느끼지 못하는 커리어를 이어 나가는 것과, 여전히 약간의 감흥이 남아 있는 커리어를 이어 나가는 것은 상당히 다르다. 우리 욕망이 정말로 원하는 것을 아는 것이 그토록 중요한 이유는 그 때문이다. 우리에게 가장 중요한 것이 무엇인지 모른 채 혼란스러운 상태로 있다면, 우리는 삶을 완전히 다시 돌아보도록 하는 부름과 우리를 잘못된 길로 이끌 수도 있는 부름을 구별할 수 없다. 오랜 시간 노력을 바쳐 온 일과 이별하라는 목소리가 진짜 (진실한) 욕망을 분명히 표현하는 한, 그것이 아무리 비합리적으로 보일지라도 그만한 가치가 있기에 주의를 기울일 필요가 있다. 그러나 이 목소리가 우리 욕망의 진정성을 반영하는 것이 아니라, 우리 삶이라는 세상을 빼앗아 가는 화려하고 유혹적인 미끼일 뿐인 시뮬라크럼으로 밝혀졌음에도 따른다면 우리는 잘못된 판단을 내리는 것이다. 이것이 사물의 울림을 지닌 대상(또는 활동)과 그렇지 않은 대상의 차이점을 인식할 줄 아는 것보다 중요한 삶의 기술은 없다고 앞서 주장한 이유다. 또한 에너지를 쏟아부어야 할 때와 그러지 말아야 할 때가 언제인지 아는 것이 중요하다고 강조한 이유다.

게다가 우리는 독특한 열정과 사회적 생활의 유지 사이에서 때로는 타협해야만 한다. 타협하는 순간 배신처럼 보일 수도 있다. 그리고 품위를 떨어뜨리지 않으면서 우리 기질의 요구를 사회적으로 받아들여질 만한 것으로 바꾼다는 것은 쉽지 않은 일이다. 하지만 어느 정도의 중재가 필요한 것도 사실이다. 그러므로 다소 관습적인 삶을 살아

왔던 우리 생활에 특별함을 더하는 방법을 찾아낼 줄 아는 것이 가장 이상적인 삶의 자세겠다. 우리의 기질만을 우선시하는 것은 이기적인 일이지만, 기질을 따르지 않는 삶도 행복하다고 할 수 없다. 우리는 사회적으로 소외되는 것도 원치 않지만, 완벽하게 사회의 일원이 되어 특별한 열정 없이 살아가는 것도 원치 않는다. 기질을 잃게 된다면 우리는 자신만의 독특한 고유함뿐만 아니라 자기 자신에 대한 책임감도 잃게 된다. 그렇게 되면 우리는 주변 환경에 영향을 받지 않고 독립적인 결정을 내릴 수 있는 능력을 상실하게 되고, 결국 권력자의 손안에 갇혀 타성적이고 수동적인 존재로 남을 수밖에 없다. 반대로, 기질이 지닌 불굴의 에너지를 우리의 사회적 자아 속에 녹여 낼 수 있다면, 우리는 이 세상에서 소외당하지 않고 사회적 생활을 잘해 나갈 수 있을 것이다. 더불어 기존의 우리 모습을 완전히 잃지는 않으면서 새로운 자아를 갖게 될 기회를 얻을 수도 있을 것이다.

6

기질과 사회생활이 타협을 이룬 결과로 나타나는 실존적 뒤엉킴을 안고 살아가는 것이 누군가에게는 겁부터 나는 일일 수 있다. 또한 우리 모두에게 효과가 있는 보편적인 대책이 없다는 것이 문제를 더욱 복잡하게 만들기도 한다. 시행착오를 통해서만 우리의 기질과 사회생활을 적절히 타협시키는 방법을 배울 수 있는데, 많은 이가 도중에 포기한다. 그러나 포기는 경솔한 행동일 수 있다. 기질의 목소리가 마침내 우리를 무장 해제시킬 때, 기질은 우리라는 존재를 구성하는 큰 기둥을 무너뜨리는 분노가 되기 때문이다. 더욱이 다른 것을 얻기 위해 우리의 기질을 팔아넘긴다면 우리는 심각한 허무주의의 늪에 빠지게 된다. 허무주의란 우리가 어떤 것을 믿어 봤자 그 믿음대로 되지는 않는다고 생각하는 태도를 의미한다고 앞서 말했다. 그러므로 허무주의에 빠지게 되면 강렬한 열정과 열망을 갖는 것은 헛될 뿐 아니라 약간은 귀찮은 일이 된다. 또한 우리의 행동에는 아무런 힘이 없다고 생각하여 정치적 무관심에 빠지게 되고, 우리가 무엇을 하든 결국 세상은 권력을 휘두르는 사람들의 입맛대로 돌아간다고 생각하게 된다. 그리하여 우리는 아무리 노력할지라도 이 세상에 먼지만큼의 흔적도 남길 수 없다고 느끼게 된다.

물론 세상일에 지나치게 신경 써 봤자 돌아오는 건 응징밖에 없다며 무의미하다고 말하는 사람들도 있다. 또 사회적 환경은 우리가 가진 기질이나 욕망의 진실성 같은 개념을 비웃을 뿐이라고 말하는 사람들도 있다. 이 사회적 환경은 이미지와 허울, 가식, 행위로 이루어진 공간이다. 이곳은 철저히 피상적인 곳으로, 우리의 마음이 어떻게 느끼는

지보다 우리가 남들에게 어떻게 보이고 어떤 식으로 행동하는지가 더 중요한 곳이다. 여기서는 허세를 조금 부리고, 때로 대담하게 화려함을 뽐내기만 한다면 누구나 출세할 수 있다. 사실, 우리가 수행하기로 선택한 역할은 결국 우리 "자신"이 된다. 우리의 고유한 기질도 지난 수년간 써 왔던 다양한 가면의 하나에 그친다. 그렇다면 우리가 우리만의 진정한 기질을 가꾸기 위해 고군분투한다는 것은 무의미해진다. 결국 "진정성"이라는 것은 우리가 수행하기로 채택한 역할을 얼마나 효과적으로 내면에 흡수해 냈느냐는 것에 지나지 않기 때문이다.

세상을 바라보는 이러한 시각은 어느 정도 타당하다. 분명히 어떤 의미에서는 우리가 지금껏 성취해 온 일들이 지금 우리의 모습을 만들기 때문이다. 우리가 어떻게 행동해야 하는지를 알려 주는 행동 규범을 완전히 내면으로 흡수함으로써 우리는 사회적 인간이 되는 법을 배운다. 시간이 지남에 따라 이러한 규범은 완전하게는 아니지만, 어느 정도 일관된 모습을 띠는 우리의 정체성으로 자리매김하게 된다. 이 규범은 점점 굳어져서 자아 인식을 이루는데, 이 자아 인식은 너무나도 강력해서 우리는 우리가 다른 사람이 된다는 것은 감히 상상조차 하지 못한다. 실제로 우리의 여러 일반적인 행위는 상당히 의식화되어 있다. 그 행위는 그 자체를 "우리"라고 할 수 있을 정도로 우리 안에 너무나 깊게 자리를 잡고 있어서, 쉽게 변하지 않을 것으로 보이는 고유한 정서적 특성을 구체화한다. 이런 의미에서, 우리는 일생에 걸쳐 특정한 종류의 행위를 반복하고, 이 반복적인 특정 행위가 우리를 특정한 종류의 사람으로 만든다는 것은 분명한 사실이다.[3] 그러나 어떤 행위는 기질에 진정성을 더하는 것으로 보이지만, 어떤 행위는 그렇지 않다는 것 또한 사실이다. 우리는 특정 자아의 행위가 그 어떤 행위보다도 우리 욕망이 가진 독특한 특징을 더 효과적으로 포착해 낸다는 사실을 감각적으로 알고 있다.

습관처럼 아주 단단히 굳어진 행위들도 새로운 자아의 모습이 계속해서 형성되는 동시에 점점 사라져 가는 개방적인 환경에 노출되어 있다는 사실 때문에 문제가 더욱 복잡해진다. 새로운 자아의 모습이라고 해서 무조건 우리의 자아 개념을 뒤흔드는 것은 아니다. 어떤 새로운 모습은 우리가 생각하는 우리 모습에 대한 이해와 잘 맞아떨어지기 때문에, 이미 많은 퍼즐 조각에 퍼즐 조각이 하나 더 추가되는 것과 같은 일로 그리 복잡할 게 없다. 그러나 앞서 설명한 것과 같이 사건의 모습을 한 새로운 자아가 생겨나면, 그 즉시 우리가 일상적으로 해 온 수많은 행위와 우리를 유혹하는 새로운 삶의 방향은 불일치를 이루게 된다. 그런 경우, 새로운 삶의 방향을 따르는 것이 너무나도 매력적으로 느껴져서, 우리는 평소 해 왔던 행위가 우리를 잘못된 길로 이끌어 왔다고 직감하게 된다. 또한 우리는 자신도 모르게 무의식적으로 오랜 습관을 반복하는 것을 보고 우리가 가진 크나큰 잠재력을 제대로 발휘해 내지 못하고 있다고 느끼게 된다. 그리하여 관습적인 생활 방식대로 살아온 결과인 오늘날 우리의 모습과, 우리가 도달하고자 하는 새로운 이상인 새로운 이미지의 불일치로 인해 마음 한 켠이 쓸쓸해진다. 그러나 이것이 우리의 정체성이 지닌 실천적 성질과 진정성에 대한 열망 사이에 모순이랄 게 없는 이유다. 자아가 어떻게 "구성되어" 있든 우리의 이상에는 특수성이라는 것이 있어, 어떤 것이 만족스러운 실존적 삶의 여정이고 어떤 것이 아닌지를 구별할 수 있게 해 준다. 자아란 우리가 어떤 행동을 할 것인지 결정한 실천적 선택들이 모여서 창조되는 것이라는 사실을 깨닫는다면, 새롭고 무한한 실존적 가능성을 성취해 낼 수 있는 기회가 우리 앞에 펼쳐진다. 그리하여 우리는 우리가 원하는 방향대로 삶을 이끌 수 있는 능력을 더욱 발전시킬 수 있게 된다. (결국, 구성되어 있던 것이 재구성되는 것이다.) 우리가 가진 이상에 부합하는 선택을 반복적으로 내리다 보면, 살아갈 가치가 있다고 느껴지는 삶을 이룰 가능성이 커진다.

7

물론 이 모든 것은 우리가 애초부터 이상을 갖고 있으며, 새로운 이상을 만들어 낼 수 있다는 전제하에 가능한 일이다. 허무주의가 그토록 문제가 되는 이유는 현재 살아가는 세계만이 우리에게 유일하게 허락된 세계고, 삶이나 사회의 전반적인 상황이 앞으로도 항상 지금과 같으며 달라지지 않을 것이라고 암시하기 때문이다. 다시 말해서 열정이 더 이상 우리를 움직이지 못할 때, 열망이 더 이상 우리를 자극하지 못할 때, 우리는 또 다른 현실이 가능하다는 생각을 하지 못하게 된다. 이는 실제로 우리가 반복 강박에 사로잡혀 있는 것과 매우 비슷하다. 우리는 새로운 삶을 만들어 나갈 수 있는 새로운 삶의 방식을 갖는다는 것을 상상조차 할 수 없게 되고, 창의력이 발휘될 여지가 줄어들어 새로운 이상, 가치, 목표, 야망을 세상에 펼치지 못하게 된다.

인간은 우리가 조상에게 물려받은 신념이라는 것이 불변의 사실, 진리 또는 확신할 수 있는 것이 아니라, 그저 세상이 어떻게 돌아가는지를 이해하기 위해 노력한 인간이 수 세기에 걸쳐 얻게 된 깨달음이라는 새로운 인식을 갖게 되었다. 이러한 인식은 지식이 생산되는 과정을 이해하려던 인간이 이루어 낸 가장 최근의 성과다. 하지만 아이러니하게도 이러한 인식은 옳고 그름, 고결함과 타락의 구분이 완전히 흐려진 철저히 상대주의적인 세계관에 우리가 더욱 쉽게 빠지도록 만들었다. 우리가 이루어 낸 진보를 무용지물로 남겨지게 하고 싶지는 않다. 이 진보는 전통적인 세계관에 의해 철저히 배제되었던 가치를 사람들이 받아들일 수 있도록 했다. 덕분에 이전에는 억눌려 있던 목소리와 세계관이 사회적으로 통용되는 새로운 가치로 창조될 수 있는 기회를 얻었다. 하지만 이 진보가 우리를 세상일에 무관심하게 만들었다는 것은 틀림없는 사실이다. 우리가 세상은 그저 단순한 "의견"으로, 단순한 개인의 관점으로 가득차 있을 뿐이라고 생각한다면, 특정 사고방식에 강력히 끌리기는 어렵기 때문이다. 게다가 우리 삶에 종교적 구원이나 초월적인 형이상학적 통찰력과 같은 결정적인 "의미"가 없을 수도 있겠다는 생각이 들면, 우리는 세상을 공허하고 진실하지 못한 곳으로 바라보게 될 수도 있다.[4] 이런 종류의 허무주의는 주위에 흥미를 불러일으키는 것들이 무수히 많음에도 정말로 헌신을 쏟을 만한 것은 거의 없다고 생각하는 우리의 인식을 잘 보여 준다. 그리고 우리가 더 나은 미래에 대한 희망을 지나치게 유토피아적이라고 비난하게 만든다. 또한 현실적인 생활, 특히 물질적인 성공만이 가장 중요한 것이기에, 돈을 버는 일에만 열중하는 실용주의의 함정에 우리를 빠트린다.

물론 우리가 이러한 실용주의에 빠지게 된 것은 단순히 개인의 문제가 아니라, 후기 자본주의 소비 사회의 지나치게 공리주의적이고 결과 지향적인 면 때문이라고 할수 있다. 이 사회는 자신만의 독특함을 잃어버리게 하고 사람들의 욕망을 모두 비슷하게 만들어서 상품이 더 잘 팔릴 수 있게 한다. 어떤 면에서 이 사회에 홍수처럼 넘쳐 나는 상품은, 시장이 제공할 수 있는 것을 우리가 원하도록 사회가 우리의 욕망을 길들이고 있다는 사실을 숨기고 있을 뿐이다. 선택할 수 있는 옵션이 너무 많다는 사실은 우리의 욕망이 그만큼 다양하다는 의미가 아니라, 우리가 단지 세계화된 경제 구조, 즉 무엇이 바람직한지 매우 구체적인 비전을 제시하는 구조의 특정 범위 안에서만 욕망하도록 학습되고 있다는 뜻이다. 더욱이 이러한 경제는 우리에게 비인간적일 정도로 오랜 시간 일하길 강요한다. 그렇게 일하는 이유는 그것이 이 세상에서 생존할 수 있고, 직업적으로 성공을 거둘 수 있는 유일한 방법이기 때문이다. 노동자 계층에 속하는 사람들은 한 가지 직업으로는 생계를 이어 나갈 수 없어서 여러 부업을 하는 경우가 많다. 사무직 노동자는 법률 회사, 대학, 투자 회사와 같이 스트레스가 많은 환경에서 업무를 수행해 나가기에 오랜 시간 일하곤 한다. 그렇기에 노동자 계층이든 사무직 노동자든 새로운 이상을 갖는 것은 고사하고, 생각에 잠겨 무언가를 깊이 고민해 볼 수 있는 휴식 시간도 충분치 않다. 오늘날의 사회 체제가 우리를 개인적으로나 정치적으로 온순하게 길들이는 한 가지 방법은 우리가 삶을 새로이 구성할 수 있는 방안을 구상하는 데 필요한 정신적 공간을 빼앗는 것이다. 사회 체제가 별 어려움 없이 허무주의적 분위기를 조성해 낼 수 있는 비결은 우리의 상상력을 짓밟는 데 도가 텄기 때문이다.

사건이 발생하면서 생기는, 즉 큰사물의 울림으로 생기는 독특한 윤리 규범은 우리가 허무주의에 맞설 수 있게 해 준다. 허무주의가 욕망(또는 기질)이 말하는 진실을 배신하라고 유혹할 때마다 이 독특한 윤리 규범은 우리가 잔뜩 반항심에 불타올라 "싫어!"라고 말하게 만든다. 큰사물의 울림은 평범한 사물에 비범한 존엄성을 부여해, 더욱 위대한 열망을 꿈꿀 수 있는 세상을 빼앗으려는 안일함을 우리에게서 퇴치해 낸다. 그렇게 사건은 우리의 일상생활에 열정이 흘러들 수 있도록 한다. 우리에게 우리의 믿음이 변화를 만들어 낼 수 있다는 것을 상기시킴으로써 새로운 가능성을 다시 열어, 우리가 새로운 이상, 가치, 목표, 열망을 세상에 펼칠 수 있게 할 뿐만 아니라 더 위대하고 적극적인 일에 관심을 가지도록 한다. 그리하여 어떤 사람들은 정치적 투쟁에 뛰어들게 되고, 어떤 사람들은 인도주의자나 사회운동가 또는 자원봉사자처럼 타인을 돕는 데 자신의 생을 바치기로 결심하게 되는 것이다. 또 어떤 사람들은 과학과 지식의 발전에 목숨을 바치기로 결심하기도 한다. 과업을 수행하며 자기 자신을 "잃어버리곤" 하는 예술가와 발명가들도 그들의 창작물이 우리 모두가 공유하게 되는 사회 구조의 한 요소로 거듭나게 될 것이라는 점에서, 그들의 관심사는 사회적으로 중대한 의미를 갖는다고 할 수 있다. 이들의 열정은 흔히 말하는 열심히 노력한다는 수준 "이상"의 것으로, 자신의 관심사에 아주 깊이 몰두하게 하고, 이들의 삶

"이상"으로 많은 이의 삶을 이롭게 한다. 그래서 자아를 실현하는 것이 때로는 자아를 포기하는 것처럼 보인다. 빗방울이 바다에 섞여 없어지는 것처럼, 자아를 대의명분에 내던져 잃어버리고 마는 것이다.

8장
불안의 긍정적인 측면

행복해지라는 충고 (…) 그 충고는 짜증이 잔뜩 난 채로 집에
돌아왔을 때, 현관으로 달려 나와 자신을 반기지 않는 아이들을
꾸짖는 아버지의 분노를 낳는다.
테오도어 아도르노•

I

테오도어 아도르노는 서구 부르주아 사회를 날카롭게 비판
하며, 행복해지라고 말하는 문화적 명령이 사회에서 패권
을 쥐고 있는 것에 주목했다. 그는 명랑하고 즐거움으로 가
득 찬 삶을 살아가야 한다는 생각이 우리를 끊임없이 괴롭
히는 이유는, 우리가 이러한 신조에 동조하기 때문이라고
주장한다. 이러한 생각은 우리를 자신의 안락함만 신경 쓰
게 하여 가난이나 불평등과 같은 사회적 질병을 바라보지

• Theodor Adorno. 독일의 철학자이자 미학자, 사회학자로 프랑크푸르
트 학파의 대표적 인물. 근대 문명에 대한 독자적인 비판 이론을 정립했다.

못하게 만든다. 또한 행복의 근원은 우리 존재 안에 있다고 믿도록 만들어서 정치에 무관심해지게 한다. 그리하여 우리는 어떤 불행은 사회에 원인이 있다는 사실을 더 이상 인식하지 못하게 된다. 결국 행복에 대한 책임을 자기 자신에게 돌리게 되므로, 우리는 사회를 변화시키기 위한 그 어떤 정치 활동도 하지 않게 된다.[1] 이와 관련하여, 행복한 삶을 살라는 우리 사회의 명령은 애초에 행복의 의미를 개인적이고 한정된 개념으로 축소한다. 그 결과로, 살면서 상대적으로 근심 걱정이 없고, 자질구레한 관심사에만 집중하는 안정적인 삶을 살아나갈 때, 우리는 행복한 삶을 살고 있다고 느끼게 된다. 이러한 사태를 더욱 부추기는 것은 우리 문화가 선전하는 진실하고 진정한 삶이라고 아도르노는 주장한다. 이 삶은 우리 안에 자발적으로 행동할 수 있는 능력이 있으며, 우리가 그 능력에 목소리를 내어 주어야지만 삶이 의미를 가질 수 있게 된다고 말한다. 이러한 이데올로기는 어떤 것에 대한 우리의 집착을 삶에 진정성을 부여하는 행위로 본다. 이에 아도르노는 특유의 짜증스러운 목소리로, 시름시름 죽어 가지 않고 살고자 한다면 "스스로 진정하지 않다는 오명을 뒤집어쓰는 수밖에 없다."라고 말했다.[2]

겉보기에는 이 책에서 논하고 있는 기질의 양성이 아도르노가 그토록 경멸하는 부르주아적 꿈인 진정한 삶과 같은 것이 아닌지 의문이 들 수도 있겠다. 그러나 여기에는 무언가 더 복잡한 문제가 얽혀 있다는 것을 보여 주고자 한다. 사실 내가 이 책에서 이루고자 하는 목표는 실제로 아도르노의 주장과 중요한 연관성이 있다고 생각한다. 아도르노는 진정성이라는 이름으로 개인의 타락과 정신적 본질의 상실을 비난하는 부르주아적 사고방식을 조롱하면서, 동시에 사회 경제적 조직이 문화 산업과 결합하는 것을 못 미더워하기 때문이다. 문화 산업은 사회 경제적 조직을 대변하고 지지하며 우리를 물건처럼 취급하고 고립시킨 뒤, 공산주의 창시자인 마르크스가 먼저 분석한 것처럼 우리가 가진 능력을 약화시킨다.[3] 더욱이 책의 앞부분에서 언급했듯이, 나는 기질의 진정성을 우리가 표현해 내야만 하는 존재의 본질적 핵심이라고 생각하지 않는다. 또한 문화 속에서 기질의 진정성이 안정적인 삶을 살 수 있게 해 주는 처방전이 필요 없는 약으로 단순하게 묘사되고 있는데, 나는 이를 결코 받아들일 수 없다. 오히려 이 책에서 나는 우리가 기질에 더욱 힘을 실어 줄수록 실존적인 격변이 많이 일어나 스트레스로 인한 불안, 우울과 같은 문제를 겪게 되고, 우리는 이를 감내할 필요가 있음을 주장해 왔다. 우리의 기질이 존재의 가장 반항적이고 사회적으로 저항하고자 하는 면모를 드러낸다는 것이 사실이라면, 기질의 부름을 받는다는 것이 꼭 좋은 경험만은 아니다. 또한 앞 장에서 보았듯, 이는 순전히 개인적인 세계 내에서만 이루어지는 일이 아니라, 보다 더 큰 대의명분을 향해 나아가는 일이다.

조금 더 엄밀히 말하자면, 우리 정체성이 지닌 여러 모습 중 엄격히 통제된 모습이 아닌 가장 해이한 모습에까지 기질의 부름이 손을 뻗친다면 불안과 불안의 사촌 격인 과잉 동요가 함께 찾아온다. 이러한 맥락에서, 불안은 우리가 세상이 가하는 다양한 공격에 취약하기 때문만이 아니라, 우리의 고유한 성격 때문에도 생긴다는 것을 명심해야 한다. 우리 신체는 매우 쉽게 과흥분의 상태가 되곤 한다. 우리 정신 또한 지나치게 흥분하면 사고 과정과 감정을 통제하는 능력을 잃어버릴 수 있다. 일반적으로 인간의 삶에는 지독히도 제멋대로 구는 어떤 것이 있는데, 이것은 우리 안에서 생겨나며, 우리를 언제든지 붕괴시킬 수 있는 잠재적인 가능성을 지니고 있다. 그러므로 우리는 항상 균형을 잃게 될 위험이 있기에, 평온함이 계속해서 지속된다는 것은 예외적이며 불안을 어느 정도 느끼며 사는 것이 정상적인 상태다. 어떤 사람은 확실히 다른 사람들보다 불안을 더 쉽게 느끼고, 우리는 특정 상황에서 남들보다 더 쉽게 불안해하지만, 불안을 우리 삶에서 완전히 없앨 수는 없다. 그러나 우리는 불안을 없앨 수 있다고 말하는 사회의 압박을 끊임없이 받고 있다.

이어질 내용에 앞서, 상대적으로 질서 정연하게 굴려는 사회적 자아와 무질서하게 굴 (그리고 불안을 유발할) 가능성이 큰 기질 사이의 갈등을 떠올려 보면 이해가 수월하겠다. 우리를 사회적인 삶의 구성원으로 끌어들이려는 자아 형성의 사회화 과정은 점점 더 정교하게 이 세상을 조직한다. 2 더하기 2는 4라는 것을 배우기 전에는 미적분을 할 수 없는 것처럼, 더욱 복잡한 삶을 헤쳐 나가는 데 필요한 능력 또한 점진적으로 향상된다. 우리는 성인이 되면서 한결같은 삶을 가꾸는 데 필요한 많은 삶의 기술을 습득한다. 우리는 X를 하면 Y라는 결과가 따른다는 걸 안다. 냄비 안에 알맞은 재료를 넣기만 하면 수프가 만들어진다. 피아노 연습을 열심히 하면 연주 실력이 향상된다. 제때 청구서의 금액을 지불하면 신용 등급이 올라간다. 열심히 일하면 승진한다. 지혜로운 방식으로 양육하면 아이는 예의 바른 어른으로 성장한다. 물론 일이 잘 풀리지 않을 때도 있고, 수프를 태우거나, 승진하기는커녕 직장에서 해고되고, 자녀가 자만에 빠져 오만한 폭군처럼 자라나게 될 수도 있다. 어찌 됐건 우리는 원칙적으로 특정 행동과 특정 결과 사이에는 상관관계가 있다는 것을 배운다.

이와는 대조적으로, 기질의 부름을 받았을 때는 상관관계가 성립되지 않는다. 우리의 기질이 지극히 기초적인 방식으로 구성된 신체 에너지를 포함하여 사회적 정체성보다 더욱 원초적이고 근본적인 모습의 참여를 끌어내기 때문이다. 물론 원초적이고 근본적인 모습 말고도 우리의 기질을 구성하는 다른 요소들이 있다. 앞서 설명했듯, 그 모습들은 사회적 영향력에서 완전히 벗어나지는 못한다. 그럼에도 우리가 지닌 욕망의 진실에 상응하는 이상이 문화적으로 지배적인 위치를 차지하는 이상과 어느 정도 거리가 있는 것처럼, 기질은 타인을 위한 마음에서 비롯되는 공손함이나 순종적 면모와 어울릴 수 없다. 기질은 사회적 페르소나의 엄격한 통제를 무너뜨릴 수 있는 비사회적인 (또는 아주 미미하게 사회적인) 에너지로 구성되어 있다. 이것이 기질이란 사회적으로 받아들여질 수 있는 정체성의 반항적인 이면을 의미할 수밖에 없다고 강조한 이유다. 사실 유감스럽게도, 나는 무감각한 사회 구조에 지나치게 충성하지 않도록 도와주는 에너지가 우리를 역으로 합리적인 삶이라는 개념이 가져오는 혼란 속으로 끊임없이 몰아넣고 있다고 생각한다. 그래서 우리 안의 가장 반항적인 면모를 감쪽같이 없애지 않는 이상, 우리 마음에서 불안을 떨치기가 매우 어렵다. 순종적이지 않고서는 불안에서 벗어나기 쉽지 않다.

이러한 어려움은 마음의 평화가 우리 사회가 추구하는 상품에 지나지 않는다는 사실과 더불어, 우리에게 적잖이 회의적인 기분이 들게 한다. 평화로운 기분을 느낀다는 것은 물론 바람직하다. 약간의 평온함은 당연히 아무런 문제가 되지 않는다. 많은 이가 명상과 마음 챙김mindfulness으로 도움을 받는 것 같다. 그러나 앞서 말했듯, 세상의 모든 긴장감이 사라진 삶이 좋은 삶이라면서 평온함을 추구하는 것은 어떤 강박일 수 있다. 스트레스 극복 방법을 제공하는 잡지 기사에서부터 불안을 물리치는 능력을 습득하는 것을 득도라고 여기는 소위 뉴에이지 시대 전문가라는 사람들에 이르기까지, 우리는 불안이 삶에 침투하도록 내버려 두면 큰일이 난다는 생각에 사로잡혀 있다. 그러나 우리가 삶에서 "균형"을 추구할수록 우리는 더욱 사회와 동떨어지고, 삶은 더욱 단조롭고 지루해진다. 실존적 균형이라는 이상을 추구할수록 우리의 기질은 더욱 억제된다.

이것이 몸과 마음을 완벽하게 건강한 상태로 유지해야 한다는 우리 사회의 집착만큼 사람들을 획일화하는 것은 또 없다고 아도르노가 주장한 이유일 것이다. 사회는 우리가 분에 넘치도록 행복할 뿐만 아니라 어떠한 질병도 없이 건강하길 바란다. 설사 우리가 그렇게 하지 못하고 만약 어딘가 아프다면, 적어도 증상은 쉽게 식별되고 분류될 수 있어야 한다. 다시 말해, 우리 질병은 사회적으로 알려지고 받아들여질 수 있는 기능적 장애로 규정되어야 하며, 서류로 증빙되어야 한다. 이것이 아도르노가 원기 왕성한 건강을 유지하고자 하는 우리의 소망 이면에는 인간의 죽음에 대한 자각이라는 비극이 숨어 있다고 생각한 이유다. 인간 삶의 별나고 어지러운 모든 것들도 결국은 종말을 맞게 된다는 비극 말이다.[4] 이러한 설명에 따르면 사회 경제적 체제는 어떠한 분류 체계에도 속하지 못하는 증상을 용인하지 않는다. 그것은 치료가 불가능하다는 의미이기 때문이다. 사회 경제적 체제가 원활히 운영되기 위해서는 무엇보다도 자신이 맡은 일을 톡톡히 해내는 노동자들이 필요하므로, 그들을 잃지 않으려면 치료가 반드시 성공적으로 이루어져야 한다. 코감기에 걸리면 코감기 약을, 우울증에 걸리면 항우울제를, 과도하게 불안하면 진정제를 복용하면 된다. 여기서 중요한 건 당신이 매일 아침 제시간에 출근해 일할 수 있느냐는 것이다.

팀 딘*은 우리가 건강을 세심히 관리하면 질병을 예방할 수 있다는 우리 사회의 지독한 (또한 유례없는) 맹신과 관련해 논의를 한 적이 있다. 우리는 흡연, 음주, 성적 문란과 같은 위험 요인을 피하고, 균형 잡힌 식단을 유지하며, 규칙적인 운동을 꾸준히 하면 장수할 수 있을 것으로 생각한다.[5] 이는 분명 어느 정도 사실이다. 하지만 이러한 생각은 질병에 걸리는 것을 비도덕적인 것으로 여기고, 건강한 생활 습관을 지니지 못한 사람을 비난하는 수단이 되기도 한다. 궁극적으로는 쾌락의 규제에 관한 것이다. 즉, 어떤 종류의 쾌락이 허용되고 허용되지 않는지를 우리 대신 판단해 주는 의료화medicalization 과정이다.[6] 게다가 의학적 진보로 더욱 정확한 진단을 내릴 수 있게 되어, 우리는 질병을 예방하기

---

* Tim Dean. 영국의 학자이자 작가로, 현대 퀴어 이론의 권위자다.

위해 끊임없이 건강 검진을 받는다. 덕분에 우리는 더할 나위 없이 건강하더라도, 언제라도 무언가 잘못될 수 있다는 암울한 운명 속에 살고 있다. CT 촬영에서 아주 작은 혹이라도 발견되면, 의례가 되어 버린 건강 검진을 연간 방사선 노출량이 우려스러워 중단하겠다고 선언하지 않는 이상, 우리는 남은 평생 혹을 끊임없이 검진하고 관리할 것이다. 건강이란 지속적인 관찰과 평가, 감시가 필요한 불안정한 것으로 재정의되었다. 결과적으로 우리는 이미 존재하는 문제를 고치는 것보다 일어나지도 않은 잠재적인 문제를 걱정하는 데 더 많은 에너지를 소비하고, 편집증에 가까울 정도로 지나친 관심을 기울여 신체를 살피게 되었다. 정말 화가 나는 점은, 많은 사람이 기본적인 의료 서비스조차 받지 못하는 상황에서 이 모든 일이 일어나고 있다는 것이다.

건강한 생활 방식을 고수하지 말라거나 건강 검진을 중단하라고 말하는 것이 아니다. 그것들은 분명 크게 도움이 된다. 그러나 끊임없이 죽는다는 (또는 단명하는) 것에 대해 걱정하느라 많은 이가 살아 있다는 느낌을 잊고 산다는 사실에는 다소 암울한 면이 있다. 또한 많은 이가 건강 관리를 위해 군말 없이 받아들이고 해내는 끝없는 활동들과, 현대 문화의 특징인 위험에 대한 지나친 염려 사이에는 어떤 연관성이 있다는 딘의 주장에 나도 동의한다. 예를 들어, 국가 안보 및 테러리즘과 같은 주제를 두고 위험에 대해 말하는 수사법은 우리를 지나치게 불안하게 만들기 때문에, 그러한 수사법 자체가 (심각하진 않더라도 교활한) 위협이 될 수 있다. 또한 안타깝게도 이러한 수사법은 우리와 다른 인종, 종교, 국적을 지닌 이들처럼 우리에게 낯선 모든 것에 두려움을 갖게 한다.[7] 그러나 삶에서 모든 위험을 없애 버릴 수 있다는 생각은 우리가 영원히 살 수 있다는 생각만큼이나 비현실적이다. 삶에서 위험을 최소화하고 행복을 처방하려는 우리 사회의 필사적인 노력 이면에는, 본질적으로 불안정한 인간의 본성 앞에 무릎 꿇을 수밖에 없다는 비참한 무력함이 숨어 있는 게 아닐까 한다. 불안을 삶의 흐름 속으로 받아들이는 방법을 알지 못한다는 점에서 우리는 사회적으로 불안에 대처하는 능력을 분명히 잃어버렸다. 대신 우리는 그러한 사실을 부정하기 위해 할 수 있는 실용주의적인 조치란 조치는 모두 취한다. 그러나 실용주의적 조치는 우리가 상황을 통제할 수 있다는 환상을 주고, 삶이 위험으로 가득하다는 사실을 인정하면서도 그 사실에 지나치게 압도당하지 않으며 살아가는 방법을 고심할 기회를 빼앗는다.

3

분명 위험의 종류는 다양하다. 어떤 위험은 다른 것에 비해 다루기 쉽다. 하지만 욕망은 항상 우리를 본질적으로 예측할 수 없는 외부 세계와 연결하기 때문에, 무언가를 욕망하는 순간 삶에 위험이 초래된다는 사실을 명심하는 것이 좋겠다. 하지만 우리 각자가 이러한 현실에서 어떻게 하면 잘 살아갈 수 있는 기반을 다질 수 있는지는 오리무중으로 남아 있다. 우리의 에너지를 어디에 투자할지, 삶의 문제를 어떻게 헤쳐 나갈지, (닫힌 문과 반대되는) 열린 문이라는 기회를 어디서 포착할 수 있을지, 그 열린 문으로 걸어 나가기 위해 어떻게 용기를 낼지와 같은 문제들은 간단히 해결할 수 없다. 결과적으로 실존적 투쟁에 어떤 "요점"이 있다면, 사회가 제공하는 명쾌한 해답을 있는 그대로 받아들이지 말고, 그 해답은 우리를 기만할 뿐이라는 사실을 인식하는 것이다. 삶에 어떤 "의미"가 있다면 그 의미는 결정되어 있는 것이 아니라, 특별히 의미 있는 삶의 모습에 도달하기 위한 우리의 끊임없는 노력에 의해 만들어진다. 이런 관점에서 보면 나에게 의미 있는 것이 당신에게는 그렇지 않을 수도 있다. 그럼에도 우리에게 어떤 공통점이 있다면, 우리 모두 각자의 삶을 가치 있다고 느끼게 만드는 어떤 것을 위해서 자신만의 고유한 탐구 활동을 벌이고 있다는 것이다. 탐구의 형태는 시간이 지남에 따라 변하는 경향이 있으므로, 특정 순간에는 매력적이었던 것이 나중에는 그렇지 않을 수 있다. 이는 다행스러운 일이다. 삶의 의미가 때때로 재설정되지 않으면, 삶은 빠르게 우리를 추월해 우리는 "뒤처져" 버리기 때문이다. 즉, 삶은 앞으로 나아가는데 우리는 발맞춰 나아가지 못하게 된다. 삶의 의미가 우리의 다양한 관심사와 함께 진화해 나간다는 사실이 삶을 정말 의미 있게 만든다. 이는 우리가 살아온 현실과 그 현실에 부여한 의미를 연결한다.

분명히, 우리는 뒤처질 때가 있다. 너무나 빠르게 흘러가는 삶을 따라잡을 수가 없어 삶의 의미를 잃어버릴 때가 있다. 어느 날, 우리는 고개를 들고 어떻게 이 지경에 이르렀는지 의아해한다. 그리고 지금의 모습이 우리가 정말 원하던 모습이 아니라는 것을 깨닫게 될지 모른다. 이때가 바로 실존적 위기의 순간으로, 우리는 어디로 향하고 있는지 더욱 주의 깊게 살피기 위해 속도를 늦추고는 불안함(또는 슬픔이나 환멸)에 빠지게 된다. 우리는 마치 엄청나게 시간을 낭비하고 있는 것처럼 느낄 수 있다. 그러나 사실 이 순간은 우리 삶에 있어 가장 생산적인 순간이 될 수 있다. 우리 삶이 평소처럼 빠른 템포를 유지한다면 결코 가질 수 없었을 통찰력을 가져다주기 때문이다. 더욱이 우리가 익히 해 오던 일을 더 이상 해낼 수 없음을 깨달으면, 우리는 비로소 다른 일을 하게 될 수 있다. 그 다른 일이 훗날, 기존의 활동보다 더 중요한 의미를 갖는 것으로 밝혀질 수도 있다. 그렇기 때문에 일종의 위기 상황에 휘말리는 것이 결국엔 건설적인 결과를 가져올 수 있다. 삶의 경로를 수정하도록 유도하는 위기 덕에 우리는 삶의 의미를 다시 한번 깨닫는다.

위기의 순간, 우리는 시간이 너무 쏜살같이 흐른다고 느끼며, 삶이란 본래 덧없는 것임을 깨닫고는 괴로워한다.

그러나 이것도 꼭 나쁜 일만은 아니다. 많은 경우 우리는 언젠가 이 삶도 끝을 맞이할 것이라는 인식을 억누르고 살아간다. 그렇지 않고서는 황량한 감정을 이겨 내지 못할 것이다. 잠시 멈춰 생각해 보면, 많은 이가 매일 아침 침대에서 일어난다는 것은 작은 기적과도 같다. 언젠가는 우리 삶도 막을 내린다는 운명은 우리가 짊어지기에 너무 큰 고통이기 때문이다. 당연히 별로 생각하고 싶지 않다. 그러나 이 운명에 대해 생각해 보지 않고 한사코 무시하기만 하면 삶을 낭비하게 된다. 우리는 아무렇게나 살고, 궁극적으로 진짜 중요한 것들은 놓치고 그다지 중요하지 않은 일만 하게 될 수 있다. 소위 말하는 중년의 위기midlife crisis도 우리에게 주어진 시간이 얼마 남지 않았으며, 이제는 정말로 삶에서 중요한 일을 해야 한다는 깨달음일 수 있다. 이런 일이 발생하더라도 우리가 삶에서 정말 중요한 일이 무엇인지 아예 갈피를 잡지 못하는 것은 아니라서 무언가를 하긴 하는데, 문제는 엉뚱한 곳에서 삶의 의미를 찾도록 내몰린다는 것이다. 이런 점에서, 삶의 덧없음에 대해 생각해 보도록 하는 실존적 위기에 빠진다는 것은 경사스러운 사건일 수 있다. 비록 그 당시에는 깨닫지 못하겠지만 말이다. 이런 위기를 여러 번 겪은 사람들은 더 괴로운 삶을 살아왔을 수 있다. 그들의 기질에는 전반적으로 슬픈 그림자가 드리워져 있을 수 있다. 하지만 그들은 남은 생에서 그들이 진정으로 원하는 것이 무엇인지를 잘 알고 있을 것이다. 결과적으로 그들은 올바른 종류의 욕망을 더 훌륭히 추구하고 있을지도 모른다.

다소 역설적이게도, 삶이란 본래 덧없다는 사실을 항상 인식하며 살아가면, 우리에게 주어진 이 인식이 얼마나 대단한 선물인지 이해할 수 있게 된다. 우리는 이 선물 덕에 괴로움으로 한탄하는 것을 멈추고, 덧없음을 삶의 소중함에 덧대어져 있는 안감으로 여길 수 있게 된다. 우리가 영원히 살 것이라고 생각한다면, 우리는 새로운 하루하루를 열정적인 마음으로 맞이할 수 없을 것이다. 삶을 구성하는 모든 순간순간을 소중히 여기지 못할 것이다. 이것은 우리가 느끼는 결핍감이 결핍을 채우기 위해 다양한 전략을 고안하도록 한다는 앞선 설명과 관련이 있다. 삶에 무언가가 결핍되어 있다는 인식이 우리에게 더욱 새롭고 풍부한 창의성을 가져다주는 것처럼, 삶에 끝이 있다는 인식은 우리가 만족하는 대상과 활동 들로 남은 생을 채워 나갈 수 있도록 새로운 힘을 준다. 이것이 우리가 더 높은 이상, 더 높은 열망에 도달하는 방법이다. 그럼에도 누군가는 살다 보면 일반적으로 현실에 안주하게 된다고 말할 수 있다. 하지만 삶이 금방이라도 끝날 수 있다는 인식은 불안을 일으키기에 현실에 안주한다는 것은 본질적으로 인간의 삶에 적절치 않다. 어떤 면에서는 삶 자체보다 죽음에 대한 전망이 우리를 더욱 충만하게 살게끔 한다.[8] 결과적으로 삶의 덧없음은 삶의 가치를 깎아내리지 않고 드높인다. 운명을 사랑한다는 것은 무엇보다도 삶의 덧없음을 사랑한다는 의미다.[9]

삶의 덧없음에 잘 대처하려면 과거의 자아를 내보내는 것이 중요하다. 앞서 나는 우리가 자신만의 역사가 있다는 것을 의식하고 있다는 점에서 자아의식을 지닌 역사적 생명체라고 주장했다. 이 역사가 어떻게 구성되는지는 잘 알지 못하지만, 우리는 오늘날 우리라는 사람을 있게 한 많은 것에 대한 기억을 가지고 있다. 이런 사실과 함께, 끊임없는 변화 과정 때문에 우리가 가진 그 어떤 자아의 모습도 최종적인 자아가 되지 않는다. 결과적으로 새로운 자아의 모습이 생겨나려고 할 때마다, 오래된 자아의 모습을 포기할 줄 아는 것이 인생의 과제가 된다. 우리가 기존의 자아 모습을 좋아한다면 포기하기란 쉽지 않을 수 있다. 예를 들어, 젊은 날에 지녔던 자아가 새로운 자아의 모습보다 더욱 에너지 넘치고 자유롭고 또는 매력적으로 보이기 때문에 젊은 날의 자아를 보내기 힘들 수 있다. 과거의 고통이 우리의 현재를 괴롭히기에 때로 과거를 저버리기 힘든 것처럼, 보람찼던 과거를 포기하기란 또한 쉽지 않다. 크나큰 만족을 가져다준 것을 포기하기란 어렵다. 그러나 우리가 새로운 모습을 맞이하기 위해서는 이 어려움을 뚫고 나갈 방법을 찾아야 한다.

삶은 새로운 자아의 모습이 우리에게 찾아왔다 사라질 때마다 우리가 애석한 마음으로 애도하길 바란다. 그렇다면 애도는 평생 계속될 것이다. 늘 후회와 의구심이 따를 것이다. 우리는 행복했던 과거에 향수를 느끼곤 한다. 그리고 특정 기회를 놓쳐 버린 것에 몹시 애통해 한다. 이 선택 말고 다른 선택을 내렸더라면, 이것 말고 저걸 했더라면. 그러나 무엇보다도 자아의 모습이 쓸모없어질 때 우리는 큰 애석함을 느낀다. 때로는 애석한 마음을 주체하지 못해 결론을 내려야 할 시기를 놓쳐 버리고는 더 이상 쓸모가 없어진 자아의 모습에 우울한 애착을 형성하기도 한다. 그러나 그것은 커피에 상한 우유를 붓는 격이다. 존재를 썩게하고 때로는 아프게 한다. 따라서 우리는 낡은 자아의 모습을 올바르게 애도하는 법과 잘 버리는 법을 배워야 하는데, 우리가 계속해서 삶을 의미 있게 느끼기 위해서라도 꼭 필요하다.

　　우리가 실존적인 경각심을 세우고 살아가기 위해서는 먼저 과거의 자아 모습을 없애 버릴 수 있어야 한다. 보다 구체적으로 말하자면, 창조적인 삶을 형성하기 위해서는 과거와 현재 그리고 미래의 상호 작용을 주목해야 한다. 과거는 기질은 물론 현재 우리가 가지고 있는 힘의 원천이므로 피하지 말아야 한다. 더불어 아직 실현되지 않은 잠재력을 가지고 있는 미래를 내다보기도 해야 한다. 미래는 항상 어느 정도 과거가 보내오는 울림을 포함하고 있으며, 때로 이 울림은 큰 두려움으로 다가오기도 하지만, 새로운 기회와 새로운 삶의 (그리고 새로운 사랑의) 양식으로 가득 차 있다. 이처럼 미래는 욕망의 장소이자 희망의 문으로, 우리가 더 적극적으로 새로운 삶을 형성하게 만든다. 그러나 그러기 위해서는 과거를 존재의 기반으로 삼고 과거에 대한 애착을 놓지 못하는 자아를 넘어서려는 의지가 필요하다. 위험을 감수하고, 그에 따른 불안을 참고 견뎌 낼 의지가 필요하다. 이미 알고 있는 세계 너머로 나아가기 위해서는 미지의 세계를 포용할 줄 알아야 하기 때문이다. 가장 중요한 것은, 앞서 여러 번 주장한 것처럼, 과거의 지혜를 미래를 살아가기 위한 자원으로 바꾸어 내는 다소 신비스러운 연금술을 수행할 수 있어야 한다는 것이다. 과거에서 얻은 지혜를 썩히는 것은 엄청난 낭비라고 강조해 왔다. 그러나 과거에 너무 얽매여서 미래로 나아가지 못하는 것 또한 낭비일 것이다. (좋든 나쁘든) 과거의 다양한 요소를 미래를 위한 재료로 재활용할 수 있는 능력만큼 우리에게 실존적인 명민함을 가져다주는 것은 없다.

5

과거를 미래를 위한 자원으로 바꾸어 사용하기 위해서는 나쁜 것을 좋은 것으로, 적어도 더 나은 것으로 바꾸어 낼 줄 아는 능력이 필수적이라고 강조했다. 우리는 모두 잿더미에서 솟아오르는 불사조 신화에 대해 잘 알고 있다. 이 신화가 우리의 문화적 상상력에 있어서 매우 중요한 위치를 차지하는 데는 이유가 있다. 우리 사회에서는 실패를 극복하고 고난, 파멸, 실망 또는 정서적 황폐화의 잔해 속에서 다시 일어나는 능력을 매우 중요한 가치로 여기기 때문이다. 역경을 기회로 만든다는 수사법은 적어도 암묵적으로 "적자생존"을 행동의 원칙으로 삼는 극도로 경쟁적인 사회가 추구하는 이익과 어느 정도 궤를 같이하는 것 같다. 평범한 자기 계발서, 라이프 스타일 잡지, 할리우드 영화에서 찾아볼 수 있는 고난을 극복하는 방법에 대한 아주 낙천적인 조언 또한 아도르노가 비판한 행복해지라는 충고만큼이나 진부하기 짝이 없다는 것은 당연하다. 모든 역경을 이겨 낸 영웅을 향한 숭배가 미국 민속 문화에 있어서는 아주 중요한 부분을 차지할지도 모르겠으나, 허울뿐인 것으로 공허하기도 하다. 게다가 누군가에게는 모욕적으로 들릴 수도 있다. 분명 극복 불가능한 가난, 고통, 슬픔도 있기 때문이다. 사회적 불평등에서 비롯된 가난은 누군가를 새로운 기회의 문턱조차 밟지 못하게 해 마음을 황폐하게 만들 수도 있다. 불치병(또는 개인적인 비극)으로 인한 고통을 희망으로 바꾸기란 어려운 일이다. 또한 무엇과도 바꿀 수 없는 소중한 사람을 잃은 슬픔을 이겨 내기란 불가능하거나, 적어도 오래 걸린다.

따라서 내가 하늘로 떠오르는 불사조의 이미지를 환기하는 것은 고통으로 인한 가슴 아픈 (영혼이 짓눌리는 듯한) 현실을 부정하고자 함이 아니다. 내 요점은 단지 **어떤** 종류의 고통은 실존적 통찰력으로 전환될 수 있고 심지어는 기질에 녹아날 수 있는데, 불사조의 이미지가 이러한 가능성을 잘 보여 준다는 것이다. 이는 성장하기 위해서는 어느 정도의 역경이 필요하며, 광범위하게 실존적인 의미에서 삶의 장애물이 성장에 아주 중요하다는 우리의 인식을 나타낸다. 우리는 역경이 많은 삶일수록 그다지 성공적이지 못하다고 생각하는 경향이 있지만, 때때로 실패가 성공보다 더욱 생산적일 때가 있기에 자아를 개선해 나가기 위해서는 삶에 역경이 필요하다는 것을 이해하기도 한다. 과거의 자아를 포기하고 놓아주어야 새로운 자아를 위한 공간이 마련되는 것과 마찬가지로, 실패로 보이는 것이 실패하지 않았더라면 얻을 수 없었을 성공의 여지를 만들어 줄 수 있다. 예를 들면, 어떤 욕망에서 비롯된 실망감은 새로운 욕망의 원천이 될 수 있다. 그리하여 결국 원래의 욕망이 전달할 수 있었을 것보다 훨씬 더 만족스러운 무언가로 우리를 이끌 것이다.

실패는 새로운 기회로 이어지는 관문이다. 실패는 (항상 그런 것은 아니지만 많은 경우) 우리를 목적지로 데려가는 우회로와 같다. 우리는 실패하지 않고 살기를 바라지만, 실패는 우리 각자가 가지고 있던 일상적인 삶의 줄거리가 잘 전개되지 않을 때마다 새로운 삶의 줄거리로 우리를 자극한다. 극단적인 시나리오를 한번 생각해 보자. 삶이라는 조직을 갈기갈기 찢어 놓은 실패로 인해 우리는 실의에 빠지게 되었다. 실패가 얼마나 고통스럽든 간에, 장기적으로 보면 이 실패는 우리를 다른 종류의 삶에, 이전에는 한 번도 발길을 들인 적 없었던 개인적 의미의 영역에 들어서게 할 수 있다. 어떤 실패는 우리에게 아무런 보상도 제공해 주지 않는 단순한 실패일 수 있지만, 어떤 실패는 관습적인 삶의 구조를 파괴하기 때문에 기존과 같았다면 결코 가질 수 없었을 실존적인 삶을 구성할 기회를 준다. 또한 실패가 통찰력이라는 성숙한 모습으로 거듭날 수 있도록 충분한 시간만 준다면, 실패는 우리 존재 안에서 그간 소외당했던 모든 목소리에게 마침내 자신의 열정에 대해 이야기할 수 있는 기회를 주므로, 우리 삶에 생생한 활력을 불어넣는 무언가로 이어지는 통로 역할을 할 수 있다.

우리는 어떤 경험이 결국 우리에게 의미 있는 경험으로 남게 될지 미리 알 수 없다. 때로는 어떤 사건이 가진 중요성이 드러나는 데 수십 년이 걸리기도 한다. 우리의 정신을 갉아먹은 실패가 실제로는 우리에게 힘, 회복력, 겸손 또는 다른 이의 고통에 귀 기울일 줄 아는 능력을 준 원천이었음을 비로소 깨닫고 나니 75세의 노인이 되어 있을지도 모른다. 이것이 내가 가장 "성공적인" 삶은 실패의 의미를 잘 알고 있는 삶이라고 믿는 이유다. 다른 건 몰라도 이러한 인생관은 우리가 삶에서 특정 결과만을 좇지 않게 한다. 우리가 겪는 많은 경험 중 어떤 것이 우리를 가치 있는 것으로 이끌지 알 수 없기에, 겉보기에 성공을 가져다줄 것으로 보이는 경험만 하려고 해서는 좋을 게 없다. 어떤 경험이 우리가 가고자 하는 곳으로 우리를 데려가지 않을 때, 마음대로 삶의 진로를 재조정하면 안 된다는 뜻이 아니다. 어느 정도의 분별력과 안목을 가지고 살아가려는 것과, 우리가 결코 통제할 수 없는 것을 통제하려고 하는 것은 엄연히 다르다. 살다 보면 손을 써 보지도 못했는데 어떤 일이 일어나기도 한다. 이러한 사실을 인식한다는 것이 숙명론을 받아들인다는 의미는 아니다. 그보다는 강박을 내려놓고 사는 법을 배우게 되었다는 뜻이다.

6

삶이 불확실하다는 것만이 삶에서 확실하다면, 우리가 취할 수 있는 최선의 행동은 훗날 가치 있는 결과를 얻을 것이라는 기대를 가지고 실패의 순간 속으로, 심지어는 삶이 파탄 나는 순간 속으로 발을 들이는 것일 수 있겠다. 더욱이 기질은 우리가 이해할 수 있는 정제된 언어로 이야기하지 않기에, 그러니까 우리가 기질의 부름을 받는 순간과 심하게 불안한 순간을 구별하기란 쉽지 않기에, 불안한 마음 없이 태평하게 기질을 기를 수 있다는 것은 비현실적인 생각이다. 기질이 크게 성장할 때는 종종 엄청난 양의 에너지가 동반된다. 자신만의 고유한 삶을 사는 데 필요한 기술은 지나친 열정과 헌신의 표출로 이어져 삶이 고단해지고 불안이 들끓을 수 있다. 이것이 내가 우리 문화가 규정한 실존적 평온을 추구하는 것은 완전히 잘못되었다고 말하는 이유다. 우리가 가진 가장 독특하고 고유한 면모는 우리 존재의 가장 변덕스러운 특징과 연관되어 있으므로, 삶에서 평온함을 추구하는 것은 독특함을 앗아 갈 뿐이다. 우리가 살면서 적극적으로 불안을 느껴야 한다거나, 삶에 평온함이란 있을 수 없다고 말하는 것이 아니다. 많은 경우 우리는 어느 정도의 침착함과 평정심 없이는 살아갈 수 없다. 하지만 이 책에서 계속 발전시켜 온 기질에 대한 설명은 인생에서 정말로 중요한 것은 삶의 혼란을 피하는 능력이 아니라, 회복할 수 없을 정도로 심하게 망가지지는 않으면서 혼란에 맞설 수 있는 능력이라는 사실을 우리가 인정하도록 한다. 우리는 기질이 지닌 변덕스럽고 제멋대로인 에너지를 살 가치가 있는 현실로 바꾸어 내야 한다. 동시에 사회생활에 참여하지 못한다거나 보다 사적인 관계를 가꾸지 못하는 일 없이 우리의 특이성을 존중할 수 있어야 한다.

따라서 마음의 평정을 추구하는 것이 항상 좋기만 한 것은 아니다. 그뿐만 아니라 우리 사회가 특히 좋아하는, 내면이 하나로 잘 통합되어 있을수록 행복한 삶을 살 수 있다는 생각도 석연치 않다. 물론 어느 정도는 사실이다. 그러나 설명해 왔듯, 본질적으로 불안한 우리의 심리적·감정적 현실에 억지로 안정성이라는 빛을 비추는 시도는 상당히 잔인할 수 있다. 극단적인 경우, 우리는 태도가 경직돼 기질이 발산하는 변덕스럽고 기이한 생각과 행동을 받아들이지 못하게 될 수도 있다. 이것이 유령처럼 우리 주위를 맴도는 불안에 맞서 규칙적인 일상이라는 요새를 구축해 자신의 삶을 엄격하게 관리하고 규제하는 사람들이 종종 자신의 욕망 속 암호 같은 진실을 해독하는 데 어려움을 겪는 이유다. 그들은 결과적으로 잘 정돈된 삶을 살아갈지 모르겠으나, 동시에 약간은 무기력한 삶을 살아가게 된다.

우리는 기질이 지닌 불안정한 에너지를 두려워하지만, 끈질기고 가차 없이 고동치는 이 에너지는 계속해서 우리를 충전시킨다는 점에서 이롭기도 하다. 그렇지 않다면 우리는 빠르게 정체되기 시작할 것이다. 우리가 항상 꾸준히 새로운 사람으로 거듭날 수 있는 이유는 우리의 사회적 페르소나가 기질이 지닌 반항적인 에너지의 영향을 완전히 차단하지는 못하기 때문이다. 그렇게 보면 자아 수련이란 존재의 절제되고 통제된 면모와 그렇지 않은 면모의 역동적인 상호 작용이다. 사회적인 삶을 살기 위해서는 존재의 절제되고 통제된 면모와 같은 질서 정연함이 필요하지만, 이는 허울에 불과하므로 실존적인 헛됨에 맞서기 위해서는 무질서도 필요하다. 그러므로 타고난 마음의 동요와 불안을 회피하려는 것은 인생의 실수일 수 있다. 동요하는 마음은 싫증이 나거나 어쩔 줄 몰라 허둥댈 뿐인 생활 방식을 새롭게 되살려 내는 촉매 역할을 할 수 있다.

동요가 촉매 역할을 한다는 개념을 지나친 불안은 손쓸 도리가 없다는 생각과 혼동해서는 안 된다. 불안으로 인한 심각한 병적 징후를 그저 받아들이고 체념하는 수밖에 없다고 말하는 것이 아니다. 여기에서, 병적 증상은 달리 갈 곳이 없는 에너지를 묶어두는 방법이라는 것을 기억하는 게 좋겠다. 그러므로 과도한 에너지를 효과적으로 방출할 수만 있다면, 지나치게 집착적인 병적 증상을 피할 수 있다. 예를 들어, 열정이 넘치는 사람들은 자신의 몸과 마음속을 흐르는 넘쳐 나는 에너지를 배출해 낼 적절한 방법을 찾아내기에 성공적인 결과를 거둘 수 있다. 의식적이든 무의식적이든 그들은 넘치는 에너지가 병이 될지 성취로 거듭날지 본인에게 달렸다는 것을 알고 있다. 또한 성취함으로써 긴장감을 분출해 내지 못한다면, 긴장감이 고통스러운 병적 증상, 강박, 노이로제와 같은 다양한 중독 증상으로 분출될 가능성이 크다는 것도 이해하고 있다. 이 사실이 슬프게 들릴 수도 있고 이 또한 일종의 중독이 아닌가 생각할 수 있겠지만, 이것이야말로 불안을 다루는 방법 중 가장 덜 해로운 방법이다. 그리고 이것이 내가 내담자에게 "마음을 편히 가지세요."라고 말하는 심리 치료사들을 석연치 않게 여기는 이유다. 어떤 사람에게는 이러한 조언이 정말 최악일 수 있다. 이 말로 인해 어떤 일을 성취해 내고자 하는 욕구가 없어지게 된다면 다른 다양한 가능성의 문이 열리게 되는데, 모든 것을 고려해 봤을 때 우리에게 훨씬 더 해로운 영향을 끼친다. 넘치는 에너지에 대처하는 다른 방법은 분명히 성취보다 우리에게 더 해롭다.

다시 한번 짚고 넘어가자면, 에너지가 우리 욕망의 진실을 간직한 어떤 대상으로 흘러 들어가게 하는 것이 요령이다. 이것이 프로이트가 (정신적으로) 병에 걸리지 않는 좋은 방법으로 사랑에 빠질 것을 제안한 이유다. 이 제안을 말 그대로 받아들일 수도 있다. 낭만적인 사랑보다 성공적으로 우리의 에너지를 묶어 둘 (그래서 잘 소진할 수 있는) 방법은 아무리 찾아봐도 없기 때문이다. 사랑의 열정적인 헌신은 우리의 에너지를 어디에 쏟아야 할지 몰라 곤경에 빠진 사람에게 강력한 "치료제"가 된다. 그러나 프로이트의 말을 우리 모두에게는 욕망의 닻이 필요하다는 뜻으로, 조금 더 은유적으로 이해할 수도 있다. 닻은 직업적인 목표나 창작 활동과 같이 구체적인 것일 수도, 또는 더 높은 이상과 열망처럼 완전히 막연한 것일 수도 있다. 요점은 닻이 없다면 넘치는 에너지가 병적 증상으로 나타날 수 있다는 것이다.

정신적 수련에 대해 생각해 보자. 뉴에이지 전문가들에 따르면 정신적 수련이 우리를 자아ego에 얽매여 있는 욕망에서 해방시켜 준다고 한다. 하지만 나는 정신적 수련이 효과가 있는 이유는 우리를 욕망에서 해방시켜 주기 때문이 아니라, 반대로 (자아에 얽매여 있든 아니든) 욕망에 매우 강력한 닻을 제공하기 때문이라고 주장하고 싶다. 수련이 정말로 어떤 "효과를 낸다면", 이는 수련이 (욕망을 포함하여) 정신적·정서적 에너지를 끌어모으는 효과적인 수단이기 때문이다. 그래서 우리는 특정한 목표에만 전념하고, 그 밖의 다른 것들은 전혀 신경 쓰지 않게 되는 것이다. 수련은 에너지를 이용하는 여러 기법의 하나라, 고요한 겉모습 이면에는 주체할 수 없는 불안이 요동치고 있다. 우리가 가지고 있는 다른 닻도 같은 원리다. 내가 대중적으로 인기 있는 정신 수련을 문제로 삼는 이유는 이것이 불안을 극복하려고 하기보다는, 인생에 성공을 가져다줄 수 있다면서 사실을 과장하기 때문이다. 우리의 에너지를 이용하는 다른 기법들은 부분적으로 실패할 수 있다는 것을 인정한다는 점에서 보다 정직하다. 이 기법들은 우리의 안절부절못하는 마음을 가라앉히면서도, 불안은 완전히 진정될 수 있는 것이 아니며 여전히 우리 마음속에 남아 있다는 것을 인정한다. 그러므로 사랑하는 데 불안한 마음을 가질 필요가 없고, 직업적 목표와 창조 활동을 위해 노력하는 데 두려워할 필요가 없으며, 더 높은 이상과 열망을 꿈꾸는 데 걱정할 필요가 없다고 이야기하는 것은 말이 안 된다.

(닻 하나만을 독단적으로 사용하는 것이 아니라) 다양한 닻을 능수능란하게 사용할 수 있을 때 우리는 불안을 부정하지 않게 된다. 불안한 마음이 우리를 압도하지 않도록 여

러 활동을 함으로써 불안을 억제하려고는 하지만, 우리는 이 불안감이 우리가 추구하는 일에 잠재적으로 폭발적인 영향을 미칠 수 있다는 것을 인식하고 있다. 가장 중요한 것은, 마음을 보호하는 방어선이 구축되어 있음에도 그 사이를 비집고 불안한 마음이 일부 스며들어 오는데, 우리는 이를 우리가 지닌 특이성의 흔적으로 여기고 두 팔 벌려 환영할 수 있어야 한다는 것이다. 아도르노는 어색하고 당혹스러운 제스처가 "사라진 삶의 흔적"을 보존할 수 있다고 말한다.[10] 또한 한나 아렌트는 우리의 제스처와 말, 행동에 스며들어 있지만, 우리의 자질(재능, 한계 등)로 나타날 수는 없는 미묘한 아우라에 관해 이야기한다. 아우라는 다른 사람이 함부로 흉내를 낼 수 없는 것으로 우리가 "어떤" 사람인지가 아니라 우리가 "누구"인지를 말해 주며, 완전히 침묵하거나 아무런 활동도 하지 않는 상태에서만 잠잠해진다고 한다. 개인의 고유한 정체성을 상징한다고 여겨졌던 그리스의 다이몬*과 마찬가지로 한 사람을 평생 따라다닌다는 아우라는 누구나 쉽게 알아볼 수 있지만, 이것이 무엇인지 말로 명확히 설명하기란 불가능하다.[11] 나는 아렌트의 다이몬과 아도르노의 어색하고 당혹스러운 제스처를 함께 묶어 생각하고 싶다. 두 개념이 교차하는 지점에서 내가 기질이라고 묘사해 온 존재를 발견할 수 있기 때문이다. 다이몬

• daimon. 고대 그리스 신과 인간 사이의 영적인 존재나, 죽은 영웅의 영혼을 가리켰던 말

과 마찬가지로 기질은 추상적인 존재지만 억누를 수 없다. 그리고 어색하고 당혹스러운 제스처처럼, 우리 삶에 활력을 불어넣는 에너지가 종종 지나치게 (비이성적이고 과도하게) 축적되면 기질은 우리에게 무언가를 알려 온다. 불안은 이 에너지의 한 모습이다. 우리 사회는 불안을 적으로 만들지만, 불안이 항상 우리의 적이기만 한 것은 아니다. 불안은 종종 우리가 바란다는 사실조차 잊어버린 바람을 바란다는 것이 어떤 의미인지 상기시켜 준다.

9장
에로스적 삶

하루는 나만의 이디엄*이
잠재적으로 표현되는 공간이다.
**크리스토퍼 볼라스*

I

불안을 삶의 기술로 바꿀 수 있는 능력은 기질을 형성하는
데 있어 중요하다. 하지만 궁극적으로는 보다 더 많은 능력
이 필요하다. 우리는 변덕에 대처할 수 있어야 할 뿐만 아니
라, 기쁨이란 감정을 느끼고 경험해야 한다. 이것이 내가 하

• idiom. 일차적으로 관용어란 뜻이나, 그 언어만이 지니는 특유의 습관
화된 언어 형태를 일컫기도 한다. 나아가 그 사람만의 고유하고 개성이 묻
어나는 어법이나 표현 양식, 특징 및 특색을 의미하기도 한다.
• Christopher Bollas. 현대 정신분석학 연구에 큰 영향을 미친 영국의
정신분석학자

루는 우리만의 "이디엄"이 표현되는 공간이라는 크리스토퍼 볼라스의 설명에 동감하는 이유다.[1] 이 설명대로라면, 하루하루는 우리에게 선택권을 준다. 우리는 기질이 지닌 특성을 극대화하는 선택을 내릴 수도 있고, 기질을 억압하는 대상과 활동만을 잔뜩 선택할 수도 있다. 앞서 주장했듯, 우리의 독특한 정신이 자유롭게 표출되도록 돕는 대상과 활동은 더욱 복잡한 수준의 자아를 실현할 수 있게 해 준다. 반대로, 그다지 도움이 되지도 않으면서 오히려 케케묵은 선입견을 품게 해 우리가 가진 자원을 낭비하게 하는 것들도 있다. 그것들은 순전히 습관적인 것들이다. 습관이 융통성 없이 너무 고집스럽게 굳어지면, 하루라는 시간을 보람찬 공간으로 만들 수 있는 감각을 잃게 된다. 활력을 북돋는 대상과 활동을 선택하는 방법을 잊어, 결과적으로 우리는 하루가 가진 모든 가능성을 날리게 된다. 실현할지 배신할지 우리가 선택할 수 있는 수많은 가능성으로 하루하루가 시작한다면, 배신이 훨씬 쉬울 것이다. 바디우의 개념인 "사건"의 부름을 배신하고 싶은 유혹이 드는 것과 마찬가지로, 매일매일 가능성을 배신하고 싶은 유혹이 들 것이며, 심지어 매우 클지도 모르겠다. 우리가 매일 갈림길에 서서 선택을 내리고 있다는 사실을 많은 이가 깨닫지 못한다. 그러고는 하루를 "날렸다"고 불평한다.

물론 하루를 그냥 "날리는" 것이 옳을 때도 있다. 특별히 아무것도 하지 않거나, 어떤 일을 의도치 않게 우연히 하는 것이 기질을 가장 잘 표현하는 방법이기도 하다. 하루(심지어 한 주)가 그냥 흘러가게 내버려 두면서, 그 과정에서 잃을 수도 있는 것들에 대해 지나치게 걱정하지 않는 것은 인생의 가장 큰 즐거움 중 하나다. 대부분 우리에게는 하루를 어떻게 보낼지 선택할 수 있는 여지가 거의 없다. 우리 중 많은 이가 좋아하지도 않는 일을 어쩔 수 없이 한다. 그래야만 생계를 유지할 수 있기 때문이다. 우리는 소설책을 읽고 싶지만, 아파트 청소를 해야만 할 수도 있다. 또는 우리가 정말 하고 싶어 하는 활동이 무엇인지 실마리를 찾은 바로 그 순간, 사소한 위기가 찾아와 우리의 주의를 요할 수도 있다. 나는 절대 우리가 원한다면 무엇이든 할 수 있다고, 심지어 우리 모두에게 동등한 기회가 주어진다고 주장하는 것이 아니다. 어떤 이에게는 아주 큰 선택의 자유가 주어지는 반면, 어떤 이는 선택에 수많은 제약을 받는다. 따라서 우리에게 영감을 주는 대상과 활동으로 하루를 채워야 한다는 생각은 아주 오만할 수 있다.

그러나 우리에게 **선택의 여지가 있는** 한, 기질에 맞는 대상과 활동을 외면하는 것은 실수일 것이다. 기질의 부름을 환기시키는 대상과 활동에 별 반응을 보이지 않는 것은 실수나 마찬가지다. 우리가 삶 속으로 초대한 사람들이 우리 운명에 엄청난 영향을 미친다는 것을 이미 살펴보았다. 하지만 우리가 살아가는 이 세계는 무생물인 사물로 가득 차 있다. 책, 방, 카페, 음악, 웹사이트에서부터 냉장고 안의 당근, 화장실의 비누, 옷장 속의 옷에 이르기까지 우리는 하루를 결정짓는 수많은 사물과 상호 작용한다. 볼라스는 모든 사물이 다 같은 것은 아니며, 특정 대상이 다른 대상보다 유독 우리를 행복한 경험으로 인도한다고 강조한다.[2] 마찬가지로, 어떤 활동은 우리를 의미 있는 길로 안내하지만, 어떤 활동은 우리를 권태롭게 만든다. 이러한 사실을 고려해 볼 때 안타까운 점은, 많은 이가 일상적(또는 자발적)으로 진정한 만족을 주지 못하는 대상과 활동에 자신의 에너지를 쏟아붓고 있다는 것이다.

그러므로 올바른 종류의 대상과 활동을 선택할 수 있는 능력에 많은 것이 달려 있다. 우리를 움직이게 하는 힘이 없는 평범한 대상이나 활동을 선택한다면 우리는 일상의 경이로움에 도달할 수 없다. 반대로 대상이나 활동을 잘 선택한다면 우리의 기질은 번성하게 된다. 그렇다고 해서 반드시 사회적 명성을 가져다주는 대상과 활동을 선택해야 한다는 것은 아니다. 텔레비전을 보기보다는 극장에 가고, 만화책을 읽기보다는 박물관에 가라는 것이 아니다. 문화적으로 텔레비전이나 만화책보다 극장과 박물관에 가는 것이 더욱 가치 있게 여겨질지라도 말이다. 그보다는 우리가 가진 특이성을 더욱 강화하며, "우리"를 가장 잘 특징지을 수 있는 대상과 활동을 선택하라는 것이다.

물론 그런 대상과 활동이 무엇인지 알기 위해서는 많은 경험을 해 볼 필요가 있겠다. 우리는 극장과 박물관의 홀

류한 가치를 많이 접하지 못했기에, 아마도 극장보다는 텔레비전을 박물관보다는 만화책을 선택할 것이다. 혹은 텔레비전과 만화책이 우리에게 정말 좋은지 잘 모르겠어서 그것들을 기피할 수도 있다. 우리는 적절한 선택을 내릴 수 있을 만큼 충분히 폭넓은 경험을 하지 못했다. 하지만 그렇지 않더라도 대부분의 사람은 무엇이 자신을 감동시키고 무엇이 그렇지 않은지 판단하는 데 필요한 보다 정확한 감각을 발전시켜 나갈 수 있다. 우리가 내린 선택과 그 선택이 우리에게 불러온 감정에 주의를 기울이면, 특정 대상이나 활동을 선택하는 이유가 우리에게 기쁨을 주어서인지, 아니면 그저 익숙하기 때문인지 구별하는 방법을 점차 배울 수 있다. 이 책 전반에 걸쳐 언급하고 있는 라캉의 말을 다시 빌리자면, 큰사물의 울림을 전달하는 것과 그렇지 않은 것을 구별할 수 있게 된다.

앞서 설명했듯, 우리는 큰사물의 울림을 정말로 간직한 사물과 단지 그래 보이는 사물의 차이를 식별하지 못해, 별로 중요하지도 않은 일(또는 세상을 더 피곤하게 할 뿐인 쓸데없는 일)만 벌인다. 단지 그래 보이는 것은 시뮬라크라로, 우리가 정말로 중요한 것에 집중하지 못하게 방해한다. 이와 대조적으로, 욕망의 진실을 따른다면 삶에 활기를 불어넣는 활동을 선택하게 될 것이다. 그러한 활동에 푹 빠지게 되면 우리는 적어도 순간적으로는 과거의 손아귀에서 벗어나고, 미래의 꾐에 넘어가지 않을 만큼 매우 강력하고 흥미

진진한 현재를 창조해 내는 능력을 갖추게 된다. 과거가 괴롭히거나 미래가 마음을 어지럽히도록 내버려 두는 대신, 현재에 머무르기를 선택하는 것이다. 비록 아주 잠깐, 일시적으로만 가능할지라도. 흘러가 버리고 마는 찰나의 순간이 지닌 풍요로움을 온전히 느낄 수 있게 잠시 쉬어 가지 않는다면, 우리의 잠재력을 실현하기 위한 탐구의 과정, 즉 변화의 과정은 결국 아무런 의미도 갖지 못하게 된다. 다시 말해, 변화의 과정은 원칙적으로 끝이 없고 이 과정에서 미래를 내다보는 능력은 꼭 필요하지만, 때가 되면 더 이상 이 현실이 만족스럽지 않은 것을 알면서도 현재라는 시간을 만족스럽게 포용할 수 있고(또 그래야 하며), 있는 그대로 "충분히 만족스럽다"고 느낄 수 있어야 한다. 앞서 일부 뉴에이지적 움직임이 "현재"라는 시간의 중요성을 보편적인 삶의 철학으로 격상시키려는 것이 왜 잘못된 일인지 설명했다. 하지만 내가 강조하는 현재란 의미와 가치가 가득한 순간으로, 그 마법 같은 순간에 푹 빠지도록 우리를 내버려 두는 것이 바람직할 때가 있다는 것에 집중해 보려 한다.

2

여기서 내가 말하고자 하는 것은 바로 에로스적 삶이다. 에로스적 삶은 세계를 경험하는 한 가지 방식으로 일상이 특별한 광채로 눈부시게 빛나게끔 한다. 더 깊게 들어가서, 나는 인간의 삶이 갖는 궁극적인 "목적"에 대한 우리의 이해를 완전히 새롭게 하고자 한다. 많은 종교는 속세의 삶은 단지 신의 구원을 받기 위한 발판이라는 가르침을 전한다. 마찬가지로, 많은 철학 이론은 진리란 속세를 벗어난 초월의 영역에 있으며, 우리는 일상적인 경험들로 마음이 어지러워 이 영역에 들어설 수 없다고 한다. 이러한 관점대로라면, 삶의 절정은 삶 너머에서 이루어진다. 다시 말해, "초월적"이라는 것은 우리가 사는 이 세상을 초월한 어떤 것을 의미한다. 이런 접근법은 분명 수 세기에 걸쳐 많은 이에게 위안을 주었다. 또한 우주의 신비를 풀고 다양한 지적·예술적·영적 능력을 발휘해 숭고한 영역에 닿으려는 인간의 끝없는 (가상한) 노력을 낳기도 했다. 나 역시도 우리가 결코 이룰 수 없는 것을 이루려는 노력(예를 들어, 본질적으로 채워질 수 없는 근본적인 결핍을 채우려는 노력)이 갖는 의의를 강조했기에 단정적으로 이러한 접근법을 폄하하려는 의도는 없다. 그러나 이 세상에서 벗어나는 것을 초월적인 것으로 간주하는 한, 세상이 우리에게 제공하는 것의 진가를 깨닫기는 어려울 수 있다. 그러므로 이러한 접근법이 갖는 부정적인 측면을 되돌아볼 필요가 있다고 생각한다.

종교적·철학적 전통은 세속이라는 장막을 뚫고 나아가 신의 은총이나 형이상학적 통찰과 같은 더욱 초월적인 영역에 닿으려는 인간의 충동에 의해 유지되어 왔다. 하지만 이러한 충동은 비현실적인 세계에만 지나치게 집중하게 해 우리가 살아가는 이 세상을 빼앗는다는 문제가 있다. 이는 성취에 대한 갈망, 큰사물로 상징되는 실낙원에 대한 우리의 갈망을 비현실적인 낙원에 대한 갈망으로 바꾸어, 세상의 모든 만물 (대상과 활동) 중에서 큰사물이 주는 만족감을 대체할 수 있는 것을 찾아내는 우리의 능력을 약화시킨다. 결국 삶 너머에 마음이 끌리게 되면 우리는 우리 삶에 머무를 수 없게 된다. 이 세상에서 우리가 갖는 소명이 단지 신의 은총과 형이상학이 지닌 화려한 위엄을 어렴풋이 흉내 내는 것일 뿐이라고 생각한다면, 그 소명이 지닌 가치는 (뚜렷이 또는 은연중에) 훼손되기 쉽다. 살면서 결코 많은 것을 이루어 내지 못할 것이라고 지레 생각하면, 우리는 열심히 노력하는 것의 중요성을 경시하게 되기 쉽다. 또한 욕망의 종착에 대한 환상, 즉 모든 욕망이 마침내 채워지는 비현실적인 공간에 대한 환상을 품는다면, 우리는 현재의 욕망을 충족시키고자 굳이 지금 여기서 애쓰지 않게 되기 쉽다.

따라서 비현실적인 초월성에 대한 환상은 우리가 사는 세계를 피폐하게 만든다. 환상은 우리가 비현실적인 숭고함을 쫓게 만들고, 그런 숭고함이 세상의 틈 사이사이에 존재한다는 사실을 보지 못하게 한다. 게다가 평범한 대상과 활동 속에서 울려 퍼지는 큰사물의 위엄에 우리가 마음을 쉽게 열지 못하게 만든다. 더욱이 우리를 세상의 고통에서 벗어나게 해주겠다는 비현실적인 세계의 약속은 고통을 그저 꾹 참게 만들어서, 우리는 고통을 완화하기 위한 노력을 더는 하지 않게 된다. 우리는 자신과 타인이 겪는 고통을 견뎌 내야만 하는 필요악이라고, 한마디로 구원을 위한 대가라고 생각하며 순순히 따를 수밖에 없어진다. 종교는 대중의 아편이라고 말한 마르크스는 그러한 사실을 알고 있었다. 그는 종교란 정신이 팔릴 만한 대상을 제공해 우리를 고통에서 벗어나게 만드는 수단이라고 생각했다. 고통은 피할 수 없는 삶의 요소라는 것을 나 역시 인정하지만, 때로는 우리가 이러한 사실을 너무 안일하게 여기는 것은 아닌가 하는 생각이 든다. 특히 우리와 멀리 떨어진 지구 반대편에 살고 있는 사람들의 고통을 직면했을 때, 고통은 피할 수 없는 것이므로 그들이 겪는 고통에 대해서 우리가 할 수 있는 것은 아무것도 없다고 너무 쉽게 확신해 버릴 수 있다. 이런 식으로 우리는 세상의 불평등과 억압은 해결될 수 없다는, 근본적으로 세상은 그런 곳이 아닌가 하는 꺼림칙한 생각에 이르게 된다.

3

우리가 초월성이라는 꿈에 매료될수록, 아이러니하게도 우리는 그 초월성을 우리가 사는 세속적 세계에서 실현해 낼 수 있는 능력을 잃는다. 이것이 내가 역사적으로 우리 사회를 지배해 온 초월성은 신학과 형이상학뿐만 아니라 다른 것으로도 설명될 수 있다고 주장한 이유다. 우리가 살아가는 이 세상의 중요성을 깎아내리지 않으면서, 우리의 개인적인 관심사보다 더 큰 ("초월적인") 어떤 것과 우리를 연결하는 바디우의 "사건"은 초월성을 설명하는 또 하나의 개념이다. 하루를 가능성이 가득한 시공간으로 보는 볼라스의 개념 역시 마찬가지다. 그러나 이 개념들은 우리가 사는 세상을 떠나지 않고도 삶의 일상적인 평범함을 "넘어서" 초월한다는 것의 의미를 개념화하는 많은 방식 중 일부에 불과하다. 게다가 초월성을 이렇게 비정통적인 방식으로 이해하는 것은 자칫하면 위험할 수 있다. 초월성을 우리가 사는 세계 속에서도 경험할 수 있게 하므로, 우리는 일상적인 세계를 벗어날 방법을 더 이상 찾지 않고, 오히려 일상적 세계에 한층 더 깊이 발을 들여놓을 수도 있기 때문이다. 하지만 그렇기 때문에, 삶의 밖에서 의미를 찾는 일을 멈출 때 비로소 우리는 의미를 찾을 수 있는 진정한 기회를 손에 넣게 된다.

우리가 가진 열망을 실제로 우리가 달성할 수 있는 수준으로 조정할 때, 우리는 "초월성"을 일상생활 깊숙이 초대하게 된다. 그렇다고 해서 우리의 세속적 열망이 항상 바람직하다는 것은 아니다. 많은 이가 달성할 수 없는 목표와 야망으로 자기 자신을 해치고 있다. 마치 초월적 세계에서의 구원이라는 전통적인 환상을 우리가 살아가는 이 세상에서의 구원이라는 또 다른 환상으로 바꿔 낸 것 같다. 완벽한 몸매를 가지겠다는 목표 때문에 밥을 먹지 못하는 여성, 완벽한 논문을 써야겠다는 목표 때문에 글을 한 줄도 쓰지 못하는 대학원생, 자신의 딸은 완벽해야 한다는 생각 때문에 딸의 성취를 조금도 인정하지 않는 아버지, 최고의 기업을 거느리겠다는 목표로 하루도 쉬지 못하는 경영자. 이처럼 세속적 욕망조차도 우리가 삶을 제대로 살지 못하게 방해할 수 있다. 이러한 맥락에서, 기질을 형성한다는 것은 자아를 완성한다는 것이 아니라 완벽하지 않은 자아의 모습을 인정하고 받들 수 있는 능력을 완성한다는 의미다. 완벽의 추구는 우리가 완벽하지 않은 삶을 상상도 할 수 없게 만들어, 절대로 실현되지 않을 목표와 야망에 영원히 집착하게 한다. 기질을 형성한다는 것은 바로 이러한 사실을 인식한다는 것이다. 완벽함이란 미래의 일일 수밖에 없기에 항상 우리보다 한발 앞서 있다. 그러므로 우리는 애초에 완벽해질 수 없다.

하지만 이러한 인식을 우리가 가지고 있는 모든 이상과 숭고한 열망을 버려야 한다는 주장과 혼동해서는 안 된다. 앞서 보았던 것처럼, 우리는 모든 것을 무력화하는 허무주의를 물리칠 이상이 필요하다. 그러므로 현실을 개선하려는 어떤 의지도 없이 진부한 현실을 그저 받아들이고 체넘한 채 살아야 한다고 말하는 것이 아니다. 단지 우리가 영감에 따른 활동을 통해 현실을 재구성해 낼 수 있다고, 세상을 등지지 않고도 현실을 개선할 수 있다고 주장하는 것이다. 그럴 수 있는 이유는 세속적인 것과 진부한 것은 다르기 때문이다. 이 세계(세속)에도 이상을 포함하여 조금도 진부하지 않은 것들이 존재할 수 있는 공간이 충분하다. 이것이 바디우가 필멸의 존재 안에 "불멸"의 에너지가 있다고, 보잘것없는 인간이라는 껍데기가 우리를 고결한 이상으로 인도하는 수단이 될 수 있다고 주장한 이유다. 더불어 이것이 내가 큰사물을 부활시키는 가장 좋은 방법은 큰사물이 가진 숭고함을 세속적인 대상과 활동에 투영시키는 것이라고 주장한 이유이기도 하다. 이 세계를 초월할 수 없다는 사실이 우리가 온갖 진부한 것에 둘러싸이게 된다는 의미는 아니다. 우리가 매일 똑같은 일밖에 할 수 없다는 의미는 아니라는 것이다.

4

다음과 같이 말하면 이해가 쉬울 것 같다. 이 세상 "너머"의 것과, 이 세상을 이루고 있는 진부한 것들 "그 이외의" 것에는 차이가 있다.[3] 우리가 세상 "너머"에 도달할 수 없다는 사실이 세상은 진부할 수밖에 없다는 뜻은, 우리가 세상에서 흔해 빠진 진부한 것 "그 이외의" 것을 열망할 수 없다는 뜻은 아니다. 하지만 어떤 의미에서는 진부한 것이 비현실적인 세계의 초월성에 대한 우리의 환상만큼이나 우리를 세상의 광채에서 멀어지게 한다고 할 수도 있다. 진부한 것은 우리가 무언가에 열정적으로 몰두할 수 있게 한다기보다는 실용적인 것으로, 우리가 세상에서 살아남을 수 있게끔 도와주는 것이기 때문이다. 다시 말해, 진부한 관심사는 세상 속에서 발생하지만, 세상을 지탱하고 있는 것처럼 보이는 이 진부한 것들이 종종 세상과 우리를 단절시킨다. 진부한 것들은 우리가 세상일에 집중하지 못하게 방해한다. 이러한 관점에서, 신중히 맥을 짚어 가며 세상일을 긴밀히 살피는 것과, 삶의 몹시 지루한 일들을 그저 꾹 참고 헤쳐 나가는 것이 꼭 같은 일은 아니다. 우리는 뇌리를 떠나지 않는 삶의 본질에 관한 생각을 (일시적으로라도) 무시할 수 있을 때, 비로소 감격을 자아낼 수 있을 만한 가치 있는 세계를 만날 수 있으며, 우리가 살아가는 이 세계라는 영역 내에서 "초월적인" 경험을 할 수 있게 된다.

이러한 설명에 따르면, 우리가 세상만사에 깐깐히 개입할 때 삶에 에로스가 찾아오며, 비로소 우리는 삶에서 진부함을 피할 수 있게 된다. 이러한 경험에서 특별히 의미 있는 순간은 우리가 눈앞의 대상이나 활동에 너무 몰두하여 주변 환경을 깜빡 잊거나, 주변 환경과 조화를 이루며 살아 있음을 강렬히 느낄 때다. 그럴 때 우리는 자신보다 더 큰 어떤 존재에 사로잡힌 것처럼 느끼곤 한다. 우리는 자유 의지를 가진 행위자가 아니라, 자발적으로 외부 세력의 포로가 된다. 우리는 세상의 일에 완전히 매료되어 일시적으로나마 평상시의 관심사를 잊게 된다. 이러한 즉각적인 자아 경험은 자아와 세계의 구분이 사라질 수 있게 우리를 압도하고 세계 속으로 완전히 삼킨다. 자아와 세계는 모두 온전하지 못한 불안정한 상태지만, 이 불안정은 우리가 자아와 세계의 첨예한 통찰을 경험할 수 있게도 한다.

진부하진 않지만 세속적인 경험, 우리와 이 세상이 하나가 되는 듯한 경험은 10월의 매섭도록 쌀쌀한 공기를 마시거나, 언덕을 기어오르는 안개를 바라보거나, 빗방울이 살갗을 간질이도록 두거나, 눈이 감싸 안아 기묘할 정도로 고요하고 차분해진 길거리를 바라보는 것과 같이 소박한 것일 수 있다. 또는 별말을 하지 않더라도 느껴지는 친구의 고통을 어루만지려는 것만큼이나 어려운 일일 수 있다. 다시 말해, 세상에서 우리를 매료시키는 것은 정해져 있지 않다. 우리는 어떤 사람의 얼굴, 목소리, 풍경, 조각상, 건축물의 외관, 추상화, 과학 실험, 직업적 목표 또는 가까운 사람과의 만남에 매료될 수 있다. 시, 연극, 영화, 대화에도 빨려들어갈 수 있다. 여름의 폭풍우가 기분을 울적하게 만들 수도 있고, 맑은 하늘이 이상하게도 마음을 우울하게 할 수도 있으며, 우연히 읽은 신문 기사가 굳은 신념을 흔들어 놓을 수도 있고, 어디선가 풍겨 오는 향수 냄새가 잊고 있었던 경험을 불러일으킬 수도 있다. 깨진 덧문이 내는 덜그럭거리는 소리가 어린 시절의 친구를 떠올리게 할 수도 있으며, 새벽녘 밝아 오는 산의 모습이 우리의 잠재력을 일깨워 줄수도 있다. 우리 관심이 어디로 향하고 있느냐는 그리 중요하지 않다. 중요한 것은 그러한 경험이 우리에게 독특한 원숙함을 더해 준다는 것이다. 그런 경험은 우리가 행하는 일상적인 활동과는 완전히 다른 방식으로 자아가 실현되는 것을 느끼게 해 준다. 그러한 경험이 날카로운 통찰을 이루어 내고, 특히 불안정을 자아내는 순간, 롤랑 바르트•가 말한 사진이 지닌 신비하면서도 매우 기이한 표현 양식을 뜻하는 푼크툼•이 뻔한 이야기를 무너뜨리는 것처럼, 예상되는 삶의 구조는 무너진다.⁴ 혹여 그러한 경험이 우리의 이목을 끌지는 못하더라도, 적어도 우리가 평소보다 더욱 심사숙고할 수 있도록 삶의 속도를 늦춘다. 특히 운이 좋다면, 겉보기에 아름다움과 가치, 훌륭함이 결여된 것처럼 보이는 어떤 것에서 우리는 아름다움과 가치, 훌륭함을 발견할 수도 있다.

• Roland Barthes. 프랑스의 구조주의 철학자이자 비평가로, 어휘학과 기호론 연구를 통해 문화의 사회학적 연구에 크게 이바지했다.
• Punctum. 바르트가 제시한 개념으로, "찌름"을 뜻하는 라틴어 "punctionem"에서 비롯되었다. 우리의 마음을 "찌름"으로써 강렬한 인상이나 감정을 불러일으키는 지극히 개인적인 것을 뜻한다.

초월적인 경험은 갑자기 시간이 멈춰버린 것처럼 느껴지게 만든다. 또는 시간이 "쏜살같이" 흘러서 우리는 벌써 시간이 이렇게 되었냐며 놀란다. 이런 식으로 우리는 일상적인 시간의 흐름이 중단되는 것을 경험한다. 우리는 하고 있던 일에 완전히 몰입하게 되어서, 말하자면 일상적인 삶의 경과에서 벗어나 시간의 "밖으로" 밀려나게 되어서 흐름을 놓치곤 한다. 그렇게 과거, 현재, 미래는 영감이 가득한 "영원한 시간"으로 합쳐지게 된다. 마치 작은 영원의 조각이 우리의 존재 안으로 슬며시 들어와 우리가 당면한 과제(대상 또는 활동)에 온전히 몰두할 수 있게 해 주는 것 같다. 사실, 이러한 순간은 우리의 정신뿐만 아니라 신체 또한 사로잡는다. 의식 너머에서 벌어지기 때문이다. 또한 이러한 순간은 우리의 합리적인 추론 능력이 잠시 기능하지 못하도록 만들어, 다른 실존적 판단 양식이 발휘될 수 있게 한다. 결국 우리는 아무리 순간적이고 덧없더라도, 일상의 기반이 되는 (보통 상당히 합리적인) 것들을 기꺼이 포기하지 않는 한, 일상적인 것 "그 이외의" 것에 다가갈 수 없다.

그러한 경험은 우리에게 일상적인 수준 이상으로 정신이 고양된 듯한 기분을 느끼게 해 준다. 하지만 역설적이게도, 우리가 그런 기분을 느낄 수 있는 이유는 그러한 경험이 일종의 자아 상실을 가져오기 때문이다. 우리가 영원한 듯한 순간 속에서 "길을 잃을" 때, 우리는 어떤 면에서 자기 자신을 "잃게" 된다. 이 자아 상실의 상태는 우리가 더 본능적인 차원에서 우리 자신을 찾게끔 한다. 볼라스는 이 상태를 단순화된 의식이 우리를 "생각할 수 있는 것 너머" 의 어떤 곳에 빠뜨린다는 "단순한 자아" 경험으로 설명한 다.[5] 어떤 의미에서, 우리가 새로운 방식으로 존재하려면 우리 모습을 지워 낼 수 있어야 한다. 우리 자신을 더욱 근본적인 삶의 주파수에 맞추고 싶다면, "저 너머"의 초월적인 세계로 넘어갈 수 있도록 내버려 둬야 한다. 이러한 무아지경은 우리를 무력화하는 것이 아니라, 오히려 우리가 세상과 자신을 더욱 풍부하고 다양하게 경험할 수 있도록 한다. 우리는 계속되는 무아지경을 통해 탄생한다. 그리고 무아지경은 우리가 거리를 둔 채로 (단순히) 세상을 조사하는 것이 아니라, 구체적이고 즉각적인 경험에 닻을 내려 세상 속으로 풍덩 빠져들게 해, 엄청난 양의 정보를 조사해야 하는 수고를 일시적으로나마 덜어 준다. 우리는 읽고 있는 책을 평가하기보다는 그저 책을 읽는다. 우리는 나누고 있는 대화를 평가하기보다는 그저 대화를 나눈다. 우리가 즐기고 있는 에로스적인 만남을 분석하기보다는 그저 만남을 즐긴다. 우리는 살면서 맞이하는 많은 것을 삶이라는 더 큰 계획에 잘 맞을지 평가하려 들기보다는, 그저 닥치는 대로 받아들이고 경험해야 한다. 그 순간에는 더 큰 계획이란 건 중요하지 않다. 오직 현재만이 중요하다. 우리는 현재를 통제하려 할 때보다 그런 순간에 더 많은 결과를 만들 수 있다.

그러한 상태는 일반적으로 오래 지속될 수 없으며 본래 일시적일 수밖에 없다. 결국 우리는 항상 (과도한) 조사를 해야 하는 부담을 떠안게 된다. 우리는 삶이라는 더 큰 계획에 대해 걱정한다. 그러나 초월적인 상태는 지속되지 않는 순간에도 전반적인 삶의 흐름을 바꾸어내는 어떤 영구적인 각인, 영속적인 흔적을 우리 삶에 남길 수 있다. 그렇다면 초월적인 상태는 우리 정신(기질)의 고결함을 보호하는 하나의 수단이 될 수 있다. 또한 일종의 반란도 될 수 있다. 즉, 일상적인 존재가 요구하는 실용적인 가치에 완전히 지배되지 않고 고유한 특이성을 지켜 내려는 결의가 된다. 실제로 초월적인 상태는 사회적 세계와 우리의 관계를 조율하는 인위적인 자기표현 따위는 신경 쓰지 않기에, 더욱 정직한 자기표현이 (일시적으로나마) 나타날 수 있다. 그러므로 우리는 우리에게 "유용해서"가 아니라 더욱 진실한 자아 경험을 가능하게 하기 때문에 초월적 상태를 가치 있게 여긴다. 분명 우리는 초월적인 상태를 이성적인 세계로 완전히 들여오지 못할 수도 있다. 일반적으로 그런 순간을 우리 기억 속에 완전히 담아 놓을 수도 없다. 그렇다고 해서 초월적인 상태가 일어나지 않는다거나 현실성이 부족한 것은 아니다. 초월적인 상태는 우리가 경험한 순간 중 가장 "진실한" 순간일 수도 있다.

여기서 특히나 흥미로운 점은 겉보기에는 일상적인 것으로 보이는 활동에 에로스적인 것이 잠재되어 있다는 사실이다. 영감은 다양한 형태로 나타나며, 의미 있는 두 가지 성질을 보인다. 영감의 핵심은 숨겨져 있다는 것, 그리고 일상적인 주변 환경이라는 늪 속에서 항상 길을 잃게 될 위험에 처해 있다는 것이다. 글쓰기를 예로 들어 보자. 사람들은 흔히 작가가 펜의 힘에 홀려 황홀감에 젖은 상태로 글을 써 내려간다고 믿는데, 글쓰기를 직업으로 삼는 사람들은 이것이 말도 안 되는 이야기라는 것을 안다. 글을 쓰다가 초월적인 느낌을 받게 되는 경우는 거의 없다. 다른 독창적인 활동과 마찬가지로, 글쓰기는 꽤 지루한 일이다. 신중히 글의 소재를 모으고 선별해야 하며, 이질적이고 때로는 상극인 소재를 하나로 모으는 시도도 불사해야 한다. 더욱이 한 편의 글을 쓰기 위해서는 여러 복합적인 아이디어를 분해해 내야 하는데, 이는 아주 어려운 일이다. 또한 어떤 내용을 넣고 뺄지 끝없이 결정해야 한다. 글 속에서 **오직** 작가가 말하고 싶은 주장과 직관, 인상을 발전시키는 요소만 강조해야 하므로, 작가의 폭넓은 지식을 잘라 내야 한다는 점에서 글쓰기란 다소 가혹한 과정이기도 하다. 게다가 독자들이 어떻게 반응할지, 어떤 내용을 받아들이거나 거부할지를 추측하는 것은 정말 괴로운 일이다. 게다가 작가의 개념 세계를 공유하지 않아서 독자들이 주어진 내용을 작가의 의도와는 다르게 해석할 수도 있으므로, 독자의 마음에 닿기 위한 다리를 건설하려면 각고의 노력이 필요하다. 더구나 글을 쓰다 막혔을 때, 잘 풀어 나갈 수 있을지 자신의 능력에 대한 믿음이 흔들리는 순간이 오기도 한다.

그러나 어떤 계시를 받거나 갑작스레 무언가 떠오르는 순간이 있다. 뒤죽박죽 섞인 글의 소재 틈에서 갑자기 한 줄기의 통찰력이 떠오르더니, 한 치의 물러섬도 없는 배짱으로 작가의 얼굴을 뚫어지게 응시하는 듯한 순간이 있다. 이러한 경우는 매우 드물다. 누군가는 글을 쓰는 내내 이 통찰력을 감지할 수도 있겠지만, 이런저런 이유로 사람들은 갖고 싶어도 갖지 못한다. 이러한 통찰의 순간은 종종 수수께끼 같은 (또한 말로 표현하기 어렵고 이성적으로는 말도 안 되는) 보물 창고에서 생겨나는 것 같다. 마치 어떤 생명체가 반짝이는 한 줄기의 통찰력을 전달해 주는 것만 같다. 이렇게 영감이 충만해지는 순간, 우리는 세상과 단절되지는 않지만, 일상적인 일에 대한 의식은 일시적으로 중단된다. 더 정확히 말하자면, 우리는 너무나도 강렬해서 고통스러우리만큼 "실제"라고 느껴지는 다른 의식의 차원에서 영감의 순간으로 접근하게 된다.

우리가 일상적인 것과 영감을 불러일으키는 것 사이에서 망설이는 것처럼, 많은 창조적인 활동 전에도 망설임이 나타나는 특징이 있다고 생각한다. 망설임을 견디고 잘 헤쳐 나가는 사람은, 영감이란 저절로 주어지는 것이 아니라 우리가 어느 정도 준비되어 있을 때 주어진다는 사실을 이미 알고 받아들이지 않았을까 한다. 창의력이 발휘되는 순간을 값진 경험의 순간으로 만들어 내는 절정의 경험은 물 흐르듯 쉽게 흘러가지만, 그 순간에 이르기 위해서는 엄청난 노력이 필요하다. 창의적인 사람들은 불가항력적인 힘에 의해 창의성이 발휘된다고 설명하지만, 사실은 많은 훈련과 연습, 개인적인 희생이 요구되었을지도 모른다. 더욱이 영감을 뚜렷한 결과물로 만들어 내는 데 필요한 기술을 습득하는 것도 오랜 시간이 걸린다. 영감이 찾아오고, 때맞춰 우리도 준비를 완벽히 마치는 순간을 기다리는 일에도 엄청난 끈기가 필요하다. 게다가 이 두 가지가 맞아떨어진 순간을 오래도록 유지하는 것은 특히나 어렵다.

이것이 예술가, 과학자, 정치 활동가 그리고 사랑에 빠진 이까지 자신의 소명을 저버리는 용기의 고갈 또는 상실에 바디우가 주목한 이유다. 창의적이거나 영감을 받은 소명을 추구하는 것은 우리가 피곤하고 집중력을 잃을 때, 낙담하거나 환멸을 느끼는 순간에, 심지어는 우리가 순간적으로 더 큰 그림(목표)을 보지 못하는 순간에도 끈질기게 용기를 잃지 말 것을 요구한다. 금덩어리 주위에 암석과 모래 퇴적물이 덕지덕지 붙어 있는 것과 마찬가지로 일상적인 일들이 한 줄기의 영감을 덕지덕지 둘러싸고 있다는 것을 깨닫는다면, 우리는 시간이 지나도 오랫동안 용기를 유지할 수 있을 것이다. 영감에 다가갈 수 있는 유일한 방법은 세상의 많은 부분을 이루고 있는 일상적인 일들(또는 당면해 있는 소명)에 몰입하는 것이다. 즉, 불순물 덩어리를 체로 꼼꼼히 걸러 내지 않고서는 일반적으로 금을 찾기가 불가능하듯이, 일상적인 것이라는 수렁을 통과하지 않고서 영감을 얻기란 불가능하다. 자신의 비전을 그림, 조각, 건축물, 소설, 시, 곡, 안무, 수학 공식, 과학적 발명 등과 같은 구체적인 산물로 만들어 낼 수 있는 창작자는 이를 잘 이해하고 있다. 그러한 창작자들은 실의에 빠졌을 때 힘든 시간이 자신의 프로젝트를 망치게끔 내버려 두지 않으며, 오히려 그 시간이 힘든 싸움 속에서 자신을 구할 어떤 길을 열어 줄 것이라고 믿는다. 그들은 끊임없이 노력한다면 일상적인 것들이 삶을 살 가치가 있다고 느끼게 만드는 초월적인 통찰력을 가져다줄 것이라고 믿는다.

창의적 기질을 기르기 위해서는 상대적으로 질서정연한 실존 상태와 무질서한 실존 상태 사이를 오갈 수 있는 능력이 필요하다는 생각으로 돌아가서 이 문제를 다른 식으로 설명해 보자. 우리는 사회적 모습과 반사회적인 (또는 덜 사회적인) 모습이 계속해서 번갈아 나타날 수 있게 해야 한다고 앞서 지적했다. 이는 창의적인 활동에도 적용된다. 창의적인 활동은 우리의 창조적 능력에 더욱 엄격한 기준을 적용하게 하면서도, 자아 상실의 경험을 즐길 수 있도록 한다. 다시 말해, 창의성은 비사회적인 상태로 퇴보시키고 사회성을 몰락시키려 하지만, 필요에 따라 사회성을 되살려 내는 능력을 갖추고 있다. 사회성은 우리가 오랜 시간에 걸쳐 학습해 온 것이지만, 그렇다고 해서 영감의 순간(통제되지 않은 순간)이 남기고 간 초월성의 흔적을 없애 버리지는 않는다. 이는 우리가 주의 깊게 결정해야지만 남겨진 흔적을 선명하게 볼 수 있다는 뜻이다. 그러나 우리가 이 과정을 너무 엄중히 통제한다면 창조물에서 에너지를 찾아볼 수 없게 된다. 그렇다고 모든 사회성을 포기한다면, 우리는 영감을 이 세상에 통용 가능한 표현법으로 바꾸어 내는 능력을 잃게 된다. 결국 창조란 무아지경의 상태와 고통스러울 정도의 끈기가 위태롭게 뒤섞인 것이다.

7

내가 이 책에서 알리고자 하는 삶의 기술은 무아지경과 절제력의 조화를 요구한다. 이 책이 상반된 두 관점을 제시하며 문제를 설명하는 이유는 그 때문이다. 이 책은 사회적 페르소나의 속박하에서 우리가 가진 통제되지 않은 에너지를 방출해 내야 할 필요성에 초점을 맞추며 출발해, 무아지경과 절제력의 불안정한 조화를 이루기 위해 노력한다는 것이 무엇을 의미하는지 살펴보며 끝을 맺고 있다. 두 가지 주제를 설명할 때 모두 기질이란 우리 안에서 가장 사회화가 덜 된 모습과 같다고 말했다. 나는 그러한 모습이 부글부글 끓어올라 사회성의 영역으로 침투하는 기고만장함에 경의를 표하고 싶지만, 그것이 가져다주는 (장기적인) 이로움을 누리기 위해서는 일반적으로 사회적 지지 체계라는 구조가 필요하다는 것을 인식하고 있다. 다른 형태의 기술에서 요구하는 신중한 인내심을 지닌 채, 자신의 삶의 기술에 충실하고자 하는 사람들이라면 이를 당연히 알고 있다. 그러나 이는 단지 하루를 무사히 버티고 싶은 사람들에게도 똑같이 적용된다. 일반적으로, 사회적 페르소나가 무너지는 순간 나타나며 이성적인 의식의 포기를 의미하는 자아 상실은 애초에 잃어버릴 자아가 있어야만 가능하다. 그렇기에 애초에 우리가 자아를 지니게 하고, 계속해서 변화시켜 나갈 수 있게 하는 여러 모습의 사회성에 관해 이야기하지 않고서 무아지경을 논하는 것은 소용이 없다. 이와 함께, 자아를 형성하기 위한 다양한 노력은 우리가 자아 상실의 상태에 들어설 수 있는 능력을 갖춰야지만 (단순히 기계적인 것이 아닌) 혁신적인 결과를 낳을 수 있다.

우리 대부분은 자아 상실을 잘 해내지 못한다는 문제가 있다. 우리는 통제된 페르소나를 유지하기 위해서 상당히 체계적인 방식으로 사회화되어 왔지만, 대부분은 이 장에서 설명한 무아지경에 이르는 법을 제대로 배운 적이 없다. 본래 무아지경에 이를 수 있는 능력을 가진 사람들조차도 약간은 두려워한다. 우리는 무아지경이 자신의 행동을 통제할 줄 아는 일관성 있는 개인으로서의 자아감을 위협한다고 느끼고, 특히나 이성적 의식이랄 게 없는 날것의 (사회가 억제하고자 하는) 동물적 본성을 일깨우리라 생각한다. 그래서 우리는 무아지경에서 도망치고 싶은 것인지도 모른다. 우리는 때때로 우리에게 가장 중요한 것(큰사물의 메아리를 가장 충실히 담고 있는 것)에 몰두하기를 거부한다. 앞서 연인 관계(또는 연인이 될 가능성이 있는 관계)에 있어서도 이러한 거부가 나타난다는 것을 보여 줬다. 하지만 다른 것에 있어서도 마찬가지다. 우리는 특정한 것에, 특정한 종류의 대상과 활동에 특별히 몰두하고 싶은 마음이 들면서도, 그것에 "정복"되고 싶지는 않아 마음을 접으려고 한다. 그러나 불행하게도, 마음을 열심히도 부추기는 대상과 활동에서 뒷걸음치면, 우리는 주어진 하루를 이디엄이 표현되는 공간으로 바꿔 내는 능력을 완전히 잃어버리게 된다. 마찬가지로, 세상이 우리에게 제공하는 다양한 대상과 활동을 단순히 목적을 위한 수동적 도구나 자원으로 사용한다면, 그것들이 우리에게 건네는 마법 같은 일은 쥐도 새도 모르게 사라져 버린다. 그리고 마법 같은 일이 주는 혼란스러운 생소함을 억누른다면, 우리는 살아 있는 느낌으로의 초대를 거절하는 셈이 된다.

여기서 내가 강조한 에로스적 삶은 우리가 이 초대를 받아들이도록 만들기 때문에 매우 중요하다. 더욱이 우리 존재 안의 가장 사회화되지 않은 단계, 즉 무아지경에 잘 빠질 수 있는 단계에 숨을 불어넣는다. 그러면 자동적으로 우리 안에 반항심이 주입되기 때문에, 우리는 사회적 활동에 참여하더라도 규범을 답습하기만 하는 현상에 사로잡히지는 않게 된다. 이는 우리가 아무리 "사회화"되고 사회 속의 완전한 구성원이 되더라도, 절대 대체될 수 없는 고유한 존재로 우리를 남게 한다. 사회가 획일적인 모습을 보일수록 우리가 가진 기질을 지키기 어려워지는 것은 당연하다. 그러나 다행히도 세상에는 여전히 자신의 사회생활에 균열이 생길지라도 기질을 형성하는 에너지와 지속적으로 교감하는 것을 가장 중요하게 여기는 사람들이 있다. 자신의 기질을 사회적 모습 속에 잘 통합시켜 낼 수 있는 개인은 자신을 "있는 그대로" 보여 주는 실존적인 분위기를 풍긴다. 흔히 누군가를 보고 "있는 그대로의 모습이 편안해 보인다"고 말할 때, 우리는 이 분위기에 대해 얘기하는 것일 수 있다. 그런 사람은 (누구도 흉내 낼 수 없는) 독특하고 다부진 내면을 갖게 하는 기질 속에서 살아간다. 우리는 그런 이들에게 흥미를 느끼며, 종종 겉보기에 설명할 수 없는 이유로 끌리지만, 사실은 그들이 용감하다는 것을 알기 때문에 끌리는 것이다. 그러므로, 기질의 부름을 받는다는 것은 진정 짜릿하기도 하지만, 정말 두렵기도 하다는 것을 이제 우리는 안다.

참고 문헌

머리말

1. *Reinventing the Soul: Posthumanist Theory and Psychic Life* (New York: Other Press, 2006); *A World of Fragile Things: Psychoanalysis and the Art of Living* (Albany: State University of New York Press, 2009); *The Singularity of Being: Lacan and the Immortal Within* (New York: Fordham University Press, 2012).

1장 기질의 부름

1. 나는 다음 저서에서 니체의 유명한 말을 인용했다. Nietzsche, Thus Spoke Zarathustra, trans. R. J. Hollingdale (London: Penguin, 1969).

2. 칸트는 이 개념을 가장 명확하게 표현한 사람이다. 그는 우리의 윤리적 판단은 개인적 열정과 헌신이 전혀 들어 있지 않아야 한다는 의미에서 "객관적"이어야 한다고 주장하였다. 다음 저서를 참조하라. Immanuel Kant, *The Critique of Judgment*, trans. Werner S. Pluhar (New York: Hackett, 1987).

3. Bernard Williams, interviewed by Stuart Jeffries, *The Guardian*, November 30, 2002.

4. 이러한 감정에 대한 탁월한 분석을 알아보려면 다음 저서를 참조하라. Julia Kristeva, *New Maladies of the Soul*, trans. Ross Guberman (New York: Columbia University Press, 1995). 또한 나의 저서를 참조하라.

Reinventing the Soul: Posthumanist Theory and Psychic Life (New York: Other Press, 2006).

5. 실존적 불안에 관해서는 다음 저서를 참조하라. Jonathan Lear, Happiness, Death, and the Remainder of Life (Cambridge, Mass.: Harvard University Press, 2000). 또한 다음 저서에서도 관련 주장을 확인할 수 있다. Eric L. Santner, *On the Psychotheology of Everyday Life: Reflections on Freud and Rosenzweig* (Chicago: University of Chicago Press, 2001).

6. 다음 저서에서 안정적인 삶이라는 개념에 대한 우리의 다소 문제적인 애착을 탐구한다. Adam Phillips, *On Balance* (New York: Picador, 2011).

7. 이 쟁점에 대한 매우 흥미로운 논의를 살펴보려면 다음 저서를 참조하라. Anthony Storr, *Solitude: A Return to the Self* (New York: Free Press, 2005).

2장 변화의 과정

1. 이러한 관점은 대중적인 정신 수련 서적에서 흔히 나타난다. 이에 관한 아주 흥미로운 표현을 다음 저서에서 찾아볼 수 있다. Thomas Moore, *Care of the Soul: A Guide for Cultivating Depth and Sacredness in Everyday Life* (New York: Harper Perennial, 1994).

2. 이 책에서 제시한 니체 사상의 개요는 주로 다음 저서에서 가져왔다. *The Gay Science*, trans. Walter Kaufmann (New York: Vintage, 1974). 2장을 여는 인용구는 책의 335쪽에서 가져왔으며, 강조 표시도 그대로 가져왔다. 그리고 다음 저서의 부제를 참고하라. Nietzsche, *Ecce Homo: How One Becomes What One Is, trans. R. J. Hollingdale* (New York: Penguin, 1992).

3. 거짓된 일관성을 지닌 자아에 관해서는 다음 저서를 참고하라. D. W. Winnicott, "Ego Distortion in Terms of True and False Self," *The Maturation Processes and the Facilitating Environment: Studies in the Theory of Emotional Development*, 140-152 (London: Karnac, 1965).

4. 인간의 삶을 무한한 과정으로 보는 관점에 대한 조사는 다음 저서를 참조하라. Jonathan Lear, *Open-Minded: Working Out the Logic of the Soul* (Cambridge, Mass.: Harvard University Press, 1999).

5. 이 복잡한 논쟁은 현재 진행되는 논의의 범위를 넘어선다. 나는 이 주제

를 *Between Levinas and Lacan: Self, Other, Ethics*라고 가제를 붙인 조금 더 학술적인 책에서 다룰 예정이다. (미국 Bloomsbury 출판사에서 2015년에 출간-옮긴이)

6. 현대 이론에 있어서 내가 여전히 동의할 수 없는 것 중 하나는 기본적으로 현대 이론이 이 세상을 적으로 간주하는 경향이 있다는 것이다. 어떻게 하면 세상을 집단적 이상이 실현될 수 있는 잠재적 공간으로 개념화할 수 있는지에 관심이 있다면, 다음 저서가 많은 도움이 될 것이다. *Lewis Kirshner, Having a Life: self-Pathology After Lacan* (Hillsdale, N.J.: The Analytic Press, 2004).

7. 슬라보예 지젝은 자신의 저서 대부분에서 이러한 느낌에 대해 이야기하고 있지만, 이 맥락과 가장 관련 있는 저서는 다음일 것이다. Slavoj Žižek, *The Ticklish Subject: The Absent Centre of Political Ontology* (London: Verso, 2000).

3장 욕망의 특수성

1. 다음 저서에서 단어를 빌려 왔다. Jean-Paul Sartre, *Being and Nothingness: An Essay in Phenomenological Ontology, trans. Hazel Barnes* (New York: Citadel, 2001).

2. Lauren Berlant, *Cruel Optimism* (Durham, N.C.: Duke University Press, 2011).

3. 나는 다음 전집에서 프로이트의 유명한 수필을 빌렸다. 'Mourning and Melancholia,' in *The Standard Edition of the Complete Psychological Works of Sigmund Freud*, vol. 14, edited by James Strachey, 239-258 (New York: Norton, 1957).

4. 이 장의 라캉적 통찰은 대부분 라캉의 저서에서 가져왔는데, 특히 흥미로운 것은 그의 두 세미나다. *The Seminar of Jacques Lacan, Book VII: The Ethics of Psychoanalysis, trans. Dennis Porter* (New York: Norton, 1992), and *The Seminar of Jacques Lacan, Book XI: The Four Fundamental Concepts of Psychoanalysis, trans. Alan Sheridan* (New York: Norton, 1981).

5. Lacan, *The Ethics of Psychoanalysis*, 118.

6. 세상의 "탈은폐disclosure" 또는 드러냄unveiling은 하이데거 철학에서 흔히 볼 수 있는 주제로, 훗날 하이데거의 시적 거주 이론에서 신비주의적 특성을 띠게 된다. 하이데거의 다음 수필집을 참조하라. Martin Heidegger, *Poetry, Language, Thought, trans. Albert Hofstadter* (New York:

Harper & Row, 1971).

7. 다음 저서의 마지막 장을 참조하라. *The Four Fundamental Concepts of Psychoanalysis*.

8. Lacan, *The Ethics of Psychoanalysis*, 112.

9. 다음 저서에서 이 요점을 훌륭히 밝혀냈다. Alenka Zupančič, *The Shortest Shadow: Nietzsche's Philosophy of the Two* (Cambridge, Mass.: MIT Press, 2003).

10. 다음 저서를 참조하라. Lacan, *The Ethics of Psychoanalysis*, chapter 24.

11. 같은 책, 319.

12. 이 문제를 나의 다른 저서 3장에서 탐구하였다. *The Singularity of Being: Lacan and the Immortal Within* (New York: Fordham University Press, 2012).

13. 나는 여기서 큰사물의 울림을 되살리는 욕망이란 라캉이 말하는 "실재"와 관련이 있는 욕망이라는 점을 암시하고 있다. 같은 책을 참조하라.

4장 행동의 청사진

1. 이 장에서 나는 대체로 프로이트적 접근법을 따르고 있다. 프로이트의 사상에 관심이 있다면 다음의 대표 서적부터 읽기를 권한다. *The Interpretation of Dreams; Five Lectures on Psychoanalysis; The New Introductory Lecture on Psychoanalysis; Beyond the Pleasure Principle; The Ego and the Id; and Civilization and Its Discontents*. 이 글들은 다음의 책에서도 볼 수 있다. *The Standard Edition of the Complete Psychological Works of Sigmund Freud* (New York: Norton).

2. Sigmund Freud, *Beyond the Pleasure Principle*, ed. James Strachey, in The Standard Edition, vol. 18 (New York: Norton, 1961), 23.

3. 프로이트는 이렇게 조직화되지 않은 욕망을 "다중 도착성"의 하나로 특징지음으로써 이에 대한 규범적 판단을 내리지 않았다. 이는 단지 인간 욕망의 원시적이고 사회화되지 않은 발현일 뿐이다. 다음 저서를 참조하라. Sigmund Freud, *Three Essays on the Theory of Sexuality* (New York: Basic Books, 2000).

4. 다음 저서에서 이러한 상태를 분석하고 있다. Jonathan Lear analyzes *Therapeutic Action: An Earnest Plea for Irony* (New York: Other Press, 2004).

5. 반복 강박과 적극적으로 관계를 발전시키는 것의 중요성에 대해서는 다음 저서를 참조하라. Hand Loewald, *The Essential Loewald: Collected Papers and Monographs*, ed. Jonathan Lear (Hagerstown, Md.: University Publishing Group, 2000).

6. 조너선 리어Jonathan Lear는 자신의 저서 전반에 걸쳐서 이와 관련된 주장을 하고 있다. 특히 *The Essential Loewald*의 서문을 참조하라.

7. 이것은 내가 다음 저서에서 펼친 주장의 핵심이다. *A World of Fragile Things: Psychoanalysis and the Art of Living* (Albany: State University of New York Press, 2009).

5장 관계의 신비한 힘

1. Hannah Arendt, *The Origins of Totalitarianism* (New York: Harcourt Brace, 1966), 476.

2. 라캉은 다음 저서에서 이 주장을 분명히 했다. *The Seminar of Jacques Lacan, Book XI: The Four Fundamental Concepts of Psychoanalysis, trans. Alan Sheridan* (New York: Norton, 1981). 그러나 이 주장을 대대적으로 발전시킨 것은 다음 저서를 지은 라플랑슈다. *New Foundations of Psychoanalysis, trans. David Macey* (Oxford: Basil Blackwell, 1989). 수수께끼와도 같은 욕망에 대한 더욱 최신 논의를 알아보려면 다음 저서를 참조하라. Judith Butler, *Giving an Account of Oneself* (New York: Fordham University Press, 2005); Eric L. Santner, 'Miracles Happen: Benjamin, Rosenzweig, Freud, and the Matter of *The Neighbor*,' in *The Neighbor: Three Inquiries in Political Theology*, by Slavoj Žižek, Eric L. Santner, and Kenneth Reinhard, 76–133 (Chicago: University of Chicago Press, 2005); and Mari Ruti, *The Singularity of Being: Lacan and the Immortal Within* (New York: Fordham University Press, 2012).

3. 이 문제를 나의 대중서에서 자세히 다루고 있다. *The Case for Falling in Love: Why We Can't Master the Madness of Love—nd Why That's the Best Part* (Chicago: Sourcebooks Casablanca, 2011).

4. 여기에서 말하는 소환을 다음 나의 저서에서 더욱 자세히 논의하고 있다. *The Summons of Love* (New York: Columbia University Press, 2011).

5. 독신에 관한 우리 문화의 모순에 대해서는 다음 저서를 참조하라. Kate Bolick's delightful article 'All the Single Ladies,' *The Atlantic* (No-

vember 2011). Bella M. DePaulo, Singled Out: How Singles Are Stereotyped, *Stigmatized, and Ignored, and Still Live Happily Ever After* (New York: St. Martin's Griffin, 2007). 더욱 학술적인 분석을 원한다면 다음을 참조하라. Michael Cobb, *Single: Arguments for the Uncoupled* (New York: New York University Press, 2012).

6. 한나 아렌트의 저서 *The Origins of Totalitarianism*뿐만 아니라 다음 저서도 참조하라. *The Human Condition* (Chicago: University of Chicago Press, 1998).

7. Virginia Woolf, *A Room of One's Own* (New York: Harcourt Brace, 1991).

8. 다음 저서에 이와 관련된 주장이 있다. Stephen Mitchell, *Can Love Last? The Fate of Romance Over Time* (New York: Norton, 2003). 나는 이상화에 대한 이런 추론을 나의 저서 *The Summons of Love*와 *The Singularity of Being*에서 발전시켰다.

9. 사랑의 숭고한 측면에 대한 내 생각은 다음 저서의 영향을 받았다. Alenka Zupančič, *The Shortest Shadow: Nietzsche's Philosophy of the Two* (Cambridge, Mass.: MIT Press, 2003).

6장 책임의 윤리학

1. Kelly Oliver, *The Colonization of Psychic Space: A Psychoanalytic Social Theory of Oppression* (Minneapolis: University of Minnesota Press, 2004), 199.

2. Rhonda Byrne, *The Secret* (New York: Atria Books/Beyond Words, 2006).

3. "긍정적 사고"와 론다 번의 책에 대한 예리한 비판에 관해서는 다음 저서를 참조하라. Barbara Ehrenreich, *Bright-Sided: How Positive Thinking Is Undermining America* (New York: Picador, 2009). 관련 비판은 다음을 참조하라. Roy F. Baumeister and John Tierney, *Willpower: Rediscovering the Greatest Human Strength* (New York: Penguin, 2011).

4. 이 개념은 큰 영향력을 떨친 다음의 저서와 아마도 가장 밀접한 관련이 있을 것이다. Eckhart Tolle, *The Power of Now: A Guide to Spiritual Enlightenment* (Novato, Calif.: New World Library, 2004). 하지만 자기계발 분야, 특히 정신 수련 추종자들이 이 책에 더 열광했다.

5. 니체는 다음 저서에서 이를 주장했다. Nietzsche, On the Genealogy of

Morals, trans. Walter Kaufmann and R. J. Hollingdale (New York: Vintage, 1989), Unfashionable Observations, trans. Richard T. Gray (Palo Alto, Calif.: Stanford University Press, 1995). 니체의 입장을 훌륭히 설명하고 있는 책을 읽고 싶다면 다음을 참조하라. Alenka Zupančič, *The Shortest Shadow: Nietzsche's Philosophy of the Two* (Cambridge, Mass.: MIT Press, 2003).

6. 이 불가능함에 대한 수준 높은 분석을 알아보고자 한다면 다음 저서를 참조하라. Judith Butler, *Giving an Account of Oneself* (New York: Fordham University Press, 2005).

7. 지젝의 저서 전반에서 이 주제를 찾아볼 수 있지만, 가장 예리하게 담고 있는 것은 레비나스의 윤리를 비판한 다음 저서다. 'Neighbors and Other Monsters: A Plea for Ethical Violence,' in *The Neighbor: Three Inquiries in Political Theology*, by Slavoj Žižek, Eric L. Santner, and Kenneth Reinhard, 134–190 (Chicago: University of Chicago Press, 2005).

8. 서구의 관용 개념에 대한 관련 비판을 알아보려면 다음을 참조하라. Wendy Brown, *Regulating Aversion: Tolerance in the Age of Identity and Empire* (Princeton, N.J.: Princeton University Press, 2006).

9. 다음 저서를 참조하라. Giorgio Agamben, *Remnants of Auschwitz: The Witness and the Archive, trans. Daniel Heller-Roazen* (Cambridge, Mass.: MIT Press, 1999).

10. Žižek, 'Neighbors and Other Monsters,' 185. 다음 수필도 참조하라. Eric L. Santner, 'Miracles Happen: Benjamin, Rosenzweig, Freud, and the Matter of *The Neighbor*, in *The Neighbor*, 76–133.

11. 다음 저서를 참조하라. Butler's *Giving an Account of Oneself*, Precarious Life (New York: Verso, 2004) and Frames of War (New York: Verso, 2009).

12. 버틀러는 다음 저서에서 이 주장을 맹렬히 펼치고 있다. *Precarious Life and Frames of War.*

13. Butler, *Giving an Account of Oneself*, 42. 다음 나의 저서 맺음말에 담긴 버틀러에 대한 비판도 참조하라. *The Summons of Love* (New York: Columbia University Press, 2011).

14. Hannah Arendt, *The Human Condition* (Chicago: University of Chicago Press, 1998), 233, 237–241. 관련 주장에 대해서는 다음을 참조하라. Julia Kristeva, *Intimate Revolt: The Powers and Limits of Psychoanalysis*, trans. Jeanine Herman (New York: Columbia University Press, 2002)과 *Hatred and Forgiveness, trans. Jeanine Herman* (New York: Columbia University Press, 2010).

15. Oliver, *The Colonization of Psychic Space*, 195–200.

7장 열정의 방향 전환

1. 나는 바디우가 그의 저서 전반에 걸쳐 발전시킨 "진실-사건" 개념을 빌려 왔다. 가장 쉽게 접근할 수 있는 저서는 이것이다. *Ethics: An Essay on the Understanding of Evil, trans. Peter Hallward* (London: Verso, 2001). 물론 바디우가 급진적 변화를 이해하는 방법으로 "사건"을 사용한 유일한 현대 철학자는 아니다. 이러한 개념은 특히 자크 데리다와 질 들뢰즈 같은 철학자들의 저서에서 찾아볼 수 있다.

2. Badiou, *Ethics*, 52.

3. 이는 물론 주디스 버틀러의 초기 저서에 담긴 핵심적 통찰 중 하나다. 이에 관해서라면 특히 다음 저서를 참고하라. Judith Butler, *Gender Trouble: Feminism and the Subversion of Identity* (New York: Routledge, 1990) 그리고 *Bodies That Matter: On the Discursive Limits of 'Sex'* (New York: Routledge, 1993).

4. 다음 저서에서 관련 주장을 펼쳤다. Alenka Zupančič, *The Shortest Shadow: Nietzsche's Philosophy of the Two* (Cambridge, Mass.: MIT Press, 2003).

8장 불안의 긍정적인 측면

1. Theodor Adorno, *Minima Moralia: Reflections from Damaged Life*, trans. E. F. N. Jephcott (London: Verso, 2005), 62–63.

2. 같은 책, 154.

3. 예를 들어 다음 저서를 참조하라. Karl Marx, *The Economic and Philosophical Manuscripts of 1844, trans. Martin Milligan* (New York: Prometheus Books, 1988).

4. Adorno, *Minima Moralia*, 57–59.

5. Tim Dean, *Unlimited Intimacy: Reflections on the Subculture of Barebacking* (Chicago: University of Chicago Press, 2009), 60–62, 67–69.

6. 이러한 의료화는 분명 미셸 푸코가 생명 정치학으로 규정한 것의 일부다. 생명 정치학이란 생물학적 생명체를 사회적으로 관리하는 것을 의미한다.

푸코의 사상에 익숙하지 않은 독자라면 다음 저서를 참조해 보면 좋겠다. *Essential Works of Foucault*, 1954–1984, 3 vols., ed. Robert Hurley et al. (New York: New Press, 1997).

7. Dean, *Unlimited Intimacy*, 190–191.

8. 이에 관해 잘 알고 있는 독자라면 하이데거의 *Being and Time*, trans. John Macquarrie and Edward Robinson (New York: Harper and Row, 1962)에서 다뤄지는 "죽음으로 향하는 존재being-toward-death"를 떠올릴 수 있어야 한다. 또한 이 개념에 대한 에마누엘 레비나스의 맹렬한 비판을 떠올려야 한다. 레비나스에게 있어 걱정해야 할 것은 우리 자신의 죽음이 아니라 타인의 죽음이다. 이에 관해서는 다음 저서를 참조하라. *Entre Nous: On Thinking-of-the-Other*, trans. Michael B. Smith and Barbara Harshav (New York: Columbia University Press, 1998).

9. 다음 저서에서 이 문제를 설득력 있게 다루고 있다. Adam Phillips, *Darwin's Worms: On Life Stories and Death Stories* (New York: Basic Books, 2000).

10. Adorno, *Minima Moralia*, 59.

11. Hannah Arendt, *The Human Condition* (Chicago: University of Chicago Press, 1998), 180–181.

9장 에로스적 삶

1. Christopher Bollas, *Being a Character: Psychoanalysis and Self-Experience* (New York: Routledge, 1993), 30.

2. 같은 책, 31.

3. 더욱 학술적인 나의 저서에서 이를 주장했다. *The Singularity of Being: Lacan and the Immortal Within* (New York: Fordham University Press, 2012). 나의 분석은 다음 저서의 영향을 받았다. Alenka Zupančič, *Ethics of the Real: Kant, Lacan* (London: Verso, 2000).

4. Roland Barthes, *Camera Lucida: Reflections on Photography* (New York: Hill & Wang, 1992).

5. Bollas, *Being a Character*, 17.

찾아보기